INCIDENTES NA VIDA DE UMA ESCRAVA

Harriet Ann Jacobs

INCIDENTES NA VIDA DE UMA ESCRAVA

Tradução
Rayssa Galvão

Principis

Esta é uma publicação Principis, selo exclusivo da Ciranda Cultural
© 2021 Ciranda Cultural Editora e Distribuidora Ltda.

Traduzido do original em inglês
Incidents in the life of a slave girl

Texto
Harriet Ann Jacobs

Tradução
Rayssa Galvão

Revisão
Agnaldo Alves

Produção editorial
Ciranda Cultural

Diagramação
Linea Editora

Design de capa
Ana Dobón

Imagens
Galiya Zamaletdinova/shutterstock.com

Dados Internacionais de Catalogação na Publicação (CIP) de acordo com ISBD

J17i	Jacobs, Harriet Ann
	Incidentes na vida de uma escrava / Harriet Ann Jacobs ; traduzido por Rayssa Galvão. - Jandira, SP : Principis, 2021. 288 p. ; 15,5cm x 22,6cm. - (Biografias)
	Tradução de: Incidents in the life of a slave girl ISBN: 978-65-5552-450-5
	1. Autobiografia. 2. Harriet Ann Jacobs. I. Galvão, Rayssa. II. Título. III. Série.
2021-1203	CDD 920 CDU 929

Elaborado por Vagner Rodolfo da Silva - CRB-8/9410

Índice para catálogo sistemático:
1. Autobiografia 920
2. Autobiografia 929

1ª edição em 2021
www.cirandacultural.com.br

As pessoas do Norte dos Estados Unidos não sabem absolutamente nada sobre a escravidão. Acham que é só uma espécie de grilhão eterno. Essas pessoas não têm noção da intensidade da *degradação* embutida nessa palavra, ESCRAVIDÃO. Se tivessem, não conseguiriam parar até acabarem com esse sistema horrível.

Mulher da Carolina do Norte

"Levantai-vos, mulheres, que estais sossegadas, e ouvi a minha voz; e vós, filhas, que estais tão seguras, inclinai os ouvidos às minhas palavras."

Isaías 32:9

Sumário

Prefácio da autora

Fique o leitor sabendo que esta não é uma narrativa de ficção. Sei bem que algumas das minhas aventuras podem parecer absurdas, mas é tudo a mais pura verdade. Não exagerei o horror da escravidão. Muito pelo contrário: minhas descrições ficam bem aquém dos fatos. Ocultei nomes de lugares e criei pseudônimos para as pessoas. Não tenho motivos para esconder minha identidade, mas achei que o anonimato seria mais gentil e delicado com os outros envolvidos.

Queria ter sido mais bem preparada para esta tarefa que me propus a executar. Ainda assim, acredito que o leitor possa perdoar essas minhas deficiências, considerando as circunstâncias. Fui nascida e criada na escravidão e vivi num Estado Escravocrata por vinte e sete anos. Desde que cheguei ao Norte, precisei trabalhar duro para mim mesma, garantindo meu sustento e a educação dos meus filhos. O que não me deixou muito tempo livre para recompensar a falta de oportunidades *de aprendizado* da juventude e que também me obrigou a escrever essas páginas em intervalos irregulares, sempre que eu conseguia algum descanso das obrigações domésticas.

Quando cheguei à Filadélfia, o bispo Paine me aconselhou a publicar um registro da minha vida, mas respondi que era incompetente demais para tamanho desafio. E, embora eu tenha afiado um pouco a mente desde aquela época, mantenho a opinião. Ainda assim, tenho a certeza de que meus motivos podem justificar o que, em qualquer outra situação, pareceria tão presunçoso. Não escrevi minhas experiências querendo atenção. Muito pelo contrário: teria sido muito mais agradável não falar sobre minha história. Também não conto meus sofrimentos em busca de simpatia. Tenho, sim, o desejo sincero de impelir as mulheres do Norte dos Estados Unidos a compreenderem um pouco da condição em que ainda vivem quase dois milhões de mulheres no Sul: presas, sofrendo o que sofri, muitas vivem horrores ainda piores. Quero somar meu testemunho ao de escritores mais capazes, porque é preciso convencer as pessoas do que de fato é a Escravidão. Só com a experiência é que as pessoas vão compreender a intensidade, o horror e a sordidez desse abismo de abominações. Que Deus abençoe esse esforço imperfeito que faço por meu povo perseguido!

LINDA BRENT

Introdução da editora original

Conheço pessoalmente a autora desta autobiografia, e seu jeito e modo de falar me inspiram muita confiança. Durante os últimos dezessete anos, ela passou grande parte do tempo com uma família muito distinta de Nova Iorque e é muito estimada por todos. Só esse fato já basta para assegurar o leitor de seu caráter, sem necessidade de outras credenciais. Creio que os que a conhecem jamais duvidariam da veracidade do relato, mesmo que alguns incidentes nas histórias sejam mais incríveis do que qualquer ficção.

A pedido dela, revisei o manuscrito. Ainda assim, as mudanças que propus foram sobretudo para condensar e ordenar o texto. Não acrescentei nada aos incidentes nem mudei o sentido dos comentários tão pertinentes que acompanham o relato. Com mínimas exceções, tanto as ideias quanto as palavras são dela mesma. Minimizei um pouco os excessos da linguagem, mas não vi nenhum outro motivo para alterar a escrita intensa e dramática com que a autora conta a própria história. Conheço o nome das pessoas e dos lugares, mas também os suprimi – e com bons motivos.

É natural que haja surpresa com o fato de uma mulher nascida e criada na escravidão conseguir escrever tão bem, mas as circunstâncias explicarão isso. Primeiro, Linda tem um raciocínio rápido por natureza. Segundo, a senhora com quem ela viveu até os doze anos foi uma boa amiga, muito gentil e atenciosa, e a ensinou a ler e a escrever. E, terceiro, Linda encontrou circunstâncias favoráveis depois que veio para o Norte, mantendo interações frequentes com pessoas inteligentes, interessadas em seu bem-estar e dispostas a proporcionar oportunidades de aperfeiçoamento.

Tenho plena consciência de que muitos me acusarão de falta de decoro por apresentar estas páginas ao público, uma vez que as experiências dessa mulher tão inteligente e tão ferida pertencem a uma classe de assuntos que alguns chamam de "delicados", e outros, de "indelicados". Esse aspecto tão peculiar da escravidão em geral é mantido velado. Mas o público precisa ser apresentado a essa face monstruosa, e eu assumo de bom grado a responsabilidade de retirar o véu que lhe cobre. Faço isso por minhas irmãs presas em cativeiro, sofrendo injustiças tão graves que nossos ouvidos são delicados demais para ouvi-las. Faço isso com a esperança de despertar a reflexão e a consciência das mulheres do Norte para o dever de, em qualquer ocasião, exercer sua influência moral a respeito da escravidão. Faço isso com a esperança de que todo homem que ler estes relatos jure solenemente, diante de Deus, que empenhará todas as suas capacidades para que nenhum fugitivo da escravidão jamais seja enviado de volta para sofrer naquele antro repugnante de corrupção e crueldade.

L. MARIA CHILD

Incidentes na vida de uma menina escrava, sete anos escondida

Infância

Eu nasci escrava, mas só fui descobrir isso depois de seis anos de uma infância feliz. Meu pai era carpinteiro, considerado tão inteligente e habilidoso em seu ofício que, quando precisavam construir edificações fora do comum, ele era convocado para atuar como mestre de obras. Cumprida a condição de pagar à sua senhora o valor de duzentos dólares por ano e de conseguir se sustentar, ele recebia autorização para trabalhar no ofício e administrar o próprio negócio. Seu maior desejo era comprar os filhos; mas, embora muitas vezes tenha tentado oferecer os ganhos suados para a compra, nunca obteve sucesso. Meus pais tinham a pele de um tom claro, amarelo-acastanhado, por isso eram chamados de mulatos, e os dois viviam juntos em uma casa confortável. Embora fôssemos todos escravos, eu era protegida com tanto carinho que nunca sequer sonhei que fosse uma mercadoria, confiada a eles para ser guardada em segurança e que poderia ser exigida de volta a qualquer momento. Eu tinha um irmão, William, dois anos mais novo; uma criança incrível e muito carinhosa. Também tive minha avó materna, um grande tesouro, uma mulher notável em muitos aspectos.

Era filha de um fazendeiro da Carolina do Sul, que, quando morreu, deixou de herança para a mãe dela e os três filhos a liberdade e algum dinheiro para irem a Saint Augustine, na Flórida, onde tinham parentes. Isso foi durante a Guerra de Independência dos Estados Unidos, e os quatro foram capturados na viagem, carregados de volta e vendidos cada um para um comprador. Essa era a história que minha avó contava, mas não me lembro de todos os detalhes. Ela ainda era uma garotinha quando foi capturada e vendida ao dono de um grande hotel. Vovó sempre contava como sofreu durante a infância. Porém, já mais velha, demonstrava tanta inteligência e fidelidade que seus senhores acabaram percebendo a importância de cuidar de uma propriedade tão valiosa. Minha avó se tornou indispensável na casa, assumindo todas as funções, de cozinheira e ama de leite até costureira. Sua comida era muito elogiada; os biscoitos salgados deliciosos ficaram famosos, e a vizinhança demonstrava muito interesse em comprá-los. Depois de ouvir inúmeros pedidos, ela foi falar com a patroa em busca de permissão para assar os biscoitos à noite, depois de terminar todo o trabalho doméstico. A senhora concedeu a licença, desde que minha avó usasse os lucros para custear as próprias roupas e a de seus filhos. Aceitadas as condições, ela passou a assar os biscoitos à meia-noite, com ajuda dos dois filhos mais velhos, tudo depois de um dia inteiro de trabalho árduo para sua senhora. O negócio foi lucrativo, e a cada ano vovó economizava um bocado, que guardava para um dia poder comprar os filhos. Então o senhor morreu, e a propriedade foi dividida entre os herdeiros. O hotel tinha sido dote da viúva, que decidiu mantê-lo aberto. Minha avó permaneceu como escrava dela, mas seus filhos foram divididos entre os herdeiros do falecido senhor. Vovó tinha cinco filhos, então venderam o mais jovem, Benjamim, de forma que cada herdeiro recebesse uma porção igual, tanto de escravos quanto de dólares e centavos. A diferença de idade entre mim e Benjamim era tão pequena que ele parecia mais um irmão que um tio. Era um rapaz inteligente e bonito, quase branco, pois tinha herdado a pele dos ancestrais anglo-saxões da vovó. Tinha só dez anos, mas seu preço foi de 720 dólares. A venda foi um golpe terrível para minha avó, mas ela era esperançosa por natureza, e logo voltou a trabalhar com energia renovada, confiando que, com o tempo, conseguiria comprar alguns de seus filhos. Conseguiu juntar trezentos dólares, que a patroa um dia implorou como empréstimo, prometendo pagar em breve. O leitor deve saber que nenhuma promessa ou contrato escrito com um escravo tem valor legal. Segundo as leis do Sul, um escravo *é* propriedade, portanto, não pode *ter* nenhuma propriedade. Quando minha avó emprestou o suado dinheiro à sua senhora, confiou apenas na honra dela. A honra de uma senhora de escravos para com sua escrava!

Foi uma boa avó, e devo a ela muitos confortos que tive. Eu e meu irmão, Willie, ganhávamos várias porções de biscoitos, bolos e geleias que ela fazia para vender. Depois que deixamos de ser crianças, nossa dívida passou a ser por muitos outros serviços importantes.

Essas foram as circunstâncias da minha primeira infância, de uma felicidade tão incomum. Minha mãe morreu quando eu tinha seis anos; foi quando descobri, pela primeira vez, ouvindo as conversas dos adultos, que eu era escrava. A senhora da minha mãe era filha da senhora da minha avó. Essa mulher e minha mãe eram irmãs de consideração, ambas alimentadas no peito da minha avó. Na verdade, minha mãe foi desmamada aos três meses para que o bebê da patroa tivesse comida o bastante. As duas crianças brincavam juntas, e, quando se tornaram mulheres, minha mãe foi uma serva muito fiel da irmã adotiva e mais branca. Quando mamãe estava no leito de morte, sua senhora jurou que os filhos dela nunca passariam necessidade – palavra que manteve durante toda a vida. Todos falavam bem da minha falecida mãe, que fora escrava apenas no papel, mas que era de natureza nobre e feminina. Fiquei triste com o luto, e minha mente jovem se preocupava, pensando em quem cuidaria de mim e de meu irmão mais novo dali em diante.

Não demorou para me informarem que minha nova casa seria com a senhora de minha mãe. Fui feliz naquele lar, onde não me impuseram nenhuma tarefa difícil ou desagradável. Minha senhora era tão boa que eu sempre ficava feliz em cumprir suas ordens, orgulhosa de trabalhar para ela empregando todas as forças da minha pouca idade. Passava horas sentada ao seu lado, costurando com muito zelo, o coração tão livre de preocupações quanto o de uma criança branca nascida livre. Quando pensava que eu devia estar cansada, a senhora me mandava lá para fora, para correr e pular. E eu ia, colhia frutas ou buscava flores para decorar o quarto dela. Foram dias felizes... felizes demais para durar. Aquela criança escrava não pensava no amanhã. Mas veio a praga, o destino certo de todo ser humano nascido para ser escravo.

Quando eu tinha quase doze anos, minha gentil senhora adoeceu e acabou falecendo. Vendo seu rosto ficar mais pálido, e os olhos mais vidrados, comecei a rezar com mais fervor, de todo o coração, para que ela vivesse! Eu a amava; a mulher era quase uma mãe para mim. Mas minhas orações não foram atendidas. Minha senhora morreu e foi enterrada no pequeno cemitério da igreja, onde, dia após dia, eu deixava minhas lágrimas escorrerem sobre seu túmulo.

Fui mandada para passar a semana com minha avó. Eu já tinha idade suficiente para começar a pensar no futuro, e sempre me perguntava o que fariam comigo. Tinha certeza de que nunca encontraria outra senhora tão gentil como aquela, como a mulher que prometera à minha mãe moribunda que os filhos dela nunca passariam necessidade. Quando me lembrei disso, recordando também de suas muitas provas de afeição, não pude deixar de alimentar alguma esperança de que minha senhora teria me deixado livre. Meus amigos tinham quase certeza disso. Achavam mesmo que ela me libertaria, considerando o amor e o serviço fiel de minha mãe. Mas... Ah, a infelicidade! Todos sabemos que a memória de uma escrava fiel não vale de muita coisa para salvar seus filhos do leilão.

A leitura do testamento veio depois de um breve período de suspense, e descobrimos que minha senhora me deixara para a filha de sua irmã, uma criança de cinco anos. Com isso, acabaram as esperanças. Minha senhora me ensinara os preceitos da Palavra de Deus: "Amarás o teu próximo como a ti mesmo" e "Assim, em tudo, façam aos outros o que vocês querem que eles lhes façam; pois esta é a Lei e os Profetas". Mas eu era escrava, então suponho que ela não me reconhecia como próxima. Eu daria tudo para apagar essa injustiça terrível da memória. Quando criança, eu a amava; e, considerando os dias felizes que passei com ela, tento pensar nessa injustiça com menos amargura. No meu tempo ao seu lado, aprendi a ler e a soletrar. Por este privilégio, tão raro a uma escrava, peço que Deus abençoe sua memória.

A senhora possuía apenas alguns escravos, e, quando morreu, tudo foi distribuído entre os parentes. Cinco eram filhos da minha avó, tomaram do mesmo leite que alimentou os filhos da mãe dela. Apesar dos longos anos de serviço fiel da minha avó, nenhum de seus filhos escapou do leilão. Aos olhos dos senhores, essas máquinas que respiram o espírito de Deus não são mais que o algodão que plantam ou os cavalos de que cuidam.

Os novos senhores

O dr. Flint, um médico da vizinhança, tinha se casado com a irmã da minha antiga senhora, e eu passara a ser propriedade da filha do casal. Foi com muita tristeza que me preparei para a nova casa, e só aumentava minha infelicidade saber que meu irmão, William, tinha sido comprado pela mesma família. Meu pai, tanto pela natureza de caráter como pelo costume de lidar com o ofício de talentoso mestre de obras, tinha mais sentimentos de homem livre do que é comum ver entre os escravos. Meu irmão era um menino bem espirituoso e, criado sob essa influência, reforçava todos os dias o quanto detestava essa história de senhor e senhora. Um dia, quando nosso pai e a senhora o chamaram ao mesmo tempo, ele hesitou, perplexo, sem saber quem exercia mais poder sobre sua obediência. Por fim, acabou indo para a senhora. Quando meu pai o repreendeu, William retrucou:

– Vocês dois chamaram, e eu não sabia para quem ir primeiro.

– Você é meu filho – retrucou papai. – Quando eu chamar, você vem na mesma hora, não importa se tiver que atravessar fogo ou água.

Pobre Willie! Estava prestes a ter sua primeira lição de obediência a um senhor. Vovó tentou nos animar com palavras de esperança, que ecoaram em nossos corações crédulos de jovens.

Quando entramos na nova casa, encontramos olhares frios, palavras frias e tratamento frio. Ficamos felizes quando a noite chegou. Na cama estreita, enquanto eu gemia e chorava, me senti muito sozinha e desamparada.

E já estava naquela casa havia quase um ano quando um amiguinho meu muito querido foi enterrado. Ouvi a mãe soluçar quando a terra caiu sobre o caixão de seu único filho e me afastei do túmulo, agradecida por ainda ter o que amar. Encontrei minha avó, que chamou:

– Linda, venha comigo.

Pelo tom, eu sabia que era algo triste. Ela me afastou das pessoas e anunciou:

– Querida, o seu pai morreu.

Morreu!? Como eu poderia acreditar? Meu pai morreu tão de repente e eu nem sabia que estava doente. Fui para casa com minha avó. Meu coração se rebelou contra Deus, que levara minha mãe, meu pai, minha senhora e um amigo. Minha doce avó tentou me confortar:

– Quem pode entender os caminhos de Deus? Talvez Ele tenha tido a gentileza de poupar os dois dos dias ruins que estão por vir.

Anos depois, eu ainda pensava muito nisso. Minha avó jurou que seria uma mãe para os netos, pelo menos enquanto o destino lhe permitisse. Fortalecida por seu amor, voltei para o meu dono. Achei que teria permissão de visitar a casa de meu pai na manhã seguinte, mas recebi ordens de ir buscar flores para decorar a casa da senhora, que daria uma festa à noite. Passei o dia colhendo flores e tecendo guirlandas enquanto o cadáver do meu pai estava a quase um quilômetro dali. Por que meus proprietários se importariam? Ele era apenas mercadoria. Além disso, acham que meu pai tinha mimado os filhos demais, ensinando-os a sentir que eram humanos. Uma doutrina blasfema para um escravo passar adiante. Uma presunção. Um perigo para os senhores.

No dia seguinte, segui os restos mortais de meu pai até um túmulo humilde ao lado de onde minha querida mãe descansava. Havia quem reconhecesse o valor de meu pai e respeitasse sua memória.

A casa parecia mais sombria que nunca. A risada das criancinhas escravas soava áspera e cruel. Era egoísta sentir aquilo por causa da alegria dos outros. Meu irmão ostentava uma expressão muito séria. Tentei confortá-lo:

– Tenha coragem, Willie. Dias melhores virão.

– Você não tem como dizer, Linda – retrucou ele. – Vamos passar o resto dos nossos dias aqui. Nunca seremos livres.

Argumentei que estávamos envelhecendo e ficando fortes e que em breve talvez conseguíssemos permissão para trabalhar por conta própria, então ganharíamos dinheiro para comprar nossa liberdade. William retrucou que era muito mais fácil falar do que fazer. E que, além disso, não tinha a menor intenção de *comprar* a própria liberdade. Discutíamos todos os dias sobre o assunto.

Na casa do dr. Flint, ninguém dava muita atenção às refeições dos escravos. Se conseguissem arrumar comida enquanto trabalhavam, já estava ótimo. Eu não me dava ao trabalho de correr atrás de comida, já que, enquanto cumpria minhas muitas tarefas, passava na casa da minha avó, onde sempre havia algo sobrando para mim. Era comum que me ameaçassem de punição se eu parasse na casa, então vovó ficava no portão com alguma comida para o meu café da manhã ou jantar, para que eu não precisasse me demorar muito. Eu estava em dívida *com ela* por todos os confortos, espirituais ou temporais. Foi o trabalho *dela* que abasteceu meu guarda-roupa escasso. Tenho memórias vívidas do vestido de lã de linho que a sra. Flint me dava todo inverno. Como eu o odiava! Era uma das marcas da escravidão.

Enquanto minha avó ajudava a me sustentar com seu dinheiro suado, os trezentos dólares que emprestara à sua senhora nunca foram devolvidos. Quando a senhora morreu, o genro dela, o dr. Flint, foi nomeado executor. Quando minha avó pediu o pagamento a ele, ouviu que o espólio estava insolvente e que a lei proibia o pagamento. Porém não o proibia de ficar com o candelabro de prata que tinha sido comprado com o dinheiro. Imagino que serão mantidos na família, passados de geração em geração.

A senhora sempre prometera que vovó seria livre quando ela morresse, e diziam que o testamento cumpria a promessa. Mas, quando a propriedade foi liquidada, o dr. Flint explicou à fiel serva que, considerando as circunstâncias, era necessário vendê-la.

No dia marcado, colocaram o cartaz de anúncio habitual proclamando que haveria uma "venda pública de negros, cavalos, etc.", mas o dr. Flint foi até minha avó dizer que não queria ferir os sentimentos dela colocando-a em leilão e que preferia se desfazer da posse em uma venda particular. Minha avó percebeu a hipocrisia. Ela entendia muito bem que o dr. Flint estava com vergonha daquela venda. Vovó era uma mulher muito determinada, e, se aquele homem era vil o bastante para vendê-la, mesmo sabendo que sua senhora queria que ela fosse livre, iria se certificar de que todos soubessem. Já fazia muito tempo que vendia biscoitos e conservas para muitas famílias, então tia Marthy, como era chamada, era bem conhecida – e todos que a conheciam respeitavam sua inteligência e boa índole. Todos também sabiam dos longos anos de serviço fiel à família, assim como da intenção da senhora de deixá-la livre. Quando chegou o dia da venda, vovó ocupou seu lugar entre as outras mercadorias e saltou para o leilão logo na primeira chamada. Muitas vozes se elevaram:

– Vergonha! Vergonha! Quem vai vender *você*, tia Marthy? Saia daí! Aí não é lugar para *você*!

Sem dizer uma palavra, vovó esperou em silêncio, aguardando seu destino. Ninguém fez nenhum lance. Até que, por fim, ouviu-se uma voz fraca:

– Cinquenta dólares.

Veio de uma donzela solteira de setenta anos, irmã da falecida senhora de vovó. A mulher vivera quarenta anos sob o mesmo teto que minha avó, sabia da lealdade com que ela servira aos donos e da crueldade com que fora privada de seus direitos, então resolveu protegê-la. O leiloeiro esperou por uma oferta mais alta, mas o desejo daquela donzela foi respeitado, e ninguém mais deu nenhum lance. A mulher não sabia ler nem escrever, então assinou o recibo com um X. Mas de que importava, considerando que era uma senhora com um coração tão grande, transbordando bondade? Ela dera a liberdade para a velha escrava.

Naquela época, vovó tinha só cinquenta anos. Muitos anos de trabalho duro tinham se passado, e meu irmão e eu agora éramos escravos do homem que roubara seu dinheiro e tentara roubar sua liberdade. Uma das irmãs da minha mãe, tia Nancy, também era escrava dessa família. Era uma tia muito boa e querida e assumia as funções de governanta e serviçal para a senhora. Tia Nancy, na verdade, estava no começo e no fim de tudo.

A sra. Flint, como muitas mulheres do Sul, tinha uma séria deficiência de vigor. A mulher não tinha forças para supervisionar as questões do lar, mas tinha nervos tão fortes que podia ficar sentada, imóvel, na poltrona, vendo uma mulher ser chicoteada até que o sangue escorresse de cada vergão. Era da igreja, mas partilhar a ceia com o Senhor não a imbuía de espírito cristão. Se o jantar não fosse servido na hora exata naqueles domingos em particular, ela ficava na cozinha, esperando até que tudo fosse servido, então cuspia nas panelas e chaleiras que tinham sido usadas. Fazia isso para que a cozinheira e seus filhos não pudessem raspar a ração escassa nos restos de molho e outras raspas. Os escravos não recebiam nada para comer, só o que ela decidia dar. As provisões eram pesadas três vezes por dia, medindo cada libra e cada onça. Posso garantir que ela não dava aos escravos nem a chance de comerem pão de trigo do barril de farinha. A mulher sabia até quantos biscoitos se fazia com meio quilo de farinha e que tamanho deveriam ter.

O dr. Flint tinha ares de gastrônomo, e a cozinheira nunca conseguia mandar um jantar para a mesa sem tremer de medo. Se algum prato por acaso não fosse do seu agrado, ele mandava chicotear a mulher ou a obrigaria a comer cada garfada ali, diante dele. A pobre criatura faminta podia até querer comer, mas com certeza não queria que o senhor enfiasse bebida por sua garganta até ela engasgar.

Os senhores tinham um cachorro de estimação que era um incômodo na casa. A cozinheira recebeu a ordem de fazer mingau de fubá para o cão, que se recusou a comer. Seguraram a cabeça dele junto da comida, e começou a escorrer espuma da boca para cima da tigela. Ele morreu poucos minutos depois. Quando o dr. Flint chegou, disse que o mingau não estava cozido direito, por isso que o cachorro não queria. Mandou chamar a cozinheira e a obrigou a comer tudo. Achava que o estômago da mulher era mais forte que o do cachorro, mas o sofrimento dela, logo depois, provou que o senhor estava errado. A pobre mulher suportou muitas crueldades dos senhores. Ela às vezes ficava trancada durante um dia e uma noite inteiros, afastada de seu bebê de peito.

Eu já estava com a família havia algumas semanas quando um dos escravos da fazenda foi trazido para a cidade, por ordem do senhor. Já era quase noite quando o homem chegou, e o dr. Flint mandou que o levassem para o calabouço e o amarrassem à viga, de forma que os pés quase tocassem o chão. E, naquela posição, o homem deveria esperar até que o doutor terminasse de tomar seu chá. Nunca vou me esquecer daquela noite. Nunca na vida tinha ouvido tantas centenas de golpes desferidos sem parar contra um ser humano. Os grunhidos eram de dar pena, e o pedido de "sinhô, não, eu lhe rogo!" ecoou em meus ouvidos por meses. E houve muita conjectura sobre o que provocou aquela punição tão terrível. Alguns diziam que o senhor o acusou de roubar milho; outros alegavam que o escravo tinha brigado com a esposa na presença do capataz, acusando o senhor de ser o verdadeiro pai da criança. Os dois eram pretos, e a criança nascera bem branca.

Fui até o calabouço na manhã seguinte e vi o chicote ainda molhado de sangue, as tábuas do chão cobertas de sangue seco. O coitado sobreviveu e continuou brigando com a esposa. Alguns meses depois, o dr. Flint entregou ambos para um vendedor de escravos. Aquele homem culpado embolsou o dinheiro dos dois e ainda teve a satisfação de saber que estavam longe de vista, longe de seus ouvidos. Quando a mãe foi entregue ao mercador, ela protestou:

– Você *prometeu* que ia me tratar bem!

Ao que o doutor respondeu:

– Você deixou a língua correr solta, maldita!

A mulher tinha esquecido que era um crime uma escrava dizer quem era o pai de suas crianças.

A perseguição nesses casos não vem só do senhor, mas também dos outros. Uma vez, vi uma jovem escrava à beira da morte logo depois de dar à luz uma criança quase branca. Sofrendo, em agonia, ela gritava:

– Ah, Senhor, me leve!

A senhora estava ali, junto da escrava, desdenhosa como um demônio encarnado.

– Está sofrendo, é?! – gritava. – Pois fico feliz! Você merece, e ainda merece mais!

A mãe da escrava anunciou:

– O bebê está morto, graças a Deus. E espero que minha pobre menina também vá para o céu…

– Céu! – retrucou a senhora. – Não tem lugar no céu para ela e esse bastardo.

A pobre mãe virou as costas, chorando. A filha moribunda chamou por ela numa voz fraca. Quando a mulher se abaixou junto da doente, ouvi a menina dizer:

– Mãe, não sofra tanto. Deus vê tudo. E Ele terá misericórdia de mim.

Pouco depois, o sofrimento da moribunda ficou tão intenso que a senhora foi incapaz de ficar ali ao lado. Mas, quando saiu de perto, mantinha ainda o sorriso de desdém. Sete crianças a chamavam de mãe. Aquela pobre negra tinha só uma filha, e teve que ver os olhos da garota se fechando, mortos, enquanto agradecia a Deus por poupar a menina da maior amargura da vida.

O Ano-Novo dos escravos

O dr. Flint era dono de uma bela residência na cidade, várias fazendas e cerca de cinquenta escravos, além de vários outros sob contratos anuais.

No Sul, o dia da contratação é no primeiro dia de janeiro. No segundo, os escravos já vão para os novos senhores. Nas fazendas, trabalham até terminar o plantio de milho e de algodão. Depois, têm dois dias de folga, e alguns senhores oferecem um bom jantar sob as árvores. Quando acaba, os escravos trabalham até a véspera de Natal. Se, durante esse tempo, nenhuma acusação pesada for feita contra eles, terão quatro ou cinco dias de folga, o que o mestre ou o feitor julgarem apropriado. Daí vem a véspera de Ano-Novo; e os negros reúnem suas poucas posses – ou, melhor dizendo, seu quase nada de posses – e aguardam, ansiosos, pelo amanhecer. Na hora marcada, o lugar se enche de homens, mulheres e crianças, esperando, como criminosos, para ouvir sua condenação. Os escravos sabem muito bem qual é o senhor mais humano ou o mais cruel nas redondezas.

Nesse dia, é fácil de discernir quem veste e alimenta bem os escravos, pois fica cercado por uma multidão, todos implorando: "Por favor, sinhô, me contrate para o ano. Vô trabalhá *muito*, sinhô".

Se um escravo não quiser ir com o novo mestre, é chicoteado ou trancado na prisão até concordar em ir e prometer não fugir durante o ano. Se mudar de ideia, achando que é justificável violar uma promessa extorquida de tal maneira, ai dele se for pego! O chicote estala até que o sangue escorra sobre seus pés; os braços e pernas, rígidos, são acorrentados, e ele é arrastado pelo campo por dias e dias!

Se viver até o próximo ano, talvez o mesmo homem o contrate, sem nem mesmo dar a oportunidade de ir ao campo em busca de novos senhores. E, depois que acabam os humanos disponíveis para alugar, chega a hora dos que estão à venda.

Ah, vocês, mulheres livres e felizes, comparem *seu* Ano-Novo com o de uma pobre mulher escrava! Para vocês, é um feriado agradável, e o sol raia para um dia abençoado. Votos de felicidade as acompanham por todo lado, e vocês são cobertas de presentes. Até os corações que se afastaram ao longo do ano se amolecem no feriado, e lábios que se fecharam em silêncio respondem, ecoando os votos: "Que você tenha um feliz ano-novo!"

As crianças trazem suas pequenas oferendas e erguem os lábios rosados em busca de afago. São seus, e nenhuma mão, exceto a da morte, pode tirá-los de vocês.

Mas, para a mãe escrava, o Ano-Novo chega carregado de tristezas peculiares. Ela se senta no chão frio da sua casinha olhando para os filhos, que podem ser arrancadas dali na manhã seguinte. E, muitas vezes, deseja que morram antes do amanhecer. Essa mulher pode ser uma criatura ignorante, degradada pelo sistema que a brutalizou desde a infância, mas também tem instintos de mãe, também sente as agonias de uma mãe.

Em um desses dias de venda, vi uma mãe levar sete filhos ao leilão. Ela sabia que *alguns* seriam levados, mas levaram *todos*. As crianças foram vendidas a um mercador de escravos, e a mãe foi comprada por um homem daquela mesma cidade. Antes do anoitecer, os filhos já estavam longe. A mulher implorou ao mercador que lhe dissesse aonde pretendia levar suas crianças, e o homem se recusou a contar. E *como* poderia contar, se sabia que venderia um por um para quem lhe pagasse o preço mais alto? Encontrei aquela mãe na rua, e seu rosto, cheio de tristeza e raiva, continua vívido em minha memória. Ela retorcia as mãos, desesperada, gritando:

– Eles se foram! Está tudo acabado! *Por que* Deus não me mata?

Eu não tinha palavras para consolá-la. E essas ocorrências eram diárias – sim, aconteciam de hora em hora.

Os donos de escravos têm um método próprio da instituição escravocrata de se livrar dos idosos, que gastaram a vida no serviço. Conheci uma velha que passou setenta anos de trabalho fiel a seu senhor. Ficara quase incapacitada devido ao trabalho duro e à doença. Os proprietários se mudaram para o Alabama, e a velha mulher preta ficou para trás, para ser vendida a qualquer pessoa que aceitasse pagar vinte dólares.

O escravo que ousou se sentir homem

Dois anos tinham se passado desde que entrei para a família do dr. Flint. Anos que me trouxeram muito do conhecimento que vem da experiência, embora tenham proporcionado poucas oportunidades para adquirir qualquer outro tipo de conhecimento.

Minha avó era, tanto quanto possível, uma mãe para os netos órfãos. Com sua perseverança e empenho incansável, passara a ser dona de uma casinha confortável, cheia do que era necessário para a vida. Ela teria ficado feliz se pudesse compartilhar seu lar com os filhos. Restavam-lhe apenas três filhos e dois netos, todos escravos. Vovó se esforçou muito para nos fazer sentir que aquilo era a vontade de Deus, que Ele julgara necessário nos colocar em tais circunstâncias e que, mesmo parecendo difícil, deveríamos rezar pedindo contentamento.

Era uma fé linda, vinda de uma mãe que não podia chamar os filhos de seus. Mas eu e Benjamim, seu filho mais novo, condenávamos aquilo tudo. Pensávamos que seria muito mais da vontade de Deus que estivéssemos como ela. Desejávamos uma casa como a dela. Lá, sempre encontrávamos um doce bálsamo para os problemas. Vovó era tão amorosa, tão simpática! Sempre nos recebeu com um sorriso no rosto, sempre ouvia as nossas dores com toda a paciência. E falava com tanta esperança que, mesmo sem que a gente notasse, as nuvens davam lugar ao sol. Lá também tinha um forno enorme, onde vovó assava pão e coisas boas para a cidade, e sabíamos que sempre haveria um pedaço separado com carinho para nós.

Mas, ah! Que infelicidade! Nem mesmo os encantos do velho forno conseguiam nos fazer aceitar aquela situação difícil. Benjamim tinha virado um rapaz alto e bonito, com corpo forte e elegante e espírito atrevido, ousado demais para um escravo. Meu irmão, William, na época com doze anos, tinha a mesma aversão à palavra "senhor" de quando era um menino de sete. Eu era sua confidente, e ele sempre vinha até mim com seus problemas. Lembro-me de um caso em particular. Era uma linda manhã de primavera e, observando os raios de sol dançando aqui e ali, achei que aquela beleza parecia zombar da minha tristeza. Pois meu mestre, de natureza inquieta, ansiosa e perversa, que vagava dia e noite procurando a quem devorar, acabara de se afastar depois de me dirigir palavras muito pungentes e abrasadoras... palavras que feriam ouvidos e cérebro como fogo. Ah, como eu o odiava! Pensava sempre em como ficaria feliz se algum dia, enquanto ele estivesse caminhando por aí, a terra se abrisse e o engolisse inteiro, livrando o mundo daquela praga.

Quando ele disse que eu era feita para o seu uso, feita para obedecer a *todos* os seus comandos, que eu não era nada mais que uma escrava, cuja vontade deve se dobrar à dele... meu braço magro nunca tinha me parecido tão forte.

O doutor me deixou tão profundamente absorta naquelas reflexões dolorosas que não vi nem ouvi quando alguém mais entrou. Até que ouvi a voz de William ali perto:

– Linda, por que está tão triste? Eu amo você. Ah, Linda… este mundo é ruim, não é? Todos estão sempre tão irritados e tristes. Queria ter morrido junto do nosso pobre pai.

Eu disse a ele que *nem todo mundo* estava sempre irritado ou triste. Que as pessoas com casas confortáveis e amigos bondosos e que não tinham medo de demonstrar amor eram felizes. Mas nós, crianças escravas, sem pai nem mãe, não podíamos querer a felicidade. Precisávamos ser bons, e isso talvez nos trouxesse contentamento.

– Sim – respondera ele. – Eu tento ser bom, mas de que adianta? Eles continuam me incomodando.

Em seguida, começou a contar das dificuldades da tarde que passara com Nicholas, seu jovem senhor. Parecia que o irmão de Nicholas se divertira inventando histórias sobre William, então o senhorzinho disse que William merecia o açoite e que ele mesmo cuidaria disso. Dito isso, preparou-se para meter a mão na massa, mas meu irmão lutou e resistiu com todas as forças. O jovem senhor, notando que estava levando a pior, decidiu tentar amarrar as mãos de William às costas, mas falhou mesmo assim. Distribuindo chutes e socos, William saiu da briga sem nada pior que alguns arranhões.

E continuou a discursar sobre a *crueldade* do jovem senhor; sobre como ele chicoteava os meninos *pequenos*, mas era um covarde em qualquer briga com os meninos brancos do seu tamanho. Nessas ocasiões, sempre saía correndo. William tinha outras acusações contra ele. Esfregava mercúrio nas moedas de um centavo e usava como se fossem moedas maiores, de 25 centavos, quando comprava de um velho que mantinha uma barraca de frutas. William sempre era enviado para comprar frutas e me perguntou, de coração aberto, o que fazer. Eu respondi que era errado enganar o velho e que era dever dele informar o dono da barraca sobre as imposições do jovem senhor. Expliquei, confiante, que o velho compreenderia a questão, e o assunto estaria encerrado. William achou que o assunto poderia até estar encerrado *com o velho*, mas não *com ele*. E disse que não se importava com os golpes do chicote, mas não gostava da ideia de ser chicoteado.

Eu o aconselhei a ser bom e misericordioso, mas estava muito ciente do brilho de rebeldia em meus próprios olhos. E saber das minhas próprias limitações me impeliu a tentar reter, na medida do possível, alguma centelha daquele ímpeto com que Deus agraciara meu irmão. Não tinha vivido catorze anos de escravidão à toa. Tinha sentido, visto e ouvido o suficiente para analisar o caráter e interpretar as motivações das pessoas à minha volta. A guerra da minha vida tinha começado. E, embora eu fosse uma das criaturas mais impotentes que Deus criou, decidi que nunca seria vencida. Pobre de mim!

Se havia um lugar puro e ensolarado para mim, eu acreditava que era no coração de Benjamim e de outro rapaz, a quem amei com todo o ardor do primeiro amor de uma menina. Meu dono sabia. E tentou de tudo deixar infeliz. Não recorreu a nenhuma punição corporal, mas empregou todos os métodos mesquinhos e tirânicos que a engenhosidade humana pode conceber.

Ainda me lembro da primeira vez que fui punida. Foi no mês de fevereiro. Vovó tinha pegado meus sapatos velhos e trocado por um novo par. Eu precisava mesmo disso: a neve estava caindo, já se acumulara em uma camada de vários centímetros e não parecia que ia parar. Quando entrei no quarto da sra. Flint, o rangido dos sapatos foi um golpe duro para seus nervos refinados. Ela me chamou e perguntou o que eu estava carregando que fazia um barulho tão horrível. Expliquei que eram os sapatos novos.

– Pois pode tirar – retrucou ela. – E, se calçar esses sapatos de novo, vão para o fogo.

Tirei, e também tirei as meias. Depois disso, ela me mandou cuidar de uma tarefa bem longe dali. Atravessei a neve com os pés descalços formigando. Naquela noite, fiquei muito rouca. Fui para a cama com a certeza de que no dia seguinte estaria doente, talvez morta. Que horror senti ao acordar tão bem!

Tinha imaginado que, se morresse ou ficasse de cama por um tempo, minha senhora sentiria uma pontada de remorso por ter odiado tanto "aquela pestinha", como me chamava. Eu era muito ignorante quanto àquela senhora, o que gerava essas fantasias extravagantes.

O dr. Flint volta e meia recebia ofertas bem altas por mim, mas sempre respondia:

– Ela não é minha. É propriedade de minha filha, não tenho o direito de vender a menina.

Que homem bom e honesto! Minha jovem senhora ainda era uma criança, e eu não tinha como buscar sua proteção. Eu a amava, e ela retribuía meu carinho. Certa vez, ouvi o doutor comentando do apego que a menina tinha por mim, e sua esposa prontamente respondeu que era por medo. Isso encheu minha mente de dúvidas desagradáveis. A criança fingia o que não sentia? Ou a mãe estava com ciúme do pouco de amor que a menininha tinha por mim? Concluí que devia ser o último caso. Disse a mim mesma: "Ah, criancinhas sempre dizem a verdade".

Certa tarde, estava entretida com a costura e sentindo uma depressão de espírito fora do comum. A patroa vinha me acusando de uma ofensa da qual eu já tinha garantido que era perfeitamente inocente. Mas deu para ver, pelo sorriso de desdém que curvava o canto de seus lábios, que ela achava que eu estava mentindo.

Fiquei me perguntando com que propósito Deus estava me guiando por caminhos tão espinhosos e se havia dias ainda mais sombrios reservados para o meu futuro. Enquanto estava sentada assim, pensativa, a porta se abriu de levinho, e William entrou.

– Olá, meu irmão – cumprimentei. – Então, qual é o problema dessa vez?

– Ah, Linda... Ben passou por uma situação terrível com o senhor dele!

A primeira coisa que pensei foi que Benjamim estava morto.

– Não, Linda, não precisa se preocupar – tranquilizou-me William. – Vou contar tudo.

Parece que o senhor mandara chamar Benjamim, que não atendera imediatamente. Quando ele enfim chegou, o senhor estava irritado, e começou o açoite. Ben resistiu. Senhor e escravo lutaram, até que o homem livre foi derrubado. Benjamim tinha motivos para estar com medo: jogara seu senhor no chão, um dos homens mais ricos da cidade. E fiquei ansiosa, pensando no que ia acontecer.

Naquela noite, fui para a casa da minha avó, e Benjamim também estava lá, escondido de seu senhor. Vovó tinha ido passar alguns dias com um velho amigo que morava no campo.

– Eu vim para dar meu adeus – anunciou Benjamim. – Estou indo embora.

Perguntei para onde ele ia.

– Para o Norte.

Olhei bem para ele, querendo ver se estava falando sério, e vi toda a verdade naqueles lábios apertados, firmes. Implorei a ele que não fosse, mas Benjamim não me deu atenção. Disse que não era mais menino, que a cada dia aumentava o peso de sua sina. Ben tinha erguido a mão contra seu senhor e seria chicoteado publicamente pela ofensa. Eu o lembrei da pobreza e das dificuldades que teria que enfrentar entre estranhos. Disse que ele poderia ser capturado e trazido de volta, o que era terrível de imaginar.

Benjamim ficou irritado, perguntando se a pobreza e as privações de um homem livre não seriam melhores que o tratamento que recebíamos como escravos.

– Linda – insistiu –, aqui somos cachorros, somos estorvos, somos só coisa ruim. Não... não vou ficar. Que me tragam de volta. Só se morre uma vez.

E ele estava certo, mas era difícil ceder.

– Vá, então – respondi. – Vai quebrar o coração da sua mãe.

Eu me arrependi dessas palavras antes mesmo que terminassem de sair da minha boca.

– Linda – retrucou ele, indignado, como se eu não tivesse ouvido nada do que ele dissera –, como você pode dizer *uma coisa dessas*? Coitada da minha mãe! Seja boa com ela, Linda. E você também, prima Fanny.

Prima Fanny era uma amiga que tinha morado uns anos conosco.

Trocamos nossas despedidas, e aquele garoto tão esperto, tão gentil e tão querido, tão cheio de amor, desapareceu de nossas vistas.

Não preciso explicar como ele escapou. Basta dizer que estava a caminho de Nova Iorque, quando uma tempestade violenta atingiu o navio. O capitão disse que precisaria desembarcar no porto mais próximo. Benjamim ficou com medo, pois sabia que sua fuga estaria anunciada em todos os portos próximos da cidade. O capitão notou seu constrangimento. Foram para o porto. Lá, o capitão viu o anúncio. Benjamim correspondia tão perfeitamente com a descrição que o homem correu para prendê-lo em suas correntes. A tempestade passou, e o navio continuou seu caminho para Nova Iorque. Antes de chegar a esse porto, Benjamim conseguiu se soltar das correntes e jogá-las ao mar. Escapou do navio, mas foi perseguido, capturado e levado de volta para seu dono.

Quando minha avó voltou para casa e descobriu que o filho mais novo tinha fugido, foi uma grande tristeza. Mas, com sua piedade característica, afirmou:

– A vontade de Deus será feita.

A cada manhã, ela perguntava se havia alguma notícia do filho. Até que, sim, *havia* notícias. O senhor dele estava muito feliz com a chegada de uma carta anunciando a captura do humano que era parte de suas posses.

E parece ter sido ontem, de tão bem que me lembro. Vi quando o conduziram pelas ruas ainda nos grilhões, indo para a prisão. Estava pálido como um fantasma, mas com o rosto cheio de determinação. Benjamim tinha implorado a um dos marinheiros que visitasse a casa de vovó e pedisse a ela que não fosse visitá-lo. Disse que a angústia o faria perder todo o autocontrole. Vovó queria muito ver o filho, então foi mesmo assim. Mas se escondeu na multidão, para fazer a vontade de Ben.

Não tínhamos permissão para visitá-lo, mas conhecíamos o carcereiro havia anos, e era um homem de bom coração. À meia-noite, abriu a porta da prisão para minha avó e eu entrarmos disfarçadas. Quando chegamos à cela, nenhum som quebrou o silêncio.

– Benjamim! Benjamim! – sussurrou minha avó.

Sem resposta.

– Benjamin! – tentou ela, de novo.

Ouvimos um tilintar de correntes. A lua acabava de nascer e lançava uma luz incerta por entre as grades da janela. Nós nos ajoelhamos e seguramos as mãos frias dele. Não falamos. Ouvimos um choro, e Benjamim entreabriu os lábios enquanto a mãe chorava junto a seu pescoço. Ah, como a lembrança daquela noite triste está viva na minha memória! Mãe e filho conversaram. Ele pediu perdão pelo sofrimento que causara. Ela disse que não tinha nada a perdoar; não podia condenar seu desejo de liberdade. Ben contou que, quando foi capturado, conseguiu fugir. E que estava prestes a se jogar no rio, quando começou a pensar *nela* e acabou desistindo. Vovó perguntou se ele não tinha pensado em Deus. Achei ter visto uma expressão feroz em seu rosto, ao luar.

– Não, não pensei – respondeu ele. – Quando um homem é caçado como fera, ele esquece que existe um Deus, um céu. Ele esquece tudo enquanto luta para fugir dos cães de caça.

– Não fale assim, Benjamim! – repreendeu vovó. – Confie em Deus. Seja humilde, meu filho, e seu senhor vai lhe perdoar.

– Vai me perdoar *pelo quê*, mãe? Por não permitir que ele me tratasse feito cachorro? Não! Não vou me humilhar. Trabalhei a vida inteira em troca de nada, e ele me retribui com chicotadas e uma temporada na prisão. E vou ficar aqui até morrer, ou até que ele me venda.

Minha avó, aquela pobre mãe, estremeceu com as palavras do filho. Acho que ele sentiu, porque, quando voltou a falar, a voz estava mais calma:

– Não se preocupe comigo, mãe. Não valho a pena. Queria ter um pouco da sua bondade. Você suporta tudo, tão paciente, como se achasse que está tudo bem. Eu queria poder ser assim.

Vovó disse que nem sempre tinha sido assim. Que já tinha sido como ele, mas que, quando sofreu problemas amargos e não teve nenhum braço para se apoiar, aprendeu a invocar a Deus, e Ele aliviou o fardo. Implorou que Benjamim fizesse o mesmo.

Já tinha passado tempo demais, fomos obrigados a sair às pressas da prisão.

Benjamim estava preso havia três semanas, quando minha avó foi interceder por ele junto a seu senhor. O homem estava irredutível. Disse que Benjamim deveria servir de exemplo para os outros escravos, que ficaria na prisão até que seu espírito fosse subjugado ou até ser vendido, nem que fosse por um dólar. Mas o homem depois acabou cedendo um pouco. As correntes foram retiradas, e nós pudemos visitá-lo.

A comida na prisão era péssima, então sempre que possível levávamos um jantar quente para Benjamim, junto de algum luxo para o carcereiro.

Três meses se passaram, e não havia perspectiva de ele ser solto ou de aparecer comprador. Um dia, ouviram-no cantando e rindo na cela, uma afronta que foi logo relatada ao seu mestre, e o feitor recebeu a ordem de colocá-lo de volta nas correntes. Benjamim estava confinado em uma sala com outros prisioneiros, todos usando trapos imundos. Ele foi acorrentado junto dos outros homens e logo ficou coberto de vermes. Remexeu as correntes até conseguir se soltar, então passou os grilhões pelas grades da janela, pedindo que fossem levados a seu senhor, que deveria ser informado de que ele estava coberto de vermes.

Essa audácia foi punida com correntes ainda mais pesadas e a proibição de nossas visitas.

Minha avó continuou enviando mudas de roupa. As antigas eram queimadas. Na última noite em que o vimos na prisão, vovó ainda implorava para que ele chamasse seu senhor e pedisse perdão. Mas não houve persuasão ou argumento que o desviassem de seu propósito.

– Estou esperando por ele – respondeu Ben, com toda a calma.

As correntes faziam um som horrível.

Mais três meses se passaram, até que Benjamim deixou a prisão. Nós, que o amamos, ficamos esperando para dar um longo e último adeus. Ben tinha sido comprado por um mercador de escravos. Você deve se lembrar quando mencionei o preço que ele valia aos dez anos. Agora, com mais de vinte, foi vendido por trezentos dólares. O senhor ficara cego pelos próprios interesses. O longo confinamento deixara o rosto de Benjamim muito pálido, o corpo, muito magro. Além disso, o mercador tinha ouvido por aí que seu caráter não parecia adequado para um escravo. Disse que daria qualquer preço se o belo rapaz fosse uma menina – e agradecemos a Deus por não ser.

Se vocês tivessem visto aquela mãe agarrada ao filho, que andava com correntes nos pulsos; se tivessem ouvido os gemidos de partir o coração e visto os olhos injetados daquela mãe passando de rosto em rosto, ensandecidos, implorando em vão por misericórdia; se tivessem testemunhado aquela cena, como eu, estariam bradando: *a escravidão é um crime!* Benjamim, seu filho caçula, seu filhinho, se fora para sempre! Ela não se conformava. Tinha ido falar com o mercador, querendo saber se Benjamim poderia ser comprado. Mas o homem disse que era impossível, pois tinha garantido que não o venderia até que estivesse fora do estado. Prometera que só o venderia depois de chegar em Nova Orleans.

Com braço forte e confiança inabalável, vovó começou seu trabalho de amor. Benjamim precisava ser libertado. Se ela conseguisse, sabia que os dois ainda estariam separados, mas não seria um sacrifício grande demais. Trabalhava dia e noite. O preço do mercador era o triplo do que Benjamim lhe custara, mas ela não desanimou.

Contratou um advogado para escrever a um cavalheiro que conhecia em Nova Orleans. Implorou que ele se interessasse por Benjamim, e o homem aceitou o pedido de bom grado. Quando o cavalheiro encontrou Benjamim e explicou por que estava lá, Ben agradeceu, mas disse que preferia esperar um pouco antes de fazer uma oferta ao mercador. Sabia que o homem tinha tentado vendê-lo a um preço alto, mas falhara. Isso o encorajou a tentar outra vez buscar a liberdade. Então, certa manhã, muito antes do amanhecer, Benjamim desapareceu. Navegava as ondas azuis rumo a Baltimore.

Foi a primeira vez que a palidez de seu rosto lhe serviu bem. Ninguém suspeitava que fosse um escravo – se houvesse qualquer suspeita, teriam seguido a lei à risca e devolvido *aquela coisa* para a escravidão. Mas os céus mais brilhantes são ofuscados pelas nuvens mais escuras. Benjamim adoeceu e teve que permanecer três semanas em Baltimore. A força demorou a voltar, e o desejo de continuar a jornada só parecia retardar a recuperação. Como Benjamim poderia recuperar suas forças sem exercícios e ar livre? Resolveu se aventurar em uma caminhada curta. Escolheu um beco onde sentiu que não seria encontrado por ninguém que o conhecesse, mas uma voz gritou:

– Ben, meu garoto! O que você está fazendo *aqui*?

O primeiro impulso foi correr, mas as pernas tremiam tanto que ele não conseguia se mexer. Benjamim se virou para enfrentar seu adversário, e lá estava o vizinho de seu antigo senhor! Ele pensou que tudo estava acabado, mas a verdade era outra: aquele homem era um milagre. O sujeito possuía um bom número de homens, mas não era totalmente surdo para aquele relógio místico cujo tique-taque raramente é ouvido no peito do proprietário de escravos.

– Ben, você está doente – comentou o sujeito. – Nossa, está parecendo um fantasma. Acho que levou um susto comigo. Não se preocupe... não vou tocar um dedo em você. Você já passou por muitas provações e, no que me diz respeito, pode seguir seu caminho feliz. Mas meu conselho é que saia o mais rápido possível deste lugar, há vários cavalheiros da nossa cidade por aqui. – Depois de descrever a rota mais próxima e segura para Nova Iorque, acrescentou: – Terei o maior prazer em contar à sua mãe que vi você. Adeus, Ben.

Benjamim deu as costas para o homem, agradecido e surpreso de ver que a cidade que ele tanto odiava abrigava uma joia rara como aquela – uma joia digna de um engaste mais puro.

O cavalheiro em questão tinha nascido no Norte e se casado com uma senhora sulista. Quando voltou para a nossa cidade, contou à minha avó que tinha visto o filho dela e como o ajudara.

Benjamim conseguiu chegar a Nova Iorque em segurança e decidiu ficar por lá até que recuperasse as forças o suficiente para seguir viagem. Por acaso, o único filho que restava à minha avó viajou para a mesma cidade a negócios de sua senhora. E, pela providência divina, os irmãos se encontraram. Pode ter certeza de que foi um encontro feliz.

– Ah, Phil! – exclamou Benjamim – finalmente cheguei aqui!

Em seguida, contou como estivera à beira da morte logo antes de chegar à terra livre e de como rezou, pedindo que vivesse o suficiente para respirar um pouco de ar livre. Disse que a vida passara a valer alguma coisa, e que agora seria difícil morrer. Na velha prisão, ele não dava valor à vida – inclusive, chegara a ponto de acabar com tudo, mas alguma coisa, ele não sabia bem o quê, o impedira. Talvez fosse o medo. Tinha ouvido aqueles que se professam religiosos dizerem que não havia céu para os suicidas e, como a vida já tinha sido muito cáustica e dura, não queria que isso continuasse no além.

– Mas, se eu morrer agora, graças a Deus morrerei como um homem livre!

Ele implorou a meu tio Phillip que não voltasse para o Sul, que ficasse ali e trabalhasse junto dele até que ganhassem o suficiente para comprar os outros familiares. O irmão respondeu que a mãe morreria se fosse abandonada com seus problemas. Vovó tinha hipotecado a casa e, com muita dificuldade, juntado dinheiro para comprar Benjamim. Ele ainda seria comprado?

– Não nunca! – respondeu Benjamim. – Acha mesmo, Phil, que escapei das garras dessa gente e agora darei a eles um centavo que seja? De jeito nenhum! E acha que eu expulsaria nossa mãe de casa na velhice? Que eu a deixaria pagar todos os dólares que ganhou com trabalho duro para nunca mais me ver? E você sabe que ela vai ficar lá no Sul enquanto os outros filhos forem escravos. É uma boa mãe! Diga a ela para comprar *você*, Phil. Você deu conforto quando ela precisava, eu só causei problemas. E a Linda… pobre Linda, o que será dela? Phil, você não sabe a vida que ela leva. Ela me contou algumas coisas, e eu quis que o velho Flint morresse ou que se tornasse um homem melhor. Quando eu estava na prisão, o doutor perguntou se Linda não queria que *ele* pedisse ao meu senhor que me perdoasse e me levasse de volta para casa. E Linda disse que não, que eu não queria voltar. O doutor ficou bravo, disse que somos todos iguais. Nunca desprezei meu senhor nem a metade do que desprezo aquele homem. Há muitos donos de escravos piores que o meu antigo dono. E mesmo assim eu não queria ser escravo.

Quando estava doente, Benjamim teve que vender quase todas as roupas para pagar as despesas, mas não vendeu um broche que prendi em seu peito quando nos separamos. Era a coisa mais valiosa que eu tinha, e não conhecia ninguém mais digno de usá-la. E Benjamim ainda o tinha.

Phil deu ao irmão algumas roupas e o pouco de dinheiro que levava.

Os dois se separaram com os olhos marejados e, quando Benjamim se afastou, disse:

– Phil, estou dando adeus a todos os meus parentes.

E foi assim. Nunca mais ouvimos falar dele.

Tio Phillip voltou para casa, e as primeiras palavras que pronunciou ao entrar foram:

– Mãe, Ben está livre! Encontrei com ele em Nova Iorque!

Vovó ficou olhando para ele, confusa.

– Mãe, pode acreditar – insistiu Phil, pousando a mão de leve em seu ombro.

Vovó ergueu as mãos para o céu e gritou:

– Deus seja louvado! Vamos agradecer!

Então caiu de joelhos e se derramou em uma oração do fundo do peito. Depois, Phillip teve que se sentar com ela e repetir cada palavra que ouvira de Benjamim. Ele contou tudo, só se absteve de mencionar como o filho pródigo parecia doente e pálido. Por que angustiá-la com essas coisas, se ela não teria como ajudar o filho?

E aquela idosa tão corajosa continuou trabalhando duro, na esperança de resgatar alguns de seus outros filhos. Depois de um tempo, conseguiu comprar Phillip; pagou oitocentos dólares e voltou para casa com o precioso documento que garantia a liberdade dele. Mãe e o filho, felizes, sentaram-se juntos perto da velha pedra da lareira, contando como estavam orgulhosos um do outro e como provariam ao mundo que podiam cuidar de si mesmos, já que cuidavam dos outros havia tanto tempo. E todos concluímos a conversa dizendo:

– Quem está disposto a ser escravo, será escravo.

As provações da vida de menina

Durante os primeiros anos de serviço para a família do dr. Flint, eu compartilhava algumas indulgências com os filhos da minha senhora. Embora isso me parecesse apenas correto, eu ainda assim era grata e tentei fazer por merecer a bondade, desempenhando minhas funções com empenho. Mas aquele era o meu décimo quinto ano de vida, uma época triste na vida de uma escrava. Meu senhor começou a sussurrar obscenidades no meu ouvido e, mesmo jovem, eu não podia ignorar o que aquilo significava. Tentei tratar tudo com indiferença ou desprezo. A idade do meu senhor, minha extrema juventude e o medo de que essa conduta fosse denunciada à minha avó me fizeram aguentar esse tratamento durante muitos meses. O doutor era um homem astuto e recorria a muitos artifícios para conquistar seus propósitos. Às vezes, tinha humores tempestuosos e terríveis que faziam as vítimas tremerem de medo; outras vezes, demonstrava uma gentileza que era pensada para fazer a vítima ceder. Dos dois, eu preferia o humor tempestuoso, mesmo que me deixasse apavorada. O dr. Flint fez de tudo para corromper os princípios puros que vovó instilara em mim. Povoou minha mente jovem com imagens impuras, do tipo que só um monstro vil poderia conceber. Eu me afastava com nojo e ódio, mas ele era meu senhor. Fui compelida a viver sob o mesmo teto que ele, onde via um homem quarenta anos mais velho que eu violando diariamente os mandamentos mais sagrados da natureza. O doutor dizia que eu era sua propriedade, que devia me sujeitar à sua vontade em tudo. Minha alma se revoltava contra aquela tirania, mas onde buscar proteção? Não importa se a escrava é negra como ébano ou tão branca quanto sua senhora. Em qualquer um dos casos, não há nem sombra de lei para protegê-la dos insultos, da violência ou mesmo da morte – e tudo infligido por demônios que fingem ser homens. A senhora, que deveria proteger a vítima indefesa, não sente pela coitada nada além de ciúme e raiva. A degradação, as injustiças e os vícios que surgem com a escravidão são mais do que posso descrever. São maiores do que vocês gostariam de acreditar. Se vocês do Norte dessem crédito a metade das verdades que ouvem sobre os milhões de desamparados sofridos nesta escravidão cruel, não ajudariam a engrossar o caldo. E com certeza se recusariam a fazer por esses donos de escravos o trabalho mesquinho e cruel de cães de caça em suas próprias terras – coisa que a classe mais baixa dos brancos faz por esses senhores lá no Sul.

Por todo o mundo, os anos já trazem bastante dor e desgraça; mas, na escravidão, o próprio alvorecer da vida é obscurecido por essas sombras. Até mesmo uma criança, acostumada a servir a senhora e seus filhos, aprende antes dos doze anos o motivo por que a senhora odeia alguns dos escravos. E talvez a mãe dessa criança esteja entre os odiados. Ouvindo os arroubos violentos de ciúme, a criança não tem como não entender a causa. E, bem cedo, aprende sobre as coisas mais vis. Não vai demorar a aprender a temer ouvir os passos do senhor. Será obrigada a entender que não é mais criança. Se Deus lhe conceder beleza, será sua maior maldição. O que numa mulher branca impõe admiração, numa escrava só acelera sua degradação. Sei que algumas mulheres são tão brutalizadas pela vida de escravidão que não sentem essa humilhação; mas muitas sentem esses horrores ao extremo e se encolhem diante das memórias do ocorrido. Não consigo expressar o quanto sofri por essas injustiças nem explicar como as memórias ainda doem. Meu senhor me encontrava em cada esquina, sempre com o lembrete de que eu era dele e jurando, por céus e terra, que faria eu me submeter. Se eu saía para tomar ar fresco depois de um dia de labuta incansável, seus passos me perseguiam. Se eu me ajoelhava junto ao túmulo de minha mãe – até mesmo ali –, sua sombra caía sobre mim. O coração leve que eu tinha por natureza tornou-se pesado com tristes pressentimentos. As outras escravas da casa do meu senhor notaram a mudança. Muitas tiveram pena de mim, mas ninguém se atreveu a perguntar o que estava acontecendo. Não precisavam. Sabiam muito bem os crimes que ocorriam sob aquele teto, mas também sabiam que falar daquilo era uma ofensa que nunca ficava impune.

Eu ansiava por alguém com quem conversar e teria dado o mundo para descansar a cabeça no colo fiel da minha avó e contar todos os meus problemas. Mas o dr. Flint jurou que me mataria se eu não ficasse quieta feito um túmulo. Então, mesmo que minha avó fosse tudo para mim, eu sentia tanto medo quanto amor ao vê-la. Estava acostumada a encará-la com um respeito que beirava a idolatria. Eu era muito jovem, tinha vergonha de contar coisas tão impuras, ainda mais porque sabia como ela muito rígida nesses assuntos. Além disso, era uma mulher de espírito firme. Sempre muito quieta e casta; mas, se despertassem sua indignação, vovó não se calava fácil. Ouvi dizer que, certa vez, ela perseguiu um sujeito branco com uma pistola carregada porque o homem tinha insultado uma de suas filhas. Eu temia as consequências de um ataque violento; e foi um misto de orgulho e medo que me manteve em silêncio. Mas, mesmo que eu não contasse essas coisas e até evitasse a vigilância e as perguntas, a presença de minha avó era uma espécie de proteção. Embora vovó tivesse sido escrava, o dr. Flint tinha medo dela. Tinha medo de suas broncas abrasadoras. Além disso, vovó era bem conhecida e tinha muito apoio, e o doutor não queria que sua vilania se tornasse pública. Para minha sorte, eu não morava em uma *plantation*[1] distante, e sim em uma cidade que não era grande o bastante para que as pessoas não soubessem da vida umas das outras. Por mais ruins que fossem as leis e os costumes de uma comunidade escravocrata, aquele médico, querendo manter a aparência profissional, achou melhor manter as aparências de decência.

Ah, quantos dias e noites de medo e de tristeza aquele homem me causou! Leitores, não estou querendo despertar simpatia com esse relato sincero sobre o que sofri na escravidão. Faço isso para acender em seu coração uma chama de compaixão por minhas irmãs que ainda estão em cativeiro, sofrendo como eu já sofri.

Certa vez, vi duas lindas crianças brincando juntas. Um era branca e clara, e a outra era sua escrava, mas também sua irmã. Quando eu as vi se abraçando e ouvi suas risadas alegres, tive que me afastar da cena com tristeza no peito. Já previa a praga inevitável que recairia sobre o coração da pequena escrava. Sabia que em breve sua risada se transformaria em suspiros. A linda criança branca cresce e se torna uma mulher ainda mais linda. Da infância até a idade adulta, seu caminho é florido, coberto por um céu ensolarado. Quase nenhum dia de sua vida terá sido nublado quando o sol nascer na alegre manhã de suas núpcias.

Mas como esses anos serão para a sua irmã escrava, a pequena companheira de brincadeiras da infância? Também era muito bonita, mas seu caminho não tinha flores nem raios de sol amorosos. Aquela menina tinha bebido da taça do pecado, da vergonha e da miséria – uma taça da qual sua raça perseguida é obrigada a beber.

---

[1] A *plantation* era o complexo estrutural onde ficavam as grandes plantações, mas eram mais que apenas uma fazenda. Eram enormes latifúndios com diversos prédios para atender as muitas atividades, e algumas, inclusive, poderiam abrigar mais de uma "fazenda", dependendo da riqueza do dono. (N.T.)

Considerando isso tudo, por que vocês, homens e mulheres livres do Norte, continuam calados? Por que suas línguas vacilam, em vez de lutar pelo que é certo? Ah, quem dera eu tivesse mais habilidade! Mas meu coração está carregado demais, e minha caneta é muita fraca! Homens e mulheres nobres imploram por nós, esforçando-se para ajudar os que não podem ajudar a si mesmos. E que Deus os abençoe! Deus lhes dê força e coragem para seguir sempre em frente! Deus abençoe aqueles que estão trabalhando para fazer avançar a causa da humanidade, não importa onde!

A senhora ciumenta

Eu preferiria dez mil vezes que meus filhos fossem miseráveis famintos na Irlanda em vez dos escravos mais mimados da América. Preferiria passar a vida em uma fazenda de algodão, trabalhando até que a terra se abrisse para me dar descanso, a morar com um senhor sem princípios e uma senhora ciumenta. É preferível ser uma criminosa cujo lar é a prisão. Pois a criminosa pode se arrepender e abandonar o caminho errado, e assim encontrar a paz, mas o mesmo não pode acontecer com uma escrava favorita. Ela não tem direito a nenhum orgulho ou caráter. Desejar ser virtuosa é considerado um crime.

A sra. Flint já conhecia muito bem o caráter de seu marido antes mesmo de eu nascer e poderia ter usado esse conhecimento para aconselhar e proteger as escravas jovens e inocentes, mas a verdade é que a senhora não se solidarizava com essas moças. Elas eram objeto de constante suspeita e malevolência. A senhora vigiava o marido incessantemente, mas o doutor tinha muita prática em evitar o olhar da esposa. O que ele não conseguia dizer em palavras, manifestava em sinais. Inventou mais gestos do que do qualquer asilo para surdos e mudos poderia conceber. Eu deixava aquilo passar, como se não entendesse o que ele queria dizer, e sofri muitas ameaças e afrontas devido à minha estupidez. Um dia, o doutor me surpreendeu tentando aprender a escrever sozinha. Ele franziu o cenho, como se não estivesse muito feliz com aquilo, mas suponho que chegou à conclusão de que essa minha conquista poderia ajudar em seu plano favorito. Em pouco tempo, várias anotações começaram a chegar a minhas mãos. Eu as devolvia, dizendo:

– Não consigo ler, senhor.

– Ah, não consegue? – respondia ele. – Então vou ler para você.

E sempre terminava a leitura perguntando:

– Entendeu?

Às vezes, reclamava do calor da sala de chá e mandava que o jantar fosse servido numa mesinha na varanda. O doutor ficava lá, sentado, com um sorriso satisfeito, e me mandava ficar de pé, espantando as moscas. Ele comia bem devagar, pausando entre cada garfada. Esses intervalos eram usados para descrever a felicidade que eu estava jogando fora, como uma tonta, e me ameaçar com o castigo que eu receberia depois de tanta teimosia e desobediência. Ele se gabava muito de como fora tolerante comigo e me lembrava que sua paciência tinha limite. Quando eu conseguia evitar as conversas dele em casa, recebia ordens de ir ao escritório fazer alguma coisa. Lá, era obrigada a ficar parada, de pé, ouvindo as palavras que ele achava certo dirigir a mim. Às vezes, eu expressava meu desprezo por ele tão abertamente que o doutor entrava em um ataque de fúria violento, e eu não entendia por que ele não me batia. Considerando as circunstâncias, ele provavelmente achava que o melhor era esperar. Mas as coisas iam piorando a cada dia. Desesperada, eu disse que ia pedir a proteção da minha avó. Ele me ameaçou de morte e de coisas piores se eu fizesse alguma reclamação a ela. Parece estranho, mas não me desesperei. Eu sempre fui naturalmente alegre e positiva, sempre tive a esperança de escapar de suas garras.

Como muitos escravos infelizes antes de mim, eu acreditava que ainda havia alguns fios de alegria entrelaçados no meu destino sombrio.

Estava no meu décimo sexto ano de vida, e a cada dia ficava mais evidente que a sra. Flint considerava minha presença intolerável. Ela e o marido trocavam muitas palavras raivosas. Ele mesmo nunca me castigou, nem permitia que ninguém mais me punisse, e a senhora nunca se conformou com isso. Mesmo assim, em seus acessos de raiva, nenhum termo era vil demais para ser dirigido a mim. E eu, a quem a senhora detestava tão amargamente, tinha muito mais simpatia por ela do que o próprio marido, cujo dever era fazê-la feliz. Eu nunca a prejudiquei nem lhe desejei mal, e qualquer palavra de gentileza teria me deixado a seus pés.

Após muitas brigas entre o médico e a esposa, o doutor anunciou que pretendia levar a filha mais nova, de quatro anos, para dormir em seus aposentos. Para isso, era preciso que alguma criada dormisse no quarto, para estar por perto caso a criança se agitasse. Fui selecionada para o ofício, e logo me informaram o propósito desse arranjo. Até então, eu me mantivera sempre à vista de todos durante o dia, e com isso conseguira escapar dos avanços do meu senhor, embora ele sempre colocasse uma navalha no meu pescoço, tentando me forçar a mudar esse comportamento. À noite, dormia ao lado de minha tia-avó, onde me sentia segura, já que o doutor era precavido demais para entrar no quarto dela, uma mulher idosa que estava na família havia muitos anos. Além disso, como homem casado e profissional, o médico julgava necessário resguardar as aparências, pelo menos um mínimo. Mas encontrou um modo de remover esse obstáculo, e achou que estava tudo planejado para evitar suspeitas. O doutor sabia muito bem o quanto eu valorizava meu refúgio ao lado da minha velha tia-avó e decidiu me despojar daquele luxo. Na primeira noite, o médico deixou a criança dormir sozinha em seu quarto. Na manhã seguinte, recebi a ordem de assumir meu novo posto naquela mesma noite. Mas a Providência se interpôs a meu favor. Durante o dia, a sra. Flint ouviu falar desse novo arranjo, o que gerou uma tempestade. Fiquei feliz com a raiva dela.

Depois de um tempo, a senhora mandou me chamar em seus aposentos. A primeira pergunta foi:

– Você sabia que foi mandada dormir no quarto do doutor?

– Sim, senhora.

– Quem deu o aviso?

– O meu senhor.

– Você vai responder todas as perguntas que eu fizer com a verdade?

– Sim, senhora.

– Então me diga, já que espera o meu perdão: você é inocente das minhas acusações?

– Sou.

Ela me entregou uma Bíblia, dizendo:

– Ponha a mão no coração, beije este livro sagrado e jure, diante de Deus, que está dizendo a verdade.

Eu fiz o juramento exigido, e fiz de consciência limpa.

– Você tomou a palavra sagrada de Deus para testemunhar sua inocência. Se tiver me enganado, cuidado! – alertou ela. – Agora pegue este banquinho, sente-se e me encare nos olhos, contando tudo o que aconteceu entre você e seu senhor.

Eu fiz o que ela mandou. Durante meu relato, a cor de seu rosto mudou bastante, e ela chorava e às vezes gemia. A senhora falou numa voz tão triste que fiquei tocada por sua tristeza, a ponto de ficar com lágrimas nos olhos. Mas logo me convenci de que suas emoções derivavam da raiva e do orgulho ferido. A senhora sentiu que os votos de seu casamento tinham sido profanados, que sua dignidade tinha sido insultada. Mas não tinha compaixão pela pobre vítima da perfídia de seu marido. Teve pena de si mesma, como uma mártir, mas era incapaz de empatizar com a vergonha e a miséria em que sua escrava, infeliz e indefesa, tinha sido colocada. Bem, talvez ela tivesse algum sentimento por mim, pois, quando a conversa acabou, falou num tom gentil, prometendo me proteger. Eu teria ficado muito consolada com essa garantia se de fato confiasse nela, mas minha experiência com a escravidão havia me deixado cheia de desconfiança. A senhora não era uma mulher muito refinada e não tinha muito controle do temperamento. Eu era o objeto do seu ciúme e, consequentemente, do seu ódio. Sabia que não poderia esperar bondade ou confiança dela, não naquelas circunstâncias em que tinham me colocado. E eu não poderia culpá-la. As esposas dos donos de escravos se sentem igualzinho a como qualquer outra mulher se sentiria em circunstâncias semelhantes. As poucas faíscas do seu temperamento tinham se elevado a uma chama tão intensa que o médico foi obrigado a desistir do arranjo.

Eu sabia que tinha acendido a tocha e fiquei esperando sofrer a retaliação, mas estava tão grata à minha senhora pela ajuda oportuna que não consegui me importar muito com as consequências futuras. Eu recebi a ordem de dormir em um quarto adjacente ao dela. Lá, estaria a cargo de seus cuidados especiais, embora não lhe proporcionasse nenhum conforto especial, pois ela passou muitas noites sem dormir para me vigiar. Às vezes, eu acordava e a encontrava curvada por cima de mim. Outras vezes, ela sussurrava em meu ouvido fingindo ser seu marido e ficava ouvindo o que eu responderia. Se eu acordasse assustada, ela deslizava furtivamente para longe e depois, na manhã seguinte, diria que eu estava falando durante o sono e perguntaria com quem era a conversa. Chegou a um ponto em que comecei a temer pela minha vida. A ameaça era frequente, e vocês podem imaginar, melhor do que eu posso descrever, a sensação desagradável de acordar na calada da noite com uma esposa ciumenta curvada sobre sua cama. Por mais terrível que fosse a experiência, meu medo é que desse lugar a algo ainda mais terrível.

Minha senhora se cansou das vigílias, que não se provaram satisfatórias. Decidiu mudar de tática: começou a tentar acusar meu senhor na minha presença, dando meu nome como autora da acusação. Para meu espanto absoluto, o homem apenas respondia:

– Não acredito nisso. Mas, se ela está dizendo, deve ter sido torturada para me expor.

Torturada para expor aquele homem! A verdade é que nem Satanás teria dificuldade de distinguir a cor da alma dele! Entendi o propósito daquela encenação. Era para me mostrar que não ganhei nada buscando a proteção da minha senhora, que o poder ainda estava nas mãos dele. Tive pena da sra. Flint. Era uma segunda esposa, muitos anos mais nova do que o marido; e aquele canalha de cabelos brancos poria à prova a paciência de qualquer mulher melhor e mais sábia que ela. A senhora estava frustrada e não sabia mais o que fazer. Teria ficado mais do que feliz em me açoitar pelo juramento supostamente falso, mas, como eu disse, o médico nunca deixava me chicotearem. O velho pecador era um político. O chicote poderia render comentários que o deixariam exposto aos olhos dos filhos e dos netos. Ah, como eu não me alegrava por morar em uma cidade onde todos se conheciam! Se eu estivesse em uma *plantation* remota ou perdida no meio da multidão de uma cidade grande, não estaria viva.

Os segredos da escravidão são tão ocultos quanto os da Inquisição. Até onde sei, meu senhor era pai de onze escravos. Mas as mães ousaram revelar o pai de seus filhos? Outros escravos ousariam comentar o fato, a não ser aos sussurros? Claro que não! Todos conheciam muito bem as terríveis consequências.

Minha avó não pôde deixar de ver coisas que despertavam suspeita. Estava preocupada comigo e tentou várias maneiras de me comprar, mas a resposta era invariável:

– Linda não é *minha*. É propriedade da minha filha, não tenho o direito de vender a menina.

Ah, que homem íntegro! Era honesto demais para me vender, mas não tinha o menor escrúpulo em cometer um erro muito maior contra a jovem indefesa colocada sob sua tutela, a propriedade de sua filha. Às vezes, meu perseguidor perguntava se eu gostaria de ser vendida. Minha resposta era que preferia ser vendida para qualquer um a levar aquela vida. Nessas ocasiões, ele fazia uma expressão muito ferida e censurava minha ingratidão.

– Ora, eu não trouxe você para dentro da minha casa, fiz de você companheira dos meus próprios filhos? – dizia. – *Alguma vez* tratei você como negra? Nunca nem permiti que fosse castigada, nem mesmo para agradar a sua senhora. E é isso que recebo em troca, sua ingrata!?

Eu respondia que ele tinha seus próprios motivos para me proteger das punições e que suas atitudes tinham feito minha senhora me odiar e me perseguir. Se eu chorasse, ele diria:

– Coitadinha! Não chore, não chore! Vou fazer as pazes por você com sua senhora. Só me deixe resolver as coisas do meu jeito. Ah, coitadinha, tão boba... Não entende que isso é para o seu próprio bem... Eu lhe trataria com todo o carinho. Faria de você uma dama... Agora vá, e pense em tudo o que lhe prometi.

E eu pensava.

Sabe, leitor, não estou criando uma versão imaginada das casas do Sul. Estou contando a mais pura verdade. Ainda assim, quando as vítimas fogem da fera da escravidão, as pessoas do Norte concordam em fazer o papel de cães de caça e acuar o pobre fugitivo de volta à toca, "um lugar sujo e cheio de ossos de homens mortos". Não, mais ainda: cumprem esse papel e ainda se orgulham de dar as filhas em casamento aos proprietários de escravos. As pobres meninas vão embora com ideias românticas de um clima ensolarado, com trepadeiras floridas que protegem seu lar feliz durante o ano todo. Ah, e que decepções encontram em seu destino! A jovem esposa logo descobre que o marido em cujas mãos depositou sua felicidade não respeita os votos do matrimônio. Crianças de todos os tons de pele brincam junto de seus lindos bebês, e ela sabe muito bem que nasceram do marido, geradas ali mesmo, na casa. O ciúme e o ódio invadem a mansão florida, devastando todas aquelas ideias tão amáveis.

As mulheres do Sul em geral se casam sabendo que o homem é pai de muitos escravos. Nem se incomodam. Consideram essas crianças uma propriedade, tão negociáveis quanto os porcos nas fazendas – e essas crianças são lembradas disso, passadas para a mão de algum vendedor de escravos o mais rápido possível, saindo de vista. Fico feliz em dizer que existem algumas exceções louváveis.

Eu mesma conheci duas esposas do Sul que insistiram para que o marido libertasse os escravos com quem tinham uma "relação paternal", e o pedido foi atendido. Esses maridos coravam diante da nobreza superior de suas esposas. Embora elas só os aconselhassem a fazer o que era seu dever, isso inspirava respeito e tornava sua conduta ainda mais exemplar. Acabavam as mentiras, e a confiança tomava o lugar da desconfiança.

Embora essa instituição maligna enfraqueça a moral até mesmo das mulheres brancas em níveis assustadores, a moral não é totalmente extinta. Já ouvi senhoras do Sul dizerem, sobre um dono de escravos qualquer:

– Além de não achar que é uma desgraça ser pai daqueles negrinhos, também não tem vergonha de ser o senhor deles. Pois eu digo que essas coisas não deviam ser toleradas em uma sociedade decente!

O namorado

Por que o escravo ama? Por que permitir que o coração enrosque os ramos em objetos que a qualquer momento podem ser arrancados pela mão da violência? Quando as separações vêm pelas mãos da morte, a alma piedosa pode se curvar, resignada, dizendo: "Não é o que desejo, mas que seja feita a Tua vontade, Senhor!". Mas, quando é a mão cruel do homem que desfere o golpe, é difícil ficar submisso, não importa a miséria causada. Eu não pensava assim, quando menina. Os jovens sempre serão jovens. E eu amei e me permiti alimentar a esperança de que as nuvens escuras ao meu redor dessem lugar a um céu brilhante. Esqueci que, na terra em que nasci, as sombras são densas demais para deixar a luz penetrar. É uma terra

Onde o riso não é de alegria; onde a mente não pensa;[2]
Onde não há palavras na linguagem; nem humanidade nos
homens.

---

[2] *Where laughter is not mirth; nor thought the mind;/Nor words a language; nor e'en men mankind./ Where cries reply to curses, shrieks to blows,/And each is tortured in his separate hell.* Byron, The lament of Tasso. (N.T.)

Onde os gritos são resposta para as pragas; os grunhidos, para os golpes,
E cada um sofre a tortura de seu próprio inferno.

Na vizinhança, vivia um jovem carpinteiro negro, um homem nascido livre. Éramos companheiros na infância, e continuamos nos vendo bastante ao longo dos anos. Acabamos nos afeiçoando um ao outro, e ele me pediu em casamento. Eu o amava com todo o ardor do primeiro amor de uma menina. Mas, quando enfim lembrei que era escrava e que as leis não permitiam o casamento de alguém como eu, meu coração se apertou no peito. Meu amado queria me comprar, mas eu sabia que o dr. Flint era um homem muito teimoso e obstinado, e que não concordaria com o arranjo. Dele, eu tinha certeza de que viria todo o tipo de oposição, e nada poderia esperar da minha senhora. A mulher teria adorado se livrar de mim, mas não desse jeito. O fardo sairia de sua mente se ela conseguisse me ver vendida para algum estado distante, mas, se eu casasse perto da casa, continuaria sob o poder de seu marido tanto quanto antes, porque o marido de uma escrava não tem poder para protegê-la. Além disso, minha senhora, como muitos outros, parecia pensar que escravos não tinham direito a laços familiares próprios, que tinham sido criados apenas para servir à família de alguma senhora. Ouvi, uma vez, ela destratar uma jovem escrava que comentou que um jovem preto queria fazer dela sua esposa.

– Mando fazer picadinho de você se ouvir falar nesse assunto de novo, mocinha – retrucou a senhora. – Acha que vou aceitar que você cuide dos *meus* filhos enquanto carrega os filhos daquele crioulo?

A escrava em questão tinha um filho mulato, obviamente não reconhecido pelo pai. O pobre homem que a amava teria orgulho de reconhecer os filhos.

Foram muitos os pensamentos e ansiedades que revolveram minha mente. Eu não sabia o que fazer. Acima de tudo, queria poupar meu amado dos insultos que tinham ferido minha alma tão profundamente. Conversei com vovó sobre isso e contei parte dos meus temores. Não me atrevi a dizer o pior. Ela já suspeitava de que as coisas não estavam muito bem havia um tempo, e, se eu confirmasse suas suspeitas, sabia que viria uma tempestade a destruir todas as minhas esperanças.

Esse sonho de amor foi um amparo durante muitas provações, e eu não suportava correr o risco de que se dissipasse de repente. Havia uma dama da vizinhança, amiga particular do dr. Flint, que costumava visitar a casa com frequência. Eu nutria um grande respeito por ela, que sempre demonstrou um interesse amigável por mim. Vovó achava que a mulher teria grande influência com o doutor. Fui procurar essa senhora e contei minha história. Expliquei que sabia que, como meu amante era um homem livre, haveria grande objeção. Mas o homem queria me comprar e, se o dr. Flint consentisse com o arranjo, eu tinha certeza de que ele estaria disposto a pagar qualquer preço razoável. A dama sabia que a sra. Flint não gostava de mim, então até me atrevi a sugerir que talvez minha senhora aprovasse a venda, pois se veria livre de mim. A dama teve a bondade de ouvir com simpatia e prometeu fazer o possível pelos meus desejos. Marcou um encontro com o doutor, e de fato acredito que defendeu minha causa com sinceridade... mas tudo em vão.

Ah, como eu passei a temer meu senhor! Esperava ser chamada à sua presença a cada minuto, mas o dia se passou e não tive notícias. Na manhã seguinte, chegou uma mensagem: "O senhor quer ver você no escritório!. A porta estava entreaberta, e hesitei por um momento, examinando aquele homem odioso que reivindicava o direito de governar meu corpo e minha alma. Entrei e tentei parecer calma. Não queria que ele soubesse como meu coração sangrava. Ele me encarou com uma expressão que parecia dizer: *queria matar você aqui mesmo*. Por fim, ele quebrou o silêncio, o que foi um alívio para nós dois.

– Então você quer se casar, é? E com um negro livre.

– Sim, senhor.

– Bem, pois vou convencer você de que o seu senhor sou eu, não esse crioulo que você tanto honra. Se *precisa tanto* de um marido, pode ter um dos meus escravos.

Ah, em que situação eu estaria me enfiando, desposando um dos escravos dele... mesmo que meu coração estivesse interessado!

– Senhor – respondi –, não acha que uma escrava pode ter alguma preferência sobre seu próprio casamento? Acha que, para uma escrava, todos os homens são iguais?

– Você ama esse crioulo? – retrucou ele, de repente.

– Sim, senhor.

– Ora, como ousa me dizer isso! – gritou, tomado pela cólera. Depois de uma breve pausa, acrescentou: – Achava que você pensava mais de si mesma, que estaria acima dos insultos desses cães.

– Se ele é um cão, eu também sou – respondi. – Pois somos da mesma raça negra. É certo e honrado amarmos um ao outro. O homem que você chama de cão nunca me insultou, senhor. E não me amaria se não acreditasse que sou uma mulher virtuosa.

O doutor saltou para cima de mim como um tigre e desferiu um golpe atordoante. Foi a primeira vez que ele me bateu, e o medo não me permitiu controlar a raiva. Quando me recuperei um pouco, gritei:

– O senhor me bateu por responder com a verdade! E o meu desprezo só aumenta!

Um silêncio se estendeu por alguns minutos. Talvez o doutor estivesse decidindo qual seria minha punição, ou talvez quisesse me dar tempo para refletir sobre o que – e para quem – eu tinha dito aquilo. Até que, por fim, perguntou:

– Você sabe o que acabou de dizer?

– Sim, senhor. Mas foi o seu tratamento que me levou a isso.

– Você sabe que eu tenho o direito de fazer o que quiser com você? Que posso matar você agora mesmo, se quiser?

– O senhor já tentou me matar, e eu gostaria que tivesse conseguido. Mas o senhor não tem o direito de fazer o que quiser comigo.

– Quieta! – gritou o doutor, a voz ribombante. – Ah, garota, pelos céus, você está perdendo a compostura! Está louca? Se estiver, vou fazer o bom senso voltar rapidinho. Acha que qualquer outro senhor suportaria o que tive que aguentar de você esta manhã? Muitos outros mestres teriam acabado com a sua vida. Quer ser mandada para a cadeia pela insolência?

– Eu sei que faltei com o respeito, senhor – respondi. – Mas foi o senhor me fez agir assim, não pude evitar. Quanto à prisão, acredito que lá teria mais paz do que aqui.

– Você merece ir presa. Merece ser tratada de um jeito que lhe faria esquecer o significado da palavra *paz*. Isso lhe faria bem, tiraria algumas dessas ideias insolentes da sua cabeça. Mas ainda não estou disposto a mandar você para a prisão, mesmo apesar da ingratidão que demonstrou com toda minha bondade e tolerância. Você tem sido uma praga na minha vida. Só queria poder lhe fazer feliz, mas em troca recebo a mais vil ingratidão. Bem, Linda, embora você tenha se provado incapaz de apreciar minha bondade, serei tolerante. Eu lhe darei mais uma chance de se redimir desse mau-caratismo. Se você se comportar e fizer o que eu mando, vai receber meu perdão e o mesmo tratamento justo de sempre. Mas, se me desobedecer, será punida como eu faria com o escravo mais vil na minha fazenda. Nunca mais quero ouvir o nome desse sujeito. Se eu souber que você está falando com ele, mandarei açoitar os dois. E, se pegar esse malandro espreitando minha residência, atiro nele como atiraria num cachorro. Está ouvindo? Você vai aprender uma bela lição sobre casamento e sobre negros livres! Agora saia daqui. E que esta seja a última vez que precisamos tratar deste assunto.

Leitor, você já sentiu ódio? Espero que não. Eu senti, mas só uma vez, e espero que nunca mais se repita. Ouvi alguém chamar de "humor do inferno" e concordo.

O doutor ficou sem falar comigo durante duas semanas. Achou que isso me deixaria constrangida, que me faria sentir uma desgraçada por aceitar a honrosa afeição de um homem negro tão respeitável, em vez das propostas mesquinhas de um branco. Mas, embora seus lábios se recusassem a me dirigir a palavra, os olhos eram muito eloquentes. Animal nenhum observa a presa com mais atenção do que ele me observava. O doutor sabia que eu podia escrever, embora não tivesse conseguido me fazer ler suas cartas, e estava preocupado com a possibilidade de eu trocar correspondências com outro homem. Depois de um tempo, o doutor se cansou do silêncio, e eu lamentei por isso. Certa manhã, já no corredor para sair da casa, ele enfiou disfarçadamente um bilhete em minha mão. Achei melhor ler, para me poupar do aborrecimento de ter que ouvi-lo lendo. A nota expressava arrependimento pelo golpe que ele desferira contra mim e lembrava que, no entanto, a culpa era apenas minha. Esperava que eu tivesse me convencido de como eu fazia mal a mim mesma quando buscava sua desaprovação. E também escreveu que tinha decidido se mudar para a Louisiana, para onde levaria vários de seus escravos, e que pretendia me colocar na lista. Minha senhora permaneceria ali, naquela casa, portanto eu não precisava ter nada a temer vindo dela. Se eu merecesse, ele garantiu que me cobriria com doses generosas de bondade. E me implorou para considerar a proposta e responder no dia seguinte.

Na manhã seguinte, fui chamada para levar uma tesoura em seu quarto. Coloquei a tesoura em cima da mesa, com a carta logo ao lado. Ele achou que era a resposta e não me chamou de volta. Fui, como de costume, atender a minha jovem senhora na ida e na volta da escola. O doutor me encontrou na rua e me mandou passar em seu escritório no caminho de volta. Quando entrei, ele me mostrou a carta e perguntou por que eu não tinha respondido.

– Sou propriedade da sua filha – falei. – O senhor tem o poder de me enviar ou de me levar para onde quiser.

Ele respondeu que estava muito feliz por me ver tão disposta a ir e que os preparativos começariam no início do outono. O doutor tinha uma grande clínica na cidade onde morávamos, e acho que inventou a história só para me assustar. Fosse como fosse, eu estava decidida a nunca ir para a Louisiana com ele.

O verão passou, e no início do outono o filho mais velho do dr. Flint foi enviado à Louisiana para examinar o lugar, com o objetivo de emigrar a família para lá. A notícia não me perturbou. Eu sabia muito bem que não seria enviada *com ele*. Sabia que ainda não tinha sido mandada para a *plantation* porque esse filho dele estava lá. O ciúme que o doutor sentia desse filho e do feitor foi o que o impediu de me punir com o trabalho na fazenda. É estranho que eu não tivesse orgulho dessa proteção? O feitor, por sua vez, era um homem que me despertava menos respeito que um cão de caça.

O jovem sr. Flint não trouxe um relatório favorável sobre a Louisiana, e não ouvi mais falar desse plano. Pouco depois disso, meu amado me surpreendeu na esquina da rua, e parei um pouco para falar com ele. Quando olhei para cima, vi meu senhor nos observando da janela de seus aposentos. Corri para a casa, tremendo de medo. Fui chamada imediatamente em seu quarto. Ele me recebeu com um golpe.

– Quando é que a senhora vai casar? – perguntou, em tom de escárnio.

Depois, veio uma chuva de xingamentos e blasfêmias. Ah, como agradeci a Deus por meu amante ser um homem livre! Por meu tirano não ter poder para açoitá-lo só por falar comigo na rua!

Eu estava sempre me perguntando como isso iria terminar. Não havia esperança de que o doutor consentisse em me vender, não importavam as condições. O homem tinha vontade de ferro e estava determinado a ficar comigo e a me conquistar. Meu amado era um homem inteligente e religioso. E, mesmo que tivesse obtido a permissão de se casar comigo como escrava, o casamento não lhe daria nenhum poder para me proteger do meu senhor. E testemunhar os insultos aos quais eu seria submetida o deixaria destruído. E, se tivéssemos filhos, eu sabia que carregariam "a condição da mãe". Que praga terrível para instalar no coração de um pai livre e inteligente! Pelo bem *dele*, achei melhor não unir nossas vidas no meu destino infeliz. Meu amado estava de viagem para Savannah, para acertar as contas de uma pequena propriedade que herdara de algum tio. Por mais difícil que fosse expressar meus sentimentos, implorei a ele, de todo o coração, que não voltasse. Ainda o aconselhei a ir para os Estados Livres, onde sua língua estaria mais solta e sua inteligência lhe seria mais útil. Ele me deixou, ainda esperando que chegasse o dia em que eu pudesse ser comprada. Já para mim, a luz da esperança tinha se apagado. O sonho da minha infância estava acabado. Eu me sentia sozinha e desolada.

Mas ainda não tinham tirado tudo de mim. Ainda me restava minha boa avó e meu irmão amoroso. Quando William passava os braços em volta do meu pescoço e me encarava nos olhos, como se pudesse ler os problemas que eu não ousava contar, eu sentia que ainda tinha algo para amar. Mas até mesmo aquela emoção agradável estava coberta pelo gelo da certeza de que ele poderia ser arrancado de mim a qualquer momento por algum capricho do meu senhor. Se o doutor soubesse como nos amávamos, acho que teria ficado exultante em nos separar. Quantas vezes planejamos juntos como chegar ao Norte. Mas, como William sempre lembrava, era mais fácil dizer do que fazer. Meus movimentos eram vigiados de perto, e não tínhamos como conseguir dinheiro para custear as despesas. Já vovó se opunha fortemente à ideia de que os filhos empreendessem um projeto desses. Ela ainda não esquecera o sofrimento do pobre Benjamim e temia que, se outra criança tentasse escapar, teria um destino igual ou pior. Para mim, nada parecia mais terrível que aquela vida que eu levava. "William *precisa* ser livre. Ele vai para o Norte, e eu vou também", eu dizia a mim mesma. E muitas irmãs escravas formularam os mesmos planos

O que os escravos são ensinados a pensar sobre o Norte

Os proprietários de escravos se orgulham de serem homens honrados, mas, se ouvir as mentiras absurdas que contam aos seus escravos, você teria pouco respeito pela veracidade dessa honra. Estou falando de forma muito direta, e peço perdão por isso, mas não posso usar termos mais brandos. Esses homens viajam para o Norte e, quando voltam para casa, contam aos escravos sobre os fugitivos que viram e os descrevem nas condições mais deploráveis. Certa vez, um dono de escravos me disse que tinha visto uma amiga minha fugida em Nova Iorque, que a mulher tinha implorado a ele que a levasse de volta ao seu senhor, pois estava literalmente morrendo de fome. Que em muitos dias a mulher tinha apenas uma batata fria para comer e que, em outras ocasiões, não comia nada. E disse que se recusou a levá-la de volta, porque sabia que o senhor dela não ficaria feliz em ver uma infeliz miserável de volta a sua casa. Ainda concluiu dizendo:

– É o castigo que ela impôs a si mesma por fugir de um senhor tão bom.

A história toda era falsa. Anos depois, hospedei-me em Nova Iorque com essa amiga, e ela levava uma vida bem confortável. Nunca sequer cogitara o desejo de voltar à escravidão. Muitos dos escravos acreditam nessas histórias e acham que não vale a pena trocar a escravidão por uma liberdade tão dura. É difícil persuadir essas pessoas de que a liberdade poderia torná-los homens úteis, capazes de proteger suas esposas e filhos. Se os pagãos na nossa terra cristã tivessem tanto ensino quanto alguns dos hindus, pensariam de outra forma. Saberiam que a liberdade vale mais que a própria vida. Começariam a entender suas próprias capacidades e se esforçariam para se tornarem homens e mulheres.

Mas, se os Estados Livres sustentam uma lei que devolve os fugitivos para a escravidão, como é que os escravos podem decidir se tornar homens? Alguns ainda se esforçam para proteger as esposas e filhas dos insultos de seus senhores, mas os que agem assim são os que tiveram algumas vantagens sobre a massa geral de escravos. Receberam alguma educação formal e cristã, em alguma circunstância favorável. Alguns são ousados o bastante para expressar esses sentimentos a seus senhores. Ah, que glória se houvesse mais desses!

Algumas pobres criaturas foram tão brutalizadas pelo açoite que se esgueiram para fora do caminho, dando aos donos acesso livre às suas esposas e filhas. Acha que isso prova que o homem negro pertence a uma casta inferior? O que *você* seria se tivesse nascido e sido criado como escravo, com gerações de escravos como ancestrais? Admito que o negro é, *sim*, inferior. Mas o que o torna inferior é a extrema ignorância em que o homem branco o obriga a viver, é o chicote torturante que arranca sua masculinidade, são os ferozes cães de caça do Sul e os humanos não menos cruéis que caçam no Norte, que impõem a Lei do Escravo Fugitivo. *Eles* é que são os responsáveis.

Os cavalheiros do Sul se deleitam com as conversas mais desdenhosas sobre os ianques do Norte, que, por sua vez, consentem em fazer o trabalho mais vil para esses senhores, atuando igualzinho aos ferozes cães de caça e os desprezíveis caçadores de negros que atuam nas terras do Sul. Quando os sulistas visitam, o Norte se orgulha e os cobre de honrarias; mas os homens do Norte não são bem-vindos ao ul da Linha Mason-Dixon[3], a menos que suprimam todo pensamento e sentimento contrários a essa "instituição peculiar". E não basta o silêncio. Os senhores de escravos não ficam satisfeitos, a não ser que obtenham um grau maior de subserviência, e em geral são atendidos. Mas respeitam os nortistas por isso? Eu me atrevo a dizer que não. Até os escravos desprezam "os homens do Norte com princípios do Sul", que é o tipo que geralmente encontram. Quando os nortistas se mudam para o Sul, revelam-se estudiosos muito competentes. Logo absorvem os sentimentos e a disposição dos vizinhos, e nisso costumam ir além de seus professores. São, proverbialmente, os senhores mais difíceis.

Esses homens parecem satisfazer suas consciências com a doutrina de que Deus criou os africanos para serem escravos. Ah, que calúnia contra o Pai celestial, que "de um só sangue fez toda a geração dos homens!" E ainda resta a dúvida: quem ainda é *africano*? Quem pode medir a quantidade de sangue anglo-saxão que corre nas veias dos escravos americanos?

Já falei de como os donos de escravos se esforçam para imprimir em seus comandados uma opinião negativa do Norte. Mas, apesar disso, os escravos inteligentes sabem que têm muitos amigos nos Estados Livres. E mesmo os mais ignorantes têm alguma noção sobre isso, ainda que confusa. Os meus iguais sabiam que eu podia ler e muitas vezes me perguntavam se eu tinha visto alguma coisa nos jornais sobre os brancos do grande Norte, que estavam tentando conquistar a

---

[3] A Linha Mason–Dixon é um limite de demarcação entre quatro estados dos Estados Unidos da América. Faz parte das fronteiras da Pensilvânia, Virgínia Ocidental, Delaware e Maryland. (N.T.)

liberdade deles. Alguns acreditam que os abolicionistas já conseguiram sua liberdade, que isso está estabelecido por lei, mas que os senhores de escravos impedem que essa lei entre em vigor. Uma mulher me implorou para que eu lesse um jornal. Disse que ouvira do marido que os negros tinham mandado avisar à rainha da América que eram todos escravos e que ela não conseguira acreditar e que tinha ido à cidade de Washington para conversar com o presidente. Os dois discutiram, e a rainha o ameaçara com a espada. Com isso, o homem tinha jurado que a ajudaria a libertar todos os negros.

Aquela pobre mulher ignorante pensava que a América era governada por uma rainha, a quem o presidente estava subordinado. Ah, como queria que o presidente estivesse subordinado à rainha Justiça.

Cenas da escravidão

No interior, não muito longe de onde eu morava, havia um fazendeiro a quem chamarei de sr. Litch. Era um homem mal-educado e sem estudo, mas muito rico. Tinha seiscentos escravos, muitos dos quais não conhecia de vista. A enorme *plantation* era administrada por feitores muito bem pagos. Seu terreno tinha uma prisão e um pelourinho, e as crueldades que lá aconteciam, quaisquer que fossem, não eram comentadas. O homem era tão bem protegido pela riqueza que nunca era chamado a prestar contas por seus crimes, nem mesmo que fosse assassinato.

O homem recorria a castigos dos mais variados. Um de seus favoritos era laçar o corpo de um escravo com uma corda e suspendê-lo do chão. Um fogo era aceso logo acima do homem, com um pedaço de porco gordo assando ainda mais em cima. Enquanto o porco cozinhava, as gotas de gordura escaldantes caíam sobre a carne nua do escravo.

Em sua própria fazenda, o sr. Litch exigia obediência estrita ao oitavo mandamento, mas era permitida qualquer depredação nas fazendas vizinhas, desde que o culpado conseguisse passar sem levantar suspeita. Se algum vizinho aparecia para delatar um escravo por furto, o sr. Litch o intimidava e assegurava que seus escravos recebiam o suficiente de tudo e não tinham necessidade de roubar. Mas, assim que o vizinho dava as costas, o acusado era procurado e açoitado pela falta de discrição. E, se um escravo roubasse do sr. Litch, fosse um quilo de carne ou um grão de milho, e fosse pego, era acorrentado, aprisionado e mantido assim até que o corpo começasse a demonstrar os sinais de fome e de sofrimento.

Certa vez, uma inundação arrastou a adega e o defumadouro para quilômetros de distância da *plantation*. Alguns escravos foram atrás e afanaram alguns nacos de carne e garrafas de vinho. Dois foram encontrados com um presunto e um pouco de bebida na cabana em que viviam. Foram convocados pelo senhor. O homem não proferiu nenhuma palavra, mas um porrete os derrubou no chão. O caixão foi um caixote qualquer, e o enterro foi igual ao de um cachorro. Ninguém disse nada.

O assassinato era tão comum naquela *plantation* que o senhor tinha medo de ficar sozinho depois do anoitecer. O homem talvez acreditasse em fantasmas.

Seu irmão não era igual em riqueza, mas carregava a mesma crueldade. Os cães de caça eram bem treinados, e o canil bem espaçoso era o terror dos escravos. Os homens eram largados numa estrada e, se os cães o encontrassem, literalmente arrancavam a carne de seus ossos. Quando este dono de escravos morreu, soltou gritos e gemidos tão terríveis que até seus amigos ficaram horrorizados. Suas últimas palavras foram: "Vou para o inferno. Enterrem meu dinheiro comigo".

Após a morte, seus olhos permaneceram abertos, e moedas de prata foram usadas para fechar as pálpebras. As moedas foram enterradas com ele. Por causa disso, espalhou-se o boato de que o caixão estava cheio de dinheiro. O túmulo foi arrombado três vezes, e o caixão sempre era retirado. Na última vez, o corpo foi encontrado no chão, sendo comido por um bando de urubus. O homem foi enterrado de volta, e colocaram um vigia junto da cova. Os culpados nunca foram descobertos.

Nas comunidades não civilizadas, a crueldade é contagiosa. Certa noite, o sr. Conant, vizinho do sr. Litch, voltou da cidade um pouco embriagado. Seu criado pessoal o ofendeu de alguma forma, então foi despojado das roupas, a não ser pela camisa, chicoteado e pendurado a uma grande árvore na frente da casa. Foi uma noite de inverno, com tempestade. Um vento muito frio soprava, e os galhos da velha árvore estalavam sob a neve que caía. Alguém da família, temendo que o escravo fosse morrer de frio, implorou para que o tirassem dali, mas o mestre não cedeu. O homem permaneceu preso por três horas e, quando cortaram as cordas, estava mais morto que vivo.

Outro escravo, que roubou um porco deste mesmo senhor para aplacar a fome, foi açoitado com uma intensidade vil. Em desespero, tentou fugir. Mas, depois de três quilômetros, estava tão fraco devido à perda de sangue que achou que estivesse morrendo. O homem era casado e ansiava por ver a esposa uma última vez. Doente demais para andar, ele rastejou de volta aquela longa distância, apoiado nas mãos e nos joelhos. Quando chegou de volta à fazenda de seu senhor, já era noite. O homem não teve forças para se levantar e abrir o portão, então gemeu, pedindo ajuda. Eu tinha uma amiga que vivia com essa família, e ela ouviu os gritos de socorro. A jovem encontrou o homem prostrado no portão e correu de volta para a casa, em busca de ajuda. Dois homens voltaram com ela, carregaram o escravo e o deitaram no chão. As costas da camisa estavam empapadas de sangue coagulado. Usando um pouco de banha, minha amiga soltou o tecido da carne ferida, enfaixou os cortes, arranjou uma bebida fresca e deixou o homem descansar. O senhor decidiu que o escravo merecia mais cem chicotadas. Quando seu próprio trabalho lhe fora roubado, o homem roubara comida para aplacar a fome. Este foi o crime.

Outra vizinha era uma tal de sra. Wade. Em sua propriedade, o açoite não parava em nenhuma hora do dia. As punições começavam logo no amanhecer e não cessavam até muito depois do cair da noite. O celeiro era seu lugar especial para a tortura. Lá, ela açoitava os escravos com a força de um homem. Uma velha escrava uma vez me disse:

– A casa da senhora é um inferno. Parece que nunca vou conseguir escapar. Rezo dia e noite, pedindo para morrer.

A tal senhora morreu antes da velha escrava. A mulher tinha implorado ao marido que não permitisse que nenhum de seus escravos visse seu corpo depois de morta. Mas uma escrava que cuidara dos filhos dela – e que ainda cuidava de uma das crianças –, viu a oportunidade e correu com a criança nos braços para dentro do quarto onde estava a senhora falecida. A escrava olhou para a antiga dona por um tempo, então ergueu a mão e deu dois tapas na cara dela, dizendo:

– *Agora* o diabo pegou você!

A mulher esqueceu da criança, que já começara a falar e que, tendo visto tudo, contou ao pai:

– Eu vi minha mãe, e a mamãe bateu na minha mãe! – E batia no próprio rostinho, para demonstrar.

O senhor ficou assustado. Não conseguia imaginar como a escrava tivera acesso ao quarto onde estava o cadáver, já que mantivera a porta trancada. Ele foi questionar a escrava, que confessou que a criança tinha dito a verdade e contou como conseguira a chave. A mulher foi vendida para alguém na Geórgia.

Durante a infância, conheci uma escrava muito valorosa. Chamava-se Charity, e eu a adorava, assim como todas as outras crianças. Sua jovem senhora se casou e a levou para a Louisiana. O filho, James, foi vendido a um bom senhor. Mas esse senhor se envolveu em dívidas, e James foi vendido a um rico proprietário de escravos, conhecido pela crueldade. E James cresceu com este homem, criado até a idade adulta sendo tratado como um cachorro. Depois de uma dura sessão de açoite, o homem foi ameaçado com ainda mais golpes e, para se proteger, fugiu para o mato. Estava em condições miseráveis, a pele cortada pelo chicote, seminu, morrendo de fome e sem ter como conseguir sequer uma casca de pão.

Algumas semanas depois da fuga, ele foi capturado, amarrado e levado de volta para a fazenda de seu senhor. O homem considerou que o tempo na prisão, só com pão e água, depois de mais uma centenas de chicotadas, era um castigo leve demais para a ofensa do pobre escravo. Portanto, decidiu que, depois que o feitor o chicoteasse a contento, mandaria enfiar o pobre homem entre os rolos do descaroçador de algodão e deixá-lo lá pelo tempo que ele tivesse ficado na floresta. A criatura miserável foi açoitada pelo chicote da cabeça aos pés, depois lavada numa salmoura forte, para evitar que a carne apodrecesse e curasse mais rápido. Então, foi colocado no descaroçador de algodão, que foi bem aparafusado, deixando espaço apenas para que se virasse de lado, sem poder deitar de costas. A cada manhã, enviavam um escravo com um pedaço de pão e uma tigela de água, colocada ao alcance do pobre coitado. O escravo tinha ordens de não falar com ele, sob ameaça de castigo severo.

Quatro dias se passaram, e o escravo continuava levando o pão e a água. Na segunda manhã, o pão tinha sumido, mas a água continuava intocada. Depois de quatro dias e cinco noites na prensa, o escravo informou ao senhor que a água não era consumida havia quatro manhãs e que um fedor horrível saía do descaroçador. O feitor foi mandado para examinar a situação. Quando soltaram a prensa, encontraram um cadáver meio comido por ratos e vermes. Talvez os ratos que devoraram o pão tenham roído a carne daquele miserável antes de sua vida se extinguir. Pobre Charity! Minha avó e eu sempre nos perguntávamos como o coração afetuoso dela suportaria a notícia, se é que ela saberia do assassinato de seu filho. Conhecíamos o marido dela, sabíamos que James era igual ao pai em masculinidade e inteligência. Eram as qualidades que tornavam tão difícil para ele ser escravo de uma *plantation*. James foi enfiado num caixote qualquer e enterrado com menos cerimônia do que se faz para um cachorro velho. Ninguém questionou nada. James era escravo, e a sensação era de que um senhor tinha o direito de fazer o que quisesse com sua propriedade. E, para *ele*, que importava o valor de um escravo?

O homem tinha centenas. Quando terminavam a labuta diária, os escravos deviam comer depressa as rações minguadas e apagar as fogueiras de pinha antes das nove da noite, quando o feitor fazia as rondas, entrando em todas as cabanas para ter certeza se os homens e as esposas tinham ido para a cama juntos; para garantir que os homens, por excesso de fadiga, não caíssem no sono junto ao fogo e permanecessem lá até o aviso matinal convocá-los para as tarefas diárias. As mulheres não têm valor, a menos que aumentem continuamente o estoque dos donos. São consideradas no mesmo nível que os animais. Este mesmo senhor atirou na cabeça de uma mulher que fugiu e foi trazida de volta. Ninguém exigiu que ele prestasse contas de seu crime. Se um escravo resistisse ao açoite, os cães de caça eram soltos e lançados sobre ele, para arrancar a carne de seus ossos. O senhor que fazia essas coisas era um homem muito estudado, um perfeito cavalheiro. Também se gabava de ser cristão, mesmo que a verdade seja que Satanás nunca teve um seguidor mais fiel.

Eu poderia falar de mais donos de escravos tão cruéis quanto os que descrevi. Esses homens de que falei não são exceções à regra. Não estou dizendo que não existem proprietários de escravos humanos. Gente assim de fato existe, apesar das influências em volta, que endurecem a alma de qualquer um. Mas são poucos e raros, "como as visitas dos anjos".

Conheci uma jovem senhora que era um desses raros espécimes. Era órfã e herdara uma mulher e seus seis filhos como escravos. O pai deles era um homem livre. A família tinha uma casa confortável, com pais e filhos morando juntos. A mãe e a filha mais velha serviam à patroa durante o dia e à noite voltavam para a casa, que ficava na propriedade. A jovem era muito devota, e havia alguma verdade em suas crenças. Ela ensinou os escravos a levar uma vida pura e queria que compartilhassem do fruto de seu trabalho. Sua religião não era só uma roupa especial para o domingo, deixada de lado até a semana seguinte. A filha mais velha da mãe escrava foi prometida em casamento a um homem livre, e na véspera essa boa senhora a emancipou, para que seu casamento tivesse a sanção da lei.

Contam que essa jovem nutria um afeto não correspondido por um homem que estava decidido a casar por dinheiro. Depois de um tempo, um tio rico dela morreu e deixou seis mil dólares para os dois filhos que tinha com uma mulher negra e o restante de suas posses para esta sobrinha órfã. O metal logo atraiu o ímã, e o homem se apossou dessa senhora e de sua bolsa recheada. A mulher se ofereceu para libertar os escravos, dizendo que o casamento poderia causar mudanças inesperadas no destino deles e que gostaria de assegurar a felicidade daquela família. Os escravos se recusaram a aceitar a liberdade, dizendo que a senhora sempre tinha sido uma boa amiga e que em nenhum outro lugar seriam tão felizes como ali, com ela. Não fiquei surpresa. Já os vira muitas vezes naquela casa confortável e achava que, na cidade inteira, não havia família mais feliz. Eles nunca se sentiram escravos e só se convenceram da sua realidade quando já era tarde demais.

Quando o novo mestre reivindicou aquela família como sua propriedade, o pai ficou furioso e foi até sua senhora em busca de proteção.

– Não posso fazer mais nada por você agora, Harry – explicou a mulher. – Não tenho mais o poder que tinha há uma semana. Consegui a liberdade da sua esposa, mas não tenho como conseguir o mesmo para os seus filhos.

O pai infeliz jurou que ninguém jamais tiraria os filhos dele. Escondeu as crianças na floresta por uns dias, mas foram descobertos e levados. O pai foi preso e os dois filhos mais velhos foram vendidos para alguém da Geórgia. Uma garotinha, jovem demais para servir, foi deixada com a pobre mãe. Os outros três foram carregados para a *plantation*. A filha mais velha logo se tornou mãe, e, quando a esposa do senhor viu o bebê, chorou amargamente. Sabia que o próprio marido violara a pureza que ela incutira na moça com tanto cuidado. A mulher teve um segundo filho do mestre, que então a vendeu, junto com os filhos que gestara, para seu irmão. A coitada teve mais dois filhos com o irmão desse senhor, então foi vendida outra vez. A segunda irmã enlouqueceu. A vida que foi obrigada a levar a deixou louca. A terceira virou mãe de cinco filhas. Antes do nascimento da quarta, a senhora devota morreu. Até o fim da vida, ela dispensou aos escravos todas as gentilezas que as circunstâncias infelizes permitiam. E a mulher morreu em paz, feliz por poder fechar os olhos para uma vida que se tornara tão miserável por culpa do homem que amava.

Aquele homem desperdiçou a fortuna que herdara e tentou recuperar os negócios com um segundo casamento, mas, depois de se recolher após uma noite de bebedeira, foi encontrado morto na manhã seguinte. Era considerado um bom senhor, pois alimentava e vestia os escravos melhor que a maioria dos outros senhores, e na sua fazenda o chicote não era ouvido com tanta frequência quanto em muitas outras. Não fosse pela escravidão, teria sido um homem melhor, e sua esposa, uma mulher mais feliz.

Não há escritor que possa dar uma descrição adequada da corrupção generalizada que resulta da escravidão. A menina escrava é criada em uma atmosfera de medo e de libertinagem. Como professores, tem o açoite e as palavras sórdidas do senhor e dos seus filhos. Por volta dos catorze ou quinze anos, o dono, os filhos dele ou o supervisor – ou talvez todos eles – começam a suborná-la com presentes. Se os presentes falharem em cumprir seu propósito, a menina é chicoteada ou privada de comida até ceder à vontade dos homens. Talvez a garota tenha princípios religiosos incutidos por alguma mãe ou avó devota, talvez por uma boa senhora. A garota pode ter um namorado de boa índole e paz de espírito, coisas caras ao seu coração, ou pode ter ódio extremo dos homens devassos com poder sobre ela. Ainda assim, resistir é inútil.

Ah, o pobre verme[4]
provará que a luta foi em vão. Esse dia da vida
há de passar, e pronto: ela se foi!

Os filhos dos senhores de escravos sofrem desde meninos com o vício das influências impuras em toda a sua volta. E nem sempre as filhas do mestre escapam. Às vezes, punições severas recaem sobre um senhor pelas maldades que faz com as filhas dos escravos. As filhas brancas logo encontram os pais brigando por alguma escrava. Com a curiosidade despertada, elas descobrem a causa. São cuidadas por jovens escravas que o pai delas corrompeu e ouvem conversas que nunca deveriam chegar aos ouvidos dos jovens ou de qualquer outra pessoa. Sabem que as escravas estão sujeitas à autoridade do pai em tudo, e às vezes exercem a mesma autoridade sobre os escravos homens. Vi com meus próprios olhos o senhor de uma família andar com a cabeça baixa de vergonha, pois corria pela vizinhança a conversa de que sua filha tinha escolhido um dos escravos mais desprezíveis da *plantation* como pai de seu primeiro neto. A jovem não tentava seduzir seus iguais, nem mesmo ia atrás dos servos mais inteligentes de seu pai. Ela selecionava os mais brutalizados, sobre os quais poderia exercer sua autoridade com menos medo de exposição. O pai, meio louco de raiva, tentou se vingar do negro ofensor. Mas a filha, prevendo a tempestade que viria, deu ao escravo os documentos que garantiam sua liberdade e o mandou para fora do estado.

---

[4] *The poor worm/ Shall prove her contest vain. Life's little day/Shall pass, and she is gone.* – William Mason. (N.T.)

Nesses casos, a criança é asfixiada ou enviada para um lugar onde nunca será vista por ninguém que conheça sua história. Mas, se for um *pai* branco, não uma mãe, os filhos são criados para o mercado sem o menor pudor. Se forem meninas, já deixei bem claro qual será o destino inevitável.

Vocês podem acreditar no que eu digo, pois escrevo apenas aquilo do que sei. Passei vinte e um anos naquela gaiola de pássaros obscenos. Posso testemunhar, por experiência própria e por observação, que a escravidão é uma maldição tanto para os brancos quanto para os negros. Torna os pais brancos cruéis e obscenos, torna os filhos violentos e libidinosos, contamina as filhas e deixa as esposas infelizes. E, quanto à raça negra, é preciso uma caneta mais capaz que a minha para descrever a intensidade dos sofrimentos, a profundidade da degradação.

No entanto, poucos proprietários de escravos parecem cientes da ruína moral generalizada que vem com este sistema perverso. Falam sobre as pragas na safra de algodão, mas não sobre a praga na alma dos seus filhos.

Se os leitores quiserem se convencer de vez das abominações da escravidão, basta visitar uma *plantation* do Sul e se apresentar como "mercador de crioulos". Assim, os donos não vão esconder nada, e o leitor poderá ver e ouvir coisas que lhe parecerão impossíveis de acontecer entre seres humanos com alma imortal.

Um período perigoso na vida da garota escrava

Depois que meu namorado partiu, o dr. Flint arquitetou um novo plano. Ele parecia pensar que o maior obstáculo era o medo que eu tinha da minha senhora. Com uma voz das mais afáveis, ele me informou que pretendia construir uma casinha para mim em um lugar isolado, a seis quilômetros da cidade. Tremi de medo, mas fui obrigada a ouvi-lo falar de como pretendia proporcionar uma casa só para mim e fazer de mim uma dama. Até então, eu tinha conseguido escapar do temido destino por estar sempre entre as gentes. Vovó já tivera boas discussões com meu senhor sobre mim, enunciando com bastante clareza o que pensava de seu caráter, e corria muita fofoca na cidade sobre nosso suposto caso, e o ciúme escancarado da sra. Flint só contribuía com a boataria. Quando meu senhor anunciou que construiria uma casa para mim e que poderia fazer isso sem muitos problemas ou gastos, fiquei esperando que algo frustrasse seus planos, mas logo soube que a construção tinha começado. Jurei perante o Criador que nunca pisaria naquele lugar. Preferia trabalhar na *plantation* do amanhecer até o cair da noite, preferia viver e morrer na prisão a me arrastar, dia após dia, por uma vida como aquela. Estava decidida: o mestre, a quem eu tanto odiava e desprezava, que arruinara as perspectivas da minha juventude e transformara minha vida em um deserto, não conseguiria, depois de tanta resistência, finalmente pisar em sua vítima. Eu faria qualquer coisa, faria de tudo, para derrotá-lo. Mas *o que* eu podia fazer? Pensei muito, até que o desespero me fez mergulhar no abismo.

E agora, leitor, chego a um período da minha vida infeliz que, se pudesse, eu apagaria de bom grado. A lembrança me enche de tristeza e de vergonha. Dói contar, mas prometi que diria a verdade, e é como farei, com toda a honestidade, custe o que custar. Não vou tentar me esconder por trás da coerção do meu senhor, pois não era o caso. Nem posso alegar ignorância ou descuido. Meu senhor passou anos fazendo o possível para poluir minha mente com imagens sujas e destruir os princípios puros incutidos por minha avó e pela boa senhora que tive na infância. As influências da escravidão exerceram em mim o mesmo efeito que exercem nas outras meninas: me fizeram saber prematuramente sobre os maus caminhos do mundo. Eu sabia o que estava fazendo e agi de maneira calculada e deliberada.

Mas vocês, mulheres felizes, cuja pureza foi protegida desde a infância, que cresceram livres para escolher os objetos de sua afeição, cujas casas são protegidas pela lei… Ah, por favor, não julguem esta pobre e desolada menina escrava com muita dureza! Se a escravidão tivesse sido abolida, eu também poderia ter me casado com um homem de minha escolha, poderia ter uma casa protegida pelas leis, teria sido poupado da dolorosa tarefa de confessar o que estou prestes a relatar. Mas todas as minhas perspectivas foram arruinadas pela escravidão. Eu queria me manter pura e, mesmo nas circunstâncias mais adversas, fiz grandes esforços para preservar meu respeito próprio. Mas estava lutando sozinha contra as garras poderosas do demônio da Escravidão, e o monstro se provou forte demais para mim. Eu me sentia abandonada por Deus e pelos homens, como se todos os meus esforços fossem frustrados, e meu desespero me fez perder a prudência.

Eu já contei que as perseguições do dr. Flint e o ciúme da senhora tinham dado origem a alguns boatos na vizinhança. Entre as muitas pessoas, um cavalheiro solteiro e branco por acaso ficou sabendo das circunstâncias que tinham me imposto. Ele conhecia a minha avó e sempre falava comigo na rua. O homem se interessou por mim e veio fazer perguntas sobre meu senhor, e respondi algumas das verdades. Ele expressou grande simpatia e desejo de me ajudar. Constantemente buscava oportunidades para me ver e me escrevia com frequência. Eu era uma pobre escrava de apenas quinze anos.

Claro que tanta atenção de uma pessoa superior era lisonjeiro, pois a natureza humana é a mesma em todos. Também fiquei agradecida pela simpatia e encorajada pelas palavras gentis. Parecia muito bom ter um amigo desses. Aos poucos, um sentimento mais terno foi invadindo meu coração. Era um cavalheiro educado e eloquente. Infelizmente, eloquente demais para a pobre escrava que confiava nele. Claro que vi para onde isso tudo estava indo. Eu sabia do abismo intransponível entre nós, mas ser objeto de interesse de um homem que não é casado e que não é seu senhor é muito agradável para o orgulho e os sentimentos de uma escrava, isso se a situação miserável ainda tiver deixado restar algum orgulho ou sentimento. Parece menos degradante se entregar do que se submeter pela força. Existe um quê de liberdade em ter um amante que não tem nenhum controle sobre sua vida, a não ser o que conquistou com gentileza e afeto. Um senhor pode tratar a escrava com a grosseria que quiser, e ela que não ouse reclamar. Além disso, o erro não parece tão grande quando é com um homem solteiro, e não com um sujeito que tem uma esposa infeliz para ferir. São argumentos questionáveis, sofistas, mas a condição de escravo confunde todos os princípios da moralidade e, de fato, torna sua prática impossível.

Quando descobri que meu senhor de fato tinha começado a construir a tal casa solitária, outros sentimentos se misturaram aos que já descrevi. A vingança e a possibilidade de lucro foram adicionados à vaidade das lisonjas e à gratidão sincera pela bondade com que eu era tratada. Sabia que nada poderia enfurecer mais o dr. Flint do que saber que eu favorecia outro, e aquilo seria um triunfo sobre meu tirano, ainda que pequeno. Achei que ele se vingaria me vendendo a alguém e tinha certeza de que meu amigo, o sr. Sands, me compraria. Era um homem de mais generosidade e sentimento que meu senhor, e achei que seria fácil conseguir minha liberdade com ele. A crise do meu destino estava tão próxima que comecei a entrar em desespero. Estremecia só de pensar em ser mãe de filhos gerados pelo meu velho tirano. Sabia que, assim que ele arranjasse uma nova paixão, as vítimas seriam vendidas para longe, para fora das vistas de todos – ainda mais se tivéssemos filhos. Tinha visto várias mulheres serem vendidas com bebês no peito. Meu senhor nunca permitiu que seus descendentes escravos permanecessem por muito tempo à vista dele e da esposa. De um homem que não era o meu senhor, eu poderia pedir um bom sustento para meus filhos. Portanto, estava confiante de que tudo daria certo. Também tinha certeza de que meus filhos seriam livres. Remoendo todos esses pensamentos na cabeça e sem ver outra maneira de escapar da condenação que tanto temia, mergulhei fundo. Ah, virtuoso leitor, tenha pena de mim e me perdoe pelo pecado! Você nunca conheceu a realidade da vida de escravo, não sabe como é estar totalmente desamparado pela lei ou pelos costumes, não tem leis que o reduzam à condição de propriedade, inteiramente sujeito à vontade de outrem. Nunca exauriu sua engenhosidade tentando evitar as armadilhas e iludir o poder de um tirano odiado, nunca estremeceu ao som de passos e tremeu ao ouvir uma voz. Sei que errei. Ninguém sente isso com mais intensidade que eu. Essa memória dolorosa e humilhante vai me assombrar até o dia da minha morte. Ainda assim, olhando para trás, com calma, ponderando sobre os acontecimentos da minha vida, sinto que uma escrava não deve ser julgada com o padrão usado para os outros.

Os meses foram passando, e tive muitas horas infelizes. Secretamente, lamentava a tristeza que estava causando à minha avó, que tanto tentara me proteger de qualquer mal. Sabia que aquilo era o maior consolo de sua velhice e que ela via como motivo de orgulho que eu não tivesse me degradado, como a maioria das escravas. Queria confessar que eu não era mais digna de seu amor, mas não conseguia pronunciar as palavras tão temidas.

Quanto ao dr. Flint, eu sentia um misto de satisfação e triunfo só de pensar em contar a ele. De vez em quando o doutor me falava de seus planos, e eu ficava quieta. Por fim, ele veio anunciar que a casa estava pronta e ordenou que eu fosse até lá. Respondi que nunca iria entrar naquela casa.

– Já ouvi demais dessas conversas. Você vai, nem que seja levada à força, e vai ficar lá – retrucou ele.

– Nunca vou para aquela casa – respondi. – Daqui a alguns meses, serei mãe.

O dr. Flint se levantou e ficou me olhando, mudo de espanto, então saiu sem dizer uma palavra. Achei que ficaria feliz com aquele triunfo sobre ele. Mas, agora que a verdade estava revelada e chegaria aos ouvidos dos meus parentes, eu me sentia péssima. Por mais humildes que fossem suas circunstâncias, eles tinham orgulho do meu caráter. Agora, como eu poderia encará-los nos olhos? Eu não tinha mais respeito próprio! Tinha decidido que seria mais virtuosa, mesmo sendo escrava. Tinha dito: "Venha, tempestade! Vou enfrentá-la até a morte!" E, depois de tudo, como me sentia humilhada!

Fui até minha avó. Meus lábios se abriram para fazer a confissão, mas as palavras ficaram presas na garganta. Eu me sentei à sombra de uma árvore junto à porta da casa e comecei a costurar. Acho que ela notou que havia algo errado comigo. Uma mãe de escravos é muito vigilante, sabe que não há segurança para seus filhos. Depois que chegam à adolescência, essa mãe vive na expectativa diária de encontrar problemas. O que gera muitas perguntas. Se a menina for sensível, a timidez a impede de responder com sinceridade, e o questionamento bem-intencionado pode afastá-la dos conselhos maternos. Então minha senhora chegou, tresloucada, e me acusou em relação a seu marido. Minha avó, cujas suspeitas já tinham sido despertadas, acreditou no que a mulher disse e gritou:

– Ah, Linda! Chegou a esse ponto? Prefiro ver você morta do que nesse estado! Você é uma vergonha para sua falecida mãe! – Ela arrancou a aliança de casamento de minha mãe dos meus dedos e pegou também o dedal de prata. – Saia daqui! – mandou, aos berros. – E nunca mais apareça na minha casa!

A reprimenda foi tão intensa e pesada que não tive a chance de responder. Lágrimas amargas, do tipo que os olhos derramam uma só vez, foram minha única resposta. Eu me levantei, mas acabei caindo sentada, soluçando. Vovó não falou comigo, mas as lágrimas que escorriam por seu rosto enrugado me queimaram como fogo. Ela sempre foi tão boa comigo! *Tão* boa! Como eu queria poder me jogar a seus pés e contar toda a verdade! Mas ela me mandou ir embora e nunca mais voltar. Depois de alguns minutos, reuni minhas forças e comecei a obedecer. Ah, com que tristeza fechei a portinhola da cerca, que na infância eu abria com mãos tão ávidas! Ela se fechou diante de mim com um som que eu nunca tinha ouvido.

Para onde poderia ir? Estava com medo de voltar para o meu senhor. Continuei andando por aí, sem pensar, sem me importar para onde iria ou o que seria de mim. Depois de seis ou oito quilômetros, o cansaço me obrigou a parar. Sentei-me no toco de uma velha árvore. As estrelas reluziam nos galhos acima, zombando de minha infelicidade com sua luz brilhante e calma! As horas se passaram, e eu, sentada ali, sozinha, senti um calafrio e uma doença mortal tomar meu corpo. Afundei no chão. Minha mente estava cheia de pensamentos horríveis. Rezei para morrer, mas o pedido não foi atendido. Por fim, com grande esforço, eu me levantei e andei um pouco mais para longe, até a casa de uma mulher que tinha sido amiga da minha mãe. Quando expliquei por que estava lá, ela respondeu com uma voz suave. Mas não havia consolo para o meu coração. Achava que conseguiria suportar a vergonha se ao menos pudesse fazer as pazes com vovó. Ansiava por abrir meu coração para ela. Se vovó soubesse da situação e de tudo que eu vinha suportando havia anos, talvez me julgasse com menos severidade. A amiga me aconselhou a mandar chamar minha avó, e foi o que fiz, mas passei dias de suspense agonizante antes que ela viesse. Será que vovó tinha me abandonado? Não! Ela finalmente veio. Ajoelhei-me diante de seus pés e contei todos os males que envenenaram minha vida. Contei que era perseguida havia muito tempo, que não via maneira de escapar e que, num momento extremo, fiquei desesperada. Ela ouviu em silêncio. Eu disse que suportaria qualquer coisa, que faria qualquer coisa, se pudesse ter a esperança de que, com o tempo, teria o seu perdão. Implorei a ela que tivesse pena de mim, pelo amor de minha falecida mãe. E ela teve pena de mim. Vovó não disse que me perdoava, mas olhou para mim com amor, com os olhos cheios de lágrimas. Pousou a mão velha com toda a delicadeza na minha cabeça e murmurou:

– Ah, coitadinha! Coitadinha!

O novo vínculo com a vida

Voltei para a casa da minha boa avó, que teve uma conversa com o sr. Sands. O homem não respondeu quando vovó perguntou por que ele não podia ter lhe deixado uma única cordeirinha pura, já que havia tantas outras escravas que não se importavam com essas questões de caráter, mas falou palavras gentis e encorajadoras. Prometeu cuidar do filho e me comprar, se as condições estivessem dentro de suas possibilidades.

Eu não via o dr. Flint havia cinco dias. Não o vira desde aquela confissão. Ele falou da desgraça que eu mesma causara em minha vida, de como eu tinha pecado contra meu senhor e deixado minha velha avó mortificada. Insinuou que, se eu tivesse aceitado suas propostas, ele, como médico, teria me salvado da exposição. Até pena de mim alegou sentir, todo condescendente. Haveria dissabor mais amargo? Foram as perseguições daquele homem que causaram o meu pecado!

– Linda – começou ele –, apesar de você ter cometido um crime contra mim, estou com pena, e posso perdoá-la se obedecer aos meus desejos. Quero saber se o homem com quem você queria se casar é o pai desse filho. Se mentir para mim, sofrerá o fogo do inferno.

Eu já não me sentia tão orgulhosa quanto antes. A arma mais forte que tinha contra ele já não existia mais. Eu me rebaixara aos meus próprios olhos, aceitando o abuso em silêncio. Mas, quando ele falou com tanto desprezo daquele namorado que sempre me tratou com tanta honra; quando lembrei que, não fosse por ele, poderia ter sido uma esposa virtuosa, livre e feliz, perdi a paciência.

– Eu pequei contra Deus e contra mim mesma – respondi. – Mas não contra você.

O doutor cerrou os dentes, grunhindo:

– Desgraçada! – E partiu para cima de mim com uma raiva mal contida, gritando: – Garota teimosa! Eu devia moer seus ossos até virarem pó! Você se jogou para cima de algum canalha inútil. Sua mente é fraca, você se deixa levar por quem não moveria um dedo pelo seu bem. Agora, está cega, mas um dia ainda vai entender que seu senhor era seu melhor amigo. A indulgência com que lhe tratei é prova disso. Eu podia ter mandado vários castigos. Podia ter mandado o chicote açoitar seu corpo até você cair morta. Mas eu quis que você vivesse, quis melhorar sua condição. Ninguém mais pode fazer isso. Você é *minha* escrava. Sua senhora, enojada com sua conduta, proibiu você de voltar para a casa, então permito que fique aqui por enquanto. Mas virei com frequência. Volto amanhã.

E ele chegou de cenho franzido, demonstrando o quanto estava insatisfeito. Depois de perguntar sobre minha saúde, perguntou se a hospedagem estava paga e quem tinha me visitado. Então disse que tinha negligenciado seu dever como médico, que havia certas coisas que deveria ter me explicado. Em seguida, tivemos uma conversa que teria deixado o patife mais descarado de rosto vermelho. Ele me mandou ficar de pé à sua frente. Obedeci.

– Eu ordeno que me diga se o pai do seu filho é branco ou negro.

Eu hesitei.

– Responda agora mesmo!

Eu respondi. Ele saltou para cima de mim como um lobo, agarrando meu braço como se fosse quebrá-lo.

–Você ama esse homem? – indagou, a voz sibilante.

– Agradeço a Deus porque não o desprezo – respondi.

Ele ergueu a mão para me golpear, mas baixou o braço. Não sei o que o deteve. Ele se sentou, apertando bem os lábios. Por fim, disse:

– Vim aqui para fazer uma proposta amigável, mas sua ingratidão me irrita além do limite. Você rejeita todas as minhas boas intenções. Não sei o que me impede de mandar acabarem com a sua vida.

Ele se levantou de novo, como se fosse me golpear, mas apenas continuou:

– Se você cumprir uma condição, perdoarei a insolência e o crime. Daqui em diante, você não deve ter nenhuma comunicação com o pai de seu filho. Não deve pedir nem receber nada dele. Eu cuidarei de você e de seu filho. É melhor prometer isso logo, não esperar até ser abandonada. Este é o meu último ato de misericórdia.

Respondi alguma coisa sobre não querer que meu filho fosse sustentado por um homem que o amaldiçoou, que me amaldiçoou. O doutor respondeu que uma mulher que caíra no meu nível não tinha o direito de esperar mais nada. E perguntou, uma última vez, se eu aceitaria a gentileza. Respondi que não.

– Pois bem – retrucou. – Então assuma as consequências dessa rebeldia. Nunca me procure em busca de ajuda. Você é minha escrava e sempre será. Nunca concordarei em vender você, pode ter certeza.

A esperança em meu coração morreu quando ele fechou a porta ao sair. Tinha pensado que, na raiva, ele me venderia a um mercador de escravos qualquer. E sabia que o pai do meu filho estava querendo me comprar.

Mais ou menos nessa época, estávamos esperando que meu tio Phillip voltasse de uma viagem. Na véspera da sua partida, eu tinha sido dama de honra de um jovem amigo. Meu coração estava pouco à vontade, mas o sorriso em meu rosto não revelava nada. Apenas um ano se passara, mas que mudanças terríveis esse tempo tinha trazido! Meu coração estava cinzento, pesado de sofrimento. As vidas que brilham à luz do sol e as vidas que nascem das lágrimas recebem o matiz das circunstâncias. Nenhum de nós sabe o que um ano pode trazer.

Não senti alegria quando disseram que meu tio tinha chegado. Ele queria me ver, mesmo sabendo o que tinha acontecido. No começo, fugi dele, até que por fim consenti que fosse ao meu quarto. Ele me recebeu como sempre. Ah, como meu coração doeu quando senti suas lágrimas nas minhas bochechas ardentes! Lembrei-me das palavras de minha avó: "Talvez sua mãe e seu pai tenham sido levados para não terem que enfrentar os dias ruins que virão pela frente". Meu coração desapontado agora poderia louvar a Deus por eles não estarem aqui. Mas por que meus parentes tinham esperanças de algo melhor para mim? O que que poderia me salvar do destino comum às escravas? Muitas outras mais bonitas e inteligentes que eu haviam sofrido um destino semelhante, talvez até pior. Como poderiam esperar que eu escapasse?

Meu tio ficou pouco tempo, o que não me incomodou. Eu estava doente demais de corpo e de mente para aproveitar os amigos como antes. Passei algumas semanas sem conseguir sair da cama. Não podia ter outro médico além do meu mestre e não queria que ele fosse chamado. Por fim, alarmados com a doença que só piorava, mandaram chamá-lo. Eu estava muito fraca e nervosa e comecei a gritar assim que ele entrou no quarto. Disseram que meu estado era crítico. O doutor não queria apressar minha partida deste mundo, então se retirou.

Quando meu bebê nasceu, disseram que era prematuro. Pesava menos de dois quilos, mas Deus permitiu que vivesse. Ouvi o doutor dizer que eu talvez não sobreviveria até a manhã seguinte. Eu, que já tinha rezado tanto a Deus pedindo para morrer, agora não queria mais sair desse mundo, a menos que meu filho também fosse. Muitas semanas se passaram até que eu pudesse sair da cama, e, quando consegui, eu era apenas as ruínas do meu antigo eu. Passei um ano quase sem nenhum dia livre de calafrios e de febre. Meu bebê também estava doente, a dor com frequência afligia seus bracinhos e perninhas. O dr. Flint continuou com as visitas para cuidar da minha saúde, sem nunca deixar de me lembrar que meu filho era um acréscimo ao seu estoque de escravos.

Eu estava fraca demais para discutir e apenas ouvia os comentários em silêncio. As visitas ficaram menos frequentes, mas seu espírito ocupado não conseguia se aquietar. O doutor empregou meu irmão em seu escritório, e William se tornou uma via de notas e mensagens frequentes para mim. Meu irmão era um rapaz inteligente e muito útil para o médico; tinha aprendido a aplicar remédios, sanguessugas, copos de sucção e a fazer sangrias. Tinha aprendido a ler e a soletrar sozinho. Eu tinha muito orgulho dele, e o velho doutor suspeitava disso. Um dia, quando não o via havia muitas semanas, ouvi seus passos se aproximando da porta. Com medo do encontro, eu me escondi. O doutor perguntou por mim, é claro, mas não me encontraram em lugar nenhum. Ele voltou ao escritório e despachou William com uma nota. O vermelho enchia as bochechas do meu irmão quando ele me entregou o papel, perguntando:

– Linda, você não me odeia por trazer essas coisas?

Eu respondi que não podia culpá-lo, que ele era um escravo, era obrigado a fazer a vontade de seu senhor. A nota ordenava que eu fosse ao escritório, e fui. O doutor exigiu saber onde eu estava quando foi visitar, e respondi que estava em casa. Com um acesso de raiva, ele retrucou que sabia muito bem que eu não estivera lá. Então, começou a discursar sobre os assuntos de sempre: meus crimes contra ele e minha ingratidão por sua tolerância. Ele me explicou outra vez as leis, então fui dispensada. Eu me sentia humilhada por meu irmão ter que ficar ali, parado, ouvindo aquelas palavras que só eram dirigidas aos escravos. Coitado! Estava impotente para me defender, mas vi as lágrimas que ele se esforçou em vão para conter. Aquela manifestação de sentimento irritou o doutor. Não importava o que fizesse, William não conseguia agradá-lo. Certa manhã, não chegou ao escritório tão cedo como de costume, o que deu ao doutor a oportunidade de liberar todo o seu fel e o mandou para a prisão. No dia seguinte, meu irmão mandou um mercador ter com o médico, levando um pedido de venda. O senhor ficou muito indignado com o que chamou de "insolência". Disse que o colocara na prisão para que William refletisse sobre sua má conduta, mas que ele certamente não estava dando nenhuma mostra de arrependimento. O doutor passou dois dias sofrendo para encontrar alguém que fizesse o trabalho de escritório, mas tudo saía errado sem William. Meu irmão foi libertado e condenado a assumir a antiga posição sob muitas ameaças caso não se preocupasse em manter um bom comportamento dali em diante.

Com o passar dos meses, meu filho melhorou de saúde. Quando a criança tinha um ano, diziam que era linda. Aquela pequena videira estava criando raízes profundas na minha existência, mesmo que o apego de seu carinho gerasse em mim um misto de dor e amor. Nos momentos de maior dor, eu encontrava consolo em seus sorrisos. Adorava assisti-lo dormindo seu soninho de bebê, mas uma nuvem negra pairava sobre esse meu prazer. Eu nunca conseguiria esquecer que meu filho era escravo. Às vezes, queria que ele morresse ainda bebê. Deus colocou esse desejo à prova, e meu queridinho ficou muito doente. Os olhos brilhantes ficaram opacos, os pezinhos e as mãozinhas estavam tão gelados que eu achava que já tinham sido tocados pela morte. Eu, que rezara pela morte dele, passei a rezar por sua vida com um fervor que eu nunca tinha manifestado. Minhas preces foram ouvidas. Ah, a ironia cruel que leva uma mãe escrava a rezar para que o filho moribundo volte à vida! A morte é melhor que a escravidão.

Era triste pensar que eu não tinha um nome para dar ao meu filho. O pai o embalava e o tratava com carinho sempre que tinha a chance de vê-lo. Não era contra ceder seu nome, mas não tinha direito legal para isso. E, se eu tivesse imposto o nome ao meu menino, seria mais um crime aos olhos do meu senhor, mais uma insolência, e ele talvez descontasse na criança. Ah, a serpente da escravidão tem muitas presas venenosas!

Medo de insurreição

Não muito depois disso, estourou a insurreição de Nat Turner[5], e a notícia causou grande comoção na cidade. Estranho que os senhores ficassem alarmados, se os escravos estavam tão "felizes e satisfeitos"! Mas ficaram.

Era o costume fazer uma revista militar todos os anos. Na ocasião, cada homem branco empunhava seu mosquete, e os cidadãos e os chamados senhores do campo usavam uniformes militares. Os brancos pobres ocuparam seus lugares nas fileiras usando as vestimentas do dia a dia, alguns sem sapatos, outros sem chapéu. A grandiosa ocasião já tinha passado e, quando os escravos foram informados de que haveria outra revista, ficaram surpresos e contentes. Ah, pobres criaturas! Achavam que seria feriado! Fui informada da verdade do que estava acontecendo e repassei o comunicado aos poucos para quem podia

---

[5] Nat Turner (2 de outubro de 1800 – 11 de novembro de 1831) foi um escravo americano que liderou uma rebelião de escravos e negros livres no Condado de Southampton, na Virgínia (no leste dos Estados Unidos), em 21 de agosto de 1831, que resultou na morte de 55 a 65 brancos. Em retaliação, milícias e gangues de brancos mataram mais de 200 negros no processo de sufocar a revolta (e depois executaram mais 50). Fonte: Wikipedia. (N.T.)

confiar. Teria sido um grande prazer explicar a situação a cada escravo, mas não me atrevi. Nem todos eram confiáveis. É grande o poder da tortura do açoite.

Ao nascer do sol, pessoas chegavam de todo lado num raio de trinta quilômetros da cidade. Eu sabia que as casas seriam revistadas e já esperava que o trabalho fosse feito por valentões do interior e brancos pobres. Sabia que nada os irritava mais que ver gente negra vivendo com conforto e honra, então fiz uma arrumação muito especial. Ajeitei a casa da minha avó com todo o capricho, botei colchas brancas nas camas e enfeitei alguns cômodos com flores. Quando tudo estava organizado, sentei-me à janela para assistir ao evento. Até onde meus olhos podiam ver, estendia-se uma multidão heterogênea de soldados. Tambores e pífanos entoavam música marcial. Os homens foram divididos em grupamentos de dezesseis, liderados por um capitão. As ordens foram dadas, e os batedores ensandecidos saíram correndo em todas as direções, em busca de qualquer rosto negro que pudessem ver.

Era uma grande oportunidade para os brancos pobres, que não tinham seus próprios negros para flagelar. Estavam exultantes com a chance de exercer um pouco de autoridade e mostrar sua subserviência aos proprietários de escravos, sem nem considerar que o poder que pisoteava os negros também os mantinha na pobreza, na ignorância e na degradação moral. Quem nunca presenciou uma cena dessas pode ter dificuldades de acreditar no que eu sei que foi infligido a homens, mulheres e crianças inocentes, contra os quais não havia a menor suspeita. Os negros e escravos que viviam em áreas mais remotas da cidade sofreram ainda mais. Em alguns casos, os batedores espalhavam pólvora e balas entre as roupas de uma família, depois mandavam outros grupos, que encontravam as evidências plantadas e as apresentavam como prova de que estavam planejando uma rebelião. Homens, mulheres e crianças de toda a cidade foram açoitados até o sangue se empoçar a seus pés. Alguns receberam quinhentas chicotadas; outros tiveram as mãos e os pés amarrados e foram torturados com a palmatória, que enche a pele de bolhas terríveis. A menos que estivessem protegidas por algum branco influente que se encontrasse por perto, as casas dos negros eram roubadas, e os saqueadores levavam roupas e tudo que considerassem valer a pena carregar. Durante todo o dia, esses miseráveis insensíveis circularam pela cidade feito uma tropa de demônios, aterrorizando e atormentando os desamparados. À noite, formaram grupos de patrulha e circularam por entre os negros, descarregando sua brutalidade. Muitas mulheres se esconderam nos bosques e pântanos para se manterem fora do caminho. Se algum marido ou pai denunciasse esses ultrajes, era amarrado ao pelourinho público e cruelmente açoitado por contar mentiras sobre os brancos. A consternação era geral. Não se viam duas pessoas com o mais leve tom de cor no rosto que ousassem ser vistas conversando.

Eu não tinha nenhum medo quanto a nossa casa, porque estávamos entre famílias brancas que nos protegiam. Estávamos prontos para receber os soldados, quando viessem. Não demorou para que ouvíssemos passos e vozes. A porta foi escancarada, e os homens entraram em bando, como uma matilha de lobos famintos. Agarraram tudo o que estava ao alcance. Cada caixa, baú, armário e canto foram examinados minuciosamente. Uma caixa em uma das gavetas com alguns trocados de prata foi atacada com ferocidade. Quando me aproximei para pegá-la de volta, um dos soldados indagou, cheio de raiva:

– Que que você tá pensando? Acha que os brancos vieram para roubar, é?

– Vocês vieram para revistar a casa, mas já revistaram essa caixa, então, por favor, vou ficar com ela.

Naquele momento, vi um cavalheiro branco que era nosso conhecido e o chamei, pedindo que tivesse a bondade de entrar e ficar até que a busca terminasse. O homem prontamente me atendeu. Sua presença trouxe junto o capitão do bando, cuja função era ficar de vigia fora da casa para que nenhum morador saísse. Esse capitão era o sr. Litch, o rico dono de escravos que mencionei no relato dos fazendeiros vizinhos, famoso pela crueldade. Ele se sentia superior e não queria sujar as mãos com a busca, só dava as ordens. E, se encontrassem algum papel escrito, os seguidores levavam até ele, pois não sabiam ler.

Minha avó tinha um grande baú cheio de roupas de cama e toalhas de mesa. Quando os homens o encontraram, ouviu-se um grito de surpresa, e um dos homens inquiriu:

– Onde é que esses negros desgraçados arranjam todos esses lençóis e toalhas?

Vovó, encorajada pela presença do nosso poderoso protetor branco, respondeu:

– Pode ter certeza de que não roubamos das *suas* casas.

– Olhe aqui, sua velha – retrucou um sujeito miserável, sem nenhum casaco –, parece que você se acha toda importante porque tem todas essas coisas bonitas. Mas isso tudo devia estar é com os brancos.

Os comentários foram interrompidos por um coro de gritos:

– Achamos! Achamos! Essa mulata aí recebeu cartas!

Todos correram até a suposta carta. Depois de examinada, descobriram que eram apenas alguns versos que um amigo me escrevera. Tinha esquecido de guardá-los junto com minhas outras coisas. Quando o capitão explicou o conteúdo, os homens pareceram muito desapontados. Ele quis saber quem tinha escrito aquilo. Respondi que tinha sido um dos meus amigos.

– E você consegue ler? – inquiriu o capitão.

Quando respondi que sim, ele xingou, esbravejou e rasgou o papel em pedacinhos.

– Pois traga todas as suas cartas! – gritou, em tom de comando.

Eu disse a ele que não tinha mais nenhuma.

– Não precisa ter medo – insistiu ele, num tom sugestivo. – Pode trazer todas. Ninguém vai lhe fazer nenhum mal.

Como não me movi para obedecer, o tom agradável mudou para xingamentos e ameaças.

– Quem escreve para você? Pretos meio livres?

– Ah, não – respondi. – A maioria das cartas que recebo é de gente branca. Alguns me pedem para queimar as cartas depois que ler, outras eu destruo sem nem olhar.

Um murmúrio surpreso de alguns homens da revista interrompeu a conversa. Tinham acabado de descobrir algumas das colheres de prata que ornamentavam um bufê antiquado. Vovó tinha o hábito de fazer conserva de frutas para muitas senhoras da cidade e de preparar jantares para festas, então tinha muitos potes de conserva guardados em um armário, que foi invadido logo em seguida. Os homens provaram o conteúdo, e um deles, que estava se refestelando, deu um tapinha no ombro do vizinho, dizendo:

– É isso, Wal! Agora sei por que os negros querem matar os brancos! Vivem dessas coisas aqui.

Peguei a jarra, dizendo:

– Vocês não vieram aqui para procurar doces.

– E viemos *para quê*, então? – retrucou o capitão, irritado. Ignorei a pergunta.

A busca na casa foi concluída, sem encontrarem nada para nos condenar. Em seguida, foram para o jardim e remexeram em todos os arbustos e videiras, mas sem sucesso. O capitão reuniu seus homens e, depois de uma breve conversa, deu a ordem de marcha. Quando saíram portão afora, o capitão se virou para trás e lançou uma maldição contra a casa. Disse que seria queimada até o chão e que cada um dos moradores receberia trinta e nove chicotadas. No fim, tivemos muita sorte: não perdemos nada além de algumas roupas.

Ia chegando a noite, e a turbulência aumentou. Os soldados, estimulados pela bebida, cometeram crueldades ainda piores. Gritos e berros enchiam o ar. Eu não me atrevia a ir até a porta, mas espiei por baixo da cortina da janela. Vi uma multidão arrastando vários negros, cada homem branco com o mosquete em riste, ameaçando os que não parassem de gritar de morte instantânea. Entre os prisioneiros estava um velho pastor negro, muito respeitável. Tinham encontrado alguns pacotes de munição na casa dele, que a esposa usava havia anos para equilibrar a balança. Por causa disso, seria fuzilado no gramado do tribunal. Que espetáculo para um país civilizado! Uma turba, cambaleando de tão bêbada, achando que era a mão da justiça!

A melhor classe da comunidade exerceu sua influência para salvar os inocentes e perseguidos, e tiveram sucesso em muitos casos, mantendo os negros na prisão até que os ânimos se acalmassem. Por fim, os cidadãos brancos descobriram que nem mesmo suas propriedades estavam a salvo daquela turba sem lei que eles mesmo tinham convocado para sua própria proteção. Reuniram a multidão embriagada e os mandaram de volta para o campo, então espalharam vigias pela cidade.

No dia seguinte, patrulhas da cidade foram chamadas para revistar os negros que viviam no interior, e os ultrajes mais chocantes foram cometidos com total impunidade. Durante quinze dias, sempre que eu olhava pela janela, via cavaleiros levando um pobre negro ofegante amarrado à sela, compelido pelo chicote a acompanhar a pé o ritmo da cavalgada que os levaria até o pátio da prisão. Os que tinham sido açoitados sem misericórdia, a ponto de não conseguirem mais andar, eram lavados com salmoura, jogados em uma carroça e carregados até a prisão. Um negro que não teve coragem de suportar o açoite prometeu dar informações sobre a tal conspiração, mas acabou que ele não sabia de nada. Não tinha nem ouvido o nome de Nat Turner. O pobre coitado inventou uma história que só aumentou seu próprio sofrimento e o das outras pessoas negras.

A patrulha diurna continuou por algumas semanas; ao pôr do sol, era substituída por uma guarda noturna. Nada foi provado contra os negros, livres ou escravos. A ira dos proprietários foi um tanto aplacada pela captura de Nat Turner. Os presos foram libertados. Os escravos foram enviados de volta para os senhores, e os negros livres foram autorizados a voltar para suas casas devastadas. As visitas às *plantations* estavam estritamente proibidas. Os escravos imploraram pelo privilégio de voltarem a se reunir na igrejinha na floresta, junto do cemitério que mantinham lá. Tinha sido construída por pessoas negras cuja maior felicidade era se encontrarem lá para cantar os hinos e abrir os corações em orações sinceras. O pedido foi negado, e a igreja acabou demolida. Os negros receberam autorização para frequentar as igrejas brancas, e parte das galerias foi adaptada para esse fim. Lá, depois que todos os brancos tinham comungado e que a bênção era pronunciada, o pastor dizia:

– Pois venham agora, meus amigos negros.

Eles obedeciam à convocação e comiam o pão e o vinho em homenagem àquele Jesus manso e humilde, que tinha dito que "um só é o vosso Mestre, o Cristo, e todos vós sois irmãos".

A igreja e a escravidão

Depois que passou a preocupação com a insurreição de Nat Turner, os donos de escravos chegaram à conclusão de que seria bom dar alguma instrução religiosa à suas posses, ao menos o suficiente para que não assassinassem seus senhores. O pastor episcopal se ofereceu para ministrar um serviço religioso aos domingos especialmente para os escravos. Os negros de sua igreja eram poucos e todos muito respeitáveis, um fato que presumo tivesse algum peso para ele. A dificuldade era decidir um local adequado para o culto. As igrejas Metodista e Batista aceitariam receber os escravos apenas na parte da tarde, mas seus tapetes e almofadas não eram tão caros como os da igreja episcopal. Por fim, ficou decidido que se encontrariam na casa de um negro livre que era da igreja.

Fui convidada a comparecer porque sabia ler. Quando chegou a noite de domingo, confiando na cobertura da noite, eu me arrisquei a sair. Eu não costumava me expor à luz do dia, pois sempre ia com medo, achando que a cada passo encontraria o dr. Flint, que certamente me mandaria de volta ou me chamaria para o seu escritório, para perguntar onde consegui o chapéu ou alguma peça roupa que estava usando. Quando o pastor Pike chegou, havia cerca de vinte pessoas lá.

O cavalheiro se ajoelhou em oração, então se sentou e pediu a todos os presentes alfabetizados que abrissem os livros, que ele mostraria os trechos que desejava que repetissem ou respondessem.

O texto era o seguinte: "Vós, servos, obedecei a vossos senhores segundo a carne, com temor e tremor, na sinceridade de vosso coração, como a Cristo".

O piedoso sr. Pike, com o cabelo escovado a ponto de ficar para cima, começou o sermão, numa voz profunda e solene:

– Escutem bem, servos! Ouçam com atenção minhas palavras. Vocês são pecadores rebeldes. Seus corações estão cheios de todo tipo de maldade. São as tentações do diabo. Deus está com raiva e com toda a certeza punirá a todos se não abandonarem esses caminhos perversos. Vocês, que moram na cidade, caem em desobediência quando seu senhor lhes vira as costas. Em vez de serem fiéis no serviço aos seus senhores, o que agrada o Senhor Celestial, são preguiçosos e fogem do trabalho. Deus vê tudo. Vocês contam mentiras. Deus ouve tudo. Em vez de se dedicar ao louvor a Ele, vocês se escodem para se refestelar com as posses de seus senhores; espalham grãos de café junto de alguma vidente depravada, ou tiram cartas com uma bruxa velha. Seus senhores podem não saber, mas Deus sabe e vai punir vocês por tudo. Ah, como seus corações são depravados! Quando o trabalho do senhor acaba, vocês se reúnem, quietos, pensando na bondade que Deus tem com criaturas tão cheias de pecado? Não! Ficam brigando e amarrando saquinhos de raízes para enterrar sob a soleira das portas para envenenarem uns aos outros. Deus vê vocês. Os homens se esgueiram para as lojas de bebidas clandestinas, vendendo o milho do seu senhor para comprar rum. Deus vê vocês. Os que se esgueiram pelas ruas menos movimentadas ou entre os arbustos para derreter o cobre. Seus senhores podem não descobrir, mas Deus vê vocês e vai punir a todos. Vocês precisam abandonar esses caminhos de pecado para se tornarem servos fiéis. Obedeçam ao velho e ao jovem senhor, à velha e à jovem senhora. Se desobedecerem ao senhor terreno, estão ofendendo o Senhor celestial. Vocês precisam obedecer aos mandamentos de Deus. Quando saírem daqui, não parem nas esquinas das ruas para conversar: vão direto para casa. E deixem seu senhor e sua senhora saberem que vocês chegaram.

A bênção foi pronunciada. Voltamos para casa, achando muito engraçado o ensino do evangelho daquele irmão Pike, decididos a ouvir mais. Fui no sábado seguinte, à noite, e presenciei praticamente uma repetição do último discurso. No encerramento, o sr. Pike nos informou que achava muito inconveniente nos encontrarmos na casa de um amigo e que ficaria feliz em nos ver em sua própria cozinha, todos os domingos à noite.

Voltei para casa com a sensação de que aquela era a última vez que eu ouvia o pastor Pike. Algumas pessoas da congregação foram à casa dele e encontraram a cozinha iluminada com duas velas de sebo – com certeza a primeira vez que aquilo acontecia desde que passara a pertencer àquele homem, pois os criados nunca recebiam nada além de pinhas. Passou tanto tempo até que o reverendo descesse de seus aposentos confortáveis que os escravos partiram e foram desfrutar um culto metodista. Eles parecem mais felizes do que nunca quando gritam e cantam nas reuniões religiosas. Muitos são devotos sinceros e estão bem mais perto da porta do céu do que aquele falso beato e do que outros cristãos taciturnos, que atravessam a rua quando notam algum samaritano ferido.

Os escravos em geral escrevem suas próprias canções e hinos e não se preocupam muito com a métrica. Eles costumam cantar assim:

> *O velho Satanás é um velho ocupado;*
> *Rola as pedras por todo o meu caminho;*
> *Mas Jesus é um amigo do peito;*
> *E rola as pedras para longe.*

Se eu tivesse morrido jovem,
Ah, minha língua, que agora gagueja, teria cantado;
Mas sou velho, e agora tenho
Poucas chances de pisar na terra celestial.

Lembro muito bem de uma ocasião em que participei de um culto metodista. Fui com o espírito oprimido e por acaso me sentei junto de uma pobre mãe enlutada, cujo coração ainda estava mais pesado que o meu. Quem liderava o culto era o policial da cidade, um homem que comprava e vendia escravos, que açoitava os irmãos e irmãs da igreja no pelourinho público, na prisão ou fora dela. Ele se dispunha a desempenhar aquele ofício cristão em qualquer lugar em troca de cinquenta centavos de dólar. Um irmão de rosto branco e coração negro se aproximou de nós e disse, para aquela mãe abalada:

– Irmã, pode nos dizer como o Senhor trata sua alma? Você ainda O ama como antes?

A mulher se levantou e respondeu, numa voz miserável:

– Meu Senhor e Mestre, me ajude! Meu fardo é maior do que posso suportar. Deus se escondeu de mim e me deixou na escuridão e na miséria. – Então, batendo no peito, prosseguiu: – Não posso dizer o que resta aqui! Eles levaram todos os meus filhos. Semana passada, foi o último. Só Deus sabe para onde venderam minha menina. Deixaram que eu a tivesse durante dezesseis anos, então… Ah! Ah, como eu rezo pelos irmãos e irmãs da minha menina! Não tenho mais nada pelo que viver. Peço a Deus que encurte meu tempo!

Ela se sentou, o corpo todo tremendo. Vi o policial que conduzia a cerimônia ficar vermelho, com uma risada reprimida, escondendo o rosto com o lenço para os que choravam a calamidade da pobre mulher não vissem sua alegria. Então, fingindo seriedade, disse à mãe enlutada:

– Irmã, ore ao Senhor para que cada concessão de Sua vontade divina seja santificada para o bem de sua pobre alma necessitada!

A congregação começou um hino, cantando como se fossem tão livres quanto os pássaros que gorjeiam a nossa volta:

O velho Satanás se achava o melhor atirador;
Mas errou minha alma, acertou meus pecados.
E eu grito Amém! Grito Amém! Grito Amém a Deus!

Satã carregou meus pecados nas costas;
Voltou resmungando e reclamando até o inferno.
E eu grito Amém! Grito Amém! Grito Amém a Deus!

Cá embaixo é a igreja do velho Satanás.
Mas lá em cima, na igreja livre de Deus, é onde quero ir.
E eu grito Amém! Grito Amém! Grito Amém a Deus!

Estes momentos são preciosos para os pobres escravos. Se você os ouvisse cantando, poderia até pensar que eram felizes. Mas só aquela hora de canto e gritaria é o suficiente para sustentá-los durante a semana sombria, trabalhando duro a troco de nada, sob o medo constante do açoite?

O pastor episcopal, que desde as minhas primeiras lembranças sempre foi uma espécie de deus entre os senhores de escravos, concluiu, considerando a família numerosa que sustentava, que deveria ir aonde o dinheiro era mais abundante. Um pastor muito diferente tomou seu lugar. A mudança foi muito agradável para os negros, que diziam que "Deus nos enviou um homem bom desta vez". Os negros o amavam, e seus filhos corriam atrás dele em busca de um sorriso ou de uma palavra gentil. Até os sonos de escravos sentiram a influência daquele homem. O pastor levou cinco escravos para a sua casa, e sua esposa os ensinou a ler e a escrever, a serem úteis tanto para ela quanto para si próprios. Assim que se acomodou, o homem voltou a atenção para os escravos necessitados ao seu redor. Insistiu com os paroquianos que era uma obrigação manter um encontro expressamente para os escravos todos os domingos, com um sermão adaptado para que compreendessem. Depois de muita discussão e aborrecimento, finalmente decidiram que os negros poderiam ocupar a galeria da igreja nas noites de domingo. Muitas pessoas negras, desacostumadas a frequentar a igreja, passaram a ouvir a pregação do Evangelho com o coração cheio de alegria. Os sermões eram simples, e todos entendiam. Além disso, pela primeira eram tratados como humanos. Não demorou muito para que os brancos da congregação começassem a ficar insatisfeitos. O pastor foi acusado de pregar sermões melhores para os negros. Ele, sincero, confessou que se esforçava mais por aqueles sermões do que pelos outros, pois os escravos tinham sido criados em tamanha ignorância que era difícil adaptar os ensinamentos de forma que compreendessem. A paróquia se encheu de disputas. Alguns queriam que o pastor pregasse para eles à noite e para os escravos à tarde. Nesse período, a esposa morreu, tendo contraído uma doença súbita. Os escravos da casa se reuniram junto ao leito de morte da senhora, todos tomados pela tristeza.

– Tentei ser boa com vocês, fazer com que fossem felizes – disse a senhora. – Se eu falhei, não foi por falta de interesse no seu bem-estar. Não chorem por mim. Preparem-se para as novas obrigações que terão pela frente. Deixo todos livres. Que possamos nos encontrar de novo em um mundo melhor.

Os escravos libertados foram mandados para longe, com fundos para se estabelecerem com conforto. As pessoas negras continuarão por muito tempo abençoando a memória daquela mulher verdadeiramente cristã. Logo após a morte da esposa, o pastor pregou um sermão de despedida, e muitas lágrimas foram derramadas por sua partida.

Vários anos depois, ele passou de novo pela cidade e pregou para a antiga congregação. No sermão da tarde, dirigiu-se às pessoas negras:

– Meus amigos, é uma grande felicidade poder falar com vocês outra vez. Já faz dois anos que me esforço para fazer algo pelos negros da minha própria paróquia, mas nada foi feito. Não pude nem mesmo pregar um sermão para eles. Tentem viver segundo a palavra de Deus, meus amigos. Sua pele é mais escura que a minha, mas Deus julga os homens pelo coração, não pela cor da pele.

Esta era uma estranha doutrina para uma igreja do Sul, e foi muito ofensiva para os proprietários de escravos. Disseram que ele e a esposa tinham sido enganados pelos escravos e que ele pregava tolices aos negros.

Conheci um velho negro que ostentava uma fé e uma confiança infantil em Deus que eram lindas de testemunhar. Aos cinquenta e três anos, ele se juntou à igreja Batista. Tinha um desejo sincero de aprender a ler, achando que saberia servir melhor a Deus se conseguisse ler a Bíblia. Ele veio até mim e me implorou para ensiná-lo. Disse que não tinha como pagar, pois não tinha dinheiro, mas me traria boas frutas quando chegasse a colheita. Perguntei se ele não sabia que isso era contra a lei, que escravos eram presos e açoitados por ensinarem uns aos outros a ler. Isso trouxe lágrimas aos seus olhos.

– Não se preocupe, tio Fred – falei. – Não pretendo me recusar a lhe ensinar. Só falei da lei para que o senhor conheça o perigo e fique alerta.

Ele achou que conseguia vir à minha casa três vezes por semana sem levantar suspeitas. Escolhi um recanto tranquilo, onde nenhum intruso tivesse acesso, e lá ensinei o bê-á-bá. Considerando sua idade, o progresso foi surpreendente. Assim que conseguiu soletrar em duas sílabas, ele quis soletrar as palavras da Bíblia. O sorriso de felicidade que iluminou seu rosto trouxe alegria ao meu coração. Depois de ler algumas palavras, ele fez uma pausa e disse:

– Ah, minha querida, quando eu conseguir ler o livro sagrado, vou estar mais perto de Deus. O homem branco tem a inteligência, aprende fácil. Não é fácil prum negro velho feito eu. Só quero ler esse livro, aí talvez eu aprenda como viver, daí não vou mais ter medo de morrer.

Tentei encorajá-lo, falei de como o seu progresso tinha sido rápido.

– Paciência, criança – respondeu ele. – Eu sou devagar pra aprender.

Eu não precisava de paciência. A gratidão e a felicidade dele já eram mais do que suficiente em troca de todo o meu trabalho.

Depois de seis meses, tio Fred tinha lido o Novo Testamento e conseguia localizar qualquer texto naquelas páginas. Um dia, quando recitou excepcionalmente bem, falei:

– Tio Fred, como o senhor consegue entender as aulas tão depressa?

– Deus abençoe você, minha criança – respondeu ele. – Você nunca chega com uma lição que eu não peça a Deus pra ajudar a entender o que eu soletro e o que eu leio. E ele ajuda *mesmo*, menina. Abençoado seja Seu santo nome!

Há milhares de pessoas que, como o bom tio Fred, têm sede da água da vida. Mas a lei proíbe que aprendam, e as igrejas se negam a ensinar. Enviam Bíblias para os pagãos no estrangeiro, mas negligenciam os pagãos em casa. Fico feliz de saber que os missionários vão para os cantos mais escuros da terra, mas peço a eles que também não negligenciem os cantos mais escuros de sua própria casa. Conversem com os donos de escravos da América como conversam com os selvagens na África. Digam a *eles* que é errado traficar homens. Digam que é pecado vender os próprios filhos e que é atroz violar as próprias filhas. Digam que todos os homens são irmãos e que homem nenhum não tem o direito de excluir um irmão da luz do conhecimento. Digam que eles serão responsabilizados diante de Deus por impedir almas sedentas de chegarem à Fonte da Vida.

Há homens que aceitariam de bom grado uma obra missionária como esta, mas é triste que seja um pequeno número. Esses homens são odiados pelo Sul e seriam expulsos ou arrastados para a prisão para morrer, como outros antes deles. O campo está pronto para a colheita, só aguardando os ceifeiros. Talvez os bisnetos do tio Fred possam receber livremente os tesouros divinos que ele buscava às escondidas, correndo o risco de ser preso e açoitado.

Os ministros de Deus são cegos ou hipócritas? Suponho que alguns sejam cegos, outros, hipócritas, mas acho que, se tivessem pelos pobres e humildes o interesse que deveriam sentir, não seria *tão fácil* cegar os olhos para essa realidade. Um pastor que chega ao Sul pela primeira vez em geral carrega algum sentimento, mesmo que vago, de que a escravidão é errada. O proprietário de escravos suspeita disso e joga o jogo de acordo. Torna-se o mais agradável possível, fala de teologia e de outros tópicos semelhantes. O reverendo é convidado a fazer uma prece diante de uma mesa carregada de luxos. Depois do jantar, caminha pela propriedade e vê os belos bosques e vinhas em flor, as cabanas confortáveis dos escravos domésticos preferidos. O sulista o convida para conversar com aqueles escravos. O pastor pergunta se eles querem ser livres, e os escravos respondem que "Ah, não, senhô...", e basta para satisfazê-lo. O homem beatífico volta para casa para publicar uma "Visão do Lado Sul da Escravidão" e reclamar dos exageros dos abolicionistas. Assegura a todos que esteve no Sul e que viu a escravidão com seus próprios olhos. Chama de "bela instituição patriarcal", diz que os escravos não querem a liberdade, que têm reuniões de louvor e outros privilégios religiosos.

E o que *ele* sabe dos desgraçados famintos que trabalham duro nas *plantations*, do amanhecer ao anoitecer? Das mães gritando pelos filhos arrancados de seus braços por mercadores de escravos? Das meninas arrastadas para a sujeira moral? Das poças de sangue nos pelourinhos? Dos cães treinados para dilacerar carne humana? Dos homens presos dentro de descaroçadores de algodão, deixados para morrer? O senhor de escravos não mostra nenhuma dessas coisas, e os escravos não ousariam falar a respeito, nem que ele tivesse perguntado.

No Sul, existe uma enorme diferença entre o cristianismo e a religião. Se um homem vai à mesa da comunhão e deposita sua oferta ao tesouro da igreja, não importa se for dinheiro de sangue, é chamado de religioso. Se um pastor tem filhos de uma mulher que não é sua esposa, a igreja o expulsa se for uma mulher branca. Mas, se for negra, nada o impede de continuar a ser um bom pastor.

Quando disseram que o dr. Flint havia se filiado à Igreja Episcopal, fiquei muito surpresa. Eu achava que a religião purificava o caráter dos homens, mas as piores perseguições que suportei dele foram depois que se tornou membro da comunhão. A conversa que teve comigo no dia seguinte à crisma, certamente não me deram nenhum indício de que ele tinha "renunciado ao demônio e às suas obras". Em resposta à sua conversa de sempre, lembrei que ele acabara de entrar para a igreja.

– Sim, Linda – respondeu o doutor. –Porque era apropriado que eu entrasse. Estou envelhecendo, e minha posição na sociedade exige isso de mim. E ainda acaba com todo esse maldito falatório. Seria bom para você se filiar à igreja também.

– Lá já tem pecadores demais – retruquei. – Se eu pudesse viver como cristã, já ficaria feliz.

– Você pode fazer o que eu exijo. E, se for fiel a mim, será tão virtuosa quanto minha esposa.

Respondi que não era isso que a Bíblia dizia.

– Como ousa pregar para mim sobre sua Bíblia demoníaca!? – gritou ele, a voz rouca de raiva. – Que direito tem você, minha negra, de vir dizer o que gostaria ou não de fazer? Eu sou seu senhor, e você deve me obedecer.

Não admira que os escravos cantem que

Cá embaixo é a igreja do velho Satanás.
Mas lá em cima, na igreja livre de Deus, é onde quero ir.

Mais um laço com a vida

Eu não tinha retornado à casa do meu senhor desde o nascimento do meu filho. O velho odiava não me ter sempre a seu alcance, mas a esposa tinha jurado, por tudo o que era bom e certo, que me mataria se me visse lá, e o doutor não duvidou de sua palavra. Às vezes, ficava um bom tempo sem aparecer. Então voltava e renovava o velho discurso sobre sua paciência e minha ingratidão. Ele se esforçava desnecessariamente para me convencer de como eu tinha me rebaixado. Aquele velho desgraçado e peçonhento não precisava explicar a questão para mim, eu já me sentia humilhada o bastante. Meu bebê inocente era a prova eterna da minha vergonha. Eu escutava em silêncio, cheia de rancor, quando ele falava sobre eu ter caído em *suas* graças, mas em outros momentos eu derramava lágrimas amargas por não ser mais digna do respeito das pessoas verdadeiramente boas e puras. Ai de mim! A escravidão ainda me prendia em suas garras venenosas. Não havia chance de ser respeitável. Não havia perspectiva de poder levar uma vida melhor.

Às vezes, quando descobria que eu ainda me recusava a aceitar o que ele chamava de "ofertas gentis", meu senhor ameaçava vender meu filho. "Talvez assim você retome a humildade", dizia.

Eu, retomar a humildade? Eu já não estava na lama? Mas a ameaça dilacerou meu coração. Eu sabia que a lei dava poder para que ele cumprisse a ameaça, já que os proprietários de escravos tinham sido ardilosos a ponto de decretar que "o filho deve seguir a condição da *mãe*", não do *pai*, cuidando assim para que sua libidinagem não interferisse na sua avareza. Pensar nisso me fazia apertar meu bebê inocente com ainda mais força junto ao peito. Tinha visões pavorosas quando pensava no risco de ele cair nas mãos de algum mercador de escravos. Chorei por ele, dizendo:

– Ah, meu filho! Talvez deixem você para morrer em alguma cabana fria e depois joguem seu corpo em um buraco, como um cachorro...

Quando o dr. Flint soube que eu seria mãe outra vez, ficou exasperado além da conta. Saiu correndo da casa e voltou com uma tesoura. Eu tinha uma cabeleira linda, e ele sempre reclamava do meu orgulho andar com ele bem penteado. O doutor cortou cada mecha bem rente à cabeça, furioso, xingando sem parar. Respondi a algumas de suas ofensas, e ele me bateu. Alguns meses antes, tinha me jogado escada abaixo em um acesso de raiva, e fiquei tão gravemente ferida que passei muitos dias na cama sem conseguir me mexer. Naquela ocasião, o doutor tinha dito que "nunca mais levantarei a mão contra você, Linda, juro por Deus", mas eu sabia que ele esqueceria a promessa.

Depois de descobrir minha situação, o doutor ficou como uma assombração voltando da tumba. Vinha me ver todos os dias e me submetia a insultos que nenhuma caneta pode registrar. Eu não os escreveria nem se pudesse; eram muito baixos, muito revoltantes. Fiz o que pude para que minha avó não ouvisse. Sabia que ela já tinha sua própria cota de tristezas, sem meus problemas para suportar. Mas, quando vovó via o doutor me tratar com tamanha violência, quando o ouvia proferir xingamentos tão terríveis que teriam paralisado a língua de um homem bom, ela nem sempre conseguia se conter. Era um instinto natural e materno o de tentar me defender, mas só piorava as coisas.

Quando disseram que meu bebê recém-nascido era uma menina, meu coração pesou mais que nunca. A escravidão é terrível para os homens, mas é muito mais terrível para as mulheres. Além do fardo comum a todos, *elas* passam por injustiças, sofrimentos e humilhações particulares.

O dr. Flint jurou que me faria sofrer até meu último dia na terra por esse novo crime contra *ele*, como o chamou. E, enquanto me teve em seu poder, ele manteve a palavra. No quarto dia após o nascimento da minha filha, o doutor entrou no quarto de repente e ordenou que eu me levantasse e levasse a bebê até ele. A enfermeira que estava cuidando de mim tinha saído da sala para preparar comida, e eu estava sozinha. Não me restava alternativa. Levantei, peguei a bebê e atravessei a sala até onde ele estava sentado.

– Agora fique aí – comandou ele – até eu mandar você voltar!

Minha filha era muito parecida com o pai e com a falecida sra. Sands, sua avó. O doutor notou isso. E, enquanto eu estava diante dele, tremendo de fraqueza, ele lançou as ofensas mais vis que pôde conceber sobre minha menina e eu. Nem mesmo a avó, no túmulo, escapou dos xingamentos. No meio daquele ataque violento, desmaiei a seus pés. Isso o trouxe de volta à razão. O doutor tirou a bebê dos meus braços, colocou-a na cama, jogou água fria em meu rosto, me pegou e me sacudiu com força, tentando fazer com que eu retomasse a consciência antes que alguém entrasse no quarto. Foi quando minha avó chegou, e ele saiu correndo da casa. Sofri muito em consequência deste tratamento, mas implorei a meus amigos que me deixassem morrer, em vez de mandar chamar o doutor. Não havia nada que eu temesse mais que a presença dele. Minha vida foi poupada, e agradeci em nome das minhas crianças. Não fosse por esses laços com a vida, eu teria ficado feliz em ser libertada pela morte, mesmo tendo vivido apenas dezenove anos.

Sempre ficava angustiada porque meus filhos não tinham direito a um sobrenome. O pai deles se ofereceu para o registro, mas eu não ousaria aceitar a oferta enquanto meu senhor estivesse vivo. Além disso, sabia que isso não seria no batismo. As crianças pelo menos tinham direito a um nome de batismo, e resolvemos nomear meu filho em homenagem ao bom Benjamim, que tinha se afastado de nós.

Vovó era da igreja e ansiava para que as crianças fossem batizadas. Eu sabia que o dr. Flint iria proibir, então não me aventurei a tentar. Mas a sorte me favoreceu: o doutor foi chamado para visitar um paciente fora da cidade e obrigado a se ausentar num domingo.

– Agora é a hora – anunciou minha avó. – Vamos levar as crianças à igreja para o batismo.

Quando entrei na igreja, fui tomada por memórias da minha mãe e meu espírito enfraqueceu. Ela tinha me levado ali para ser batizada, sem nenhum motivo para se envergonhar. Era casada, portanto tinha os direitos legais que a escravidão permite a um escravo. Os votos tinham sido sagrados para *ela*, que nunca os violou. Era um alívio que não estivesse viva para ver as circunstâncias tão diferentes em que seus netos foram batizados. Por que minha sina tinha sido tão diferente da de minha mãe? Seu senhor tinha morrido quando minha mãe ainda era criança, e ela permanecera junto de sua senhora até se casar. Nunca esteve à mercê de nenhum senhor, e com isso escapou desse tipo de crueldade que costuma recair sobre as escravas.

Quando minha menina estava para ser batizada, a antiga senhora do meu pai se aproximou de mim e propôs que eu usasse o nome de batismo dela. A isso acrescentei o sobrenome do meu pai, que não tinha direito legal de usá-lo, já que meu avô paterno era um cavalheiro branco. Ah, que novelo emaranhado é a genealogia de um escravo! Eu amava meu pai, mas fiquei mortificada de ter que dar seu nome a meus filhos.

Quando saímos da igreja, a antiga senhora do meu pai me chamou para ir até a casa dela. Lá, prendeu uma corrente de ouro no pescoço da minha menina. Agradeci pela gentileza, mas não gostei do simbolismo. Não queria nenhuma corrente prendendo minha filha, nem mesmo se os elos fossem de ouro. Ah, com que fervor orei para que ela nunca sentisse o peso da corrente da escravidão, cujo ferro penetra na alma!

Perseguições contínuas

Meus filhos cresceram bem, e o dr. Flint sempre dizia, com um sorriso exultante, que "esses pirralhos ainda vão me valer um bom dinheiro".

E eu sempre pensava que, se Deus me ajudasse, meus filhos nunca estariam nas mãos daquele homem. Eu pensava que preferia ver os dois mortos a deixá-los à mercê dele. Eu poderia conseguir dinheiro para a minha liberdade e a de meus filhos, mas isso de nada me serviria. O dr. Flint amava dinheiro, mas amava ainda mais o poder. Depois de muita discussão, meus amigos resolveram fazer outro teste. Um proprietário de escravos estava prestes a partir para o Texas e foi contratado para me comprar. O preço começaria em novecentos dólares e subiria até mil e duzentos. Meu dono recusou suas ofertas.

– Senhor – explicou –, essa escrava não me pertence. É propriedade da minha filha, e não tenho o direito de vendê-la. Desconfio que o senhor tenha sido enviado pelo amante dela. Se for o caso, diga a ele que Linda não pode ser comprada por dinheiro nenhum, assim como seus filhos.

O doutor veio me ver no dia seguinte, e meu coração bateu mais rápido quando ele entrou. Nunca o vira andar a passos tão majestosos.

Ele se acomodou, então me encarou com um desprezo fulminante. Meus filhos tinham aprendido a ter medo daquele homem. A pequena fechava os olhos e escondia o rosto no meu ombro sempre que o via. E Benny, agora com quase cinco anos, sempre perguntava: "Por que aquele homem mau vem tanto aqui? Ele quer machucar a gente?" Eu apertava meu menino nos braços, confiante de que ele estaria livre antes de ter idade suficiente para compreender o problema. E, naquele momento, com o médico sentado ali, tão sombrio e silencioso, a criança deixou as brincadeiras de lado e veio se aninhar junto a mim. Por fim, meu algoz perguntou:

– Então você foi largada como um trapo, não foi? Nada diferente do que eu esperava. Lembra como eu disse, anos atrás, que você seria tratada assim? Ah, então ele cansou, foi? Há! Há! Há! Então a madame virtuosa não gosta de ouvir falar isso, é? Há! Há! Há!

Doía ouvi-lo me chamar de virtuosa. E eu não podia mais responder como antes.

– Parece que você está tentando criar outra intriga – continuou ele. – Seu novo amante veio até mim e ofereceu um bom preço Mas pode ter certeza de que não concordei. Você é minha, vai ser minha pelo resto da vida. Não existe nenhum ser humano capaz de tirar você da escravidão. Eu teria feito isso, mas você rejeitou a oferta.

Respondi que não tinha tentado criar nenhuma intriga, que nunca tinha visto o homem que se ofereceu para me comprar.

– Está dizendo que eu menti!? – gritou ele, me arrastando para fora da cadeira. – Vai insistir em dizer que nunca viu aquele homem?

– Eu nunca vi aquele homem – respondi.

Ele me agarrou pelo braço, proferindo uma rajada de palavrões. Ben começou a gritar, e eu pedi a ele que fosse ficar com a avó.

– Não dê nem um passo, moleque desgraçado! – retrucou meu senhor.

A criança se aproximou de mim e me abraçou, como se quisesse me proteger. Aquilo foi demais para a ira do meu senhor. Ele agarrou o menino e o atirou para o outro lado da sala. Achei que meu filho estava morto e corri para pegá-lo.

– Não saia daí! – mandou o doutor. – Deixe o moleque ali, largado, até acordar.

– Me solta! Me solta! – gritei. – Se não soltar, vou derrubar a casa inteira!

Eu lutei e consegui me soltar, mas o doutor me segurou de novo. Alguém abriu a porta, e ele me soltou. Peguei meu filho desfalecido e, quando me virei, meu algoz tinha desaparecido. Eu me debrucei sobre o corpinho inerte, ansiosa, olhando aquela criança tão pálida e imóvel... Quando seus olhos castanhos finalmente se abriram, não sei se fiquei muito feliz. As antigas perseguições do médico recomeçaram. Ele visitava de manhã, ao meio-dia e à noite. Nunca nenhum amante ciumento vigiou um rival tão de perto quanto aquele homem me vigiava e ao dono de escravos desconhecido, com quem me acusou de estar mancomunada. Quando vovó estava fora do caminho, ele vasculhava todos os cômodos atrás desse tal homem.

Em uma de suas visitas, encontrou por acaso uma jovem que ele mesmo vendera a um mercador alguns dias antes. Segundo ele, vendera a moça porque estava próxima demais do feitor. A jovem levara uma vida amarga sob o jugo do doutor e estava feliz por ser vendida. Não tinha mãe nem familiares próximos; tinha sido arrancada da sua família anos antes. Alguns amigos tinham se juntado para garantir a segurança dela, pedindo ao mercador para que a deixasse passar com eles o tempo entre a venda e a coleta da mercadoria humana. Era raro um mercador conceder um favor desses. A permissão poupava as despesas com alimentação e estadia na prisão e, embora a quantia fosse pequena, pesava bastante para um mercador de escravos.

O dr. Flint sempre teve aversão a encontrar escravos depois de vendê-los. Ele ordenou que Rose saísse da casa, mas não era mais senhor dela, que não lhe deu bola. Foi a primeira vez que Rose, tão humilhada, prevaleceu. Os olhos cinzentos do doutor faiscaram de raiva, mas essa era a extensão de seu poder.

– Como essa garota veio parar aqui? – inquiriu o médico. – Que direito você tinha de permitir que ela viesse para cá, sabendo que eu a vendi?

– Esta é a casa da minha avó, e Rose veio visitar – respondi. – Não tenho o direito de expulsar ninguém que venha aqui por motivos honestos.

Eu recebi o golpe que teria sido de Rose, se ela ainda fosse escrava do doutor. As vozes elevadas tinham chamado atenção da minha avó, que entrou a tempo de ver um segundo golpe sendo desferido. Ela não era o tipo de mulher que permitia que um ultraje desses passasse sem repreensão, ainda mais na sua própria casa. O médico começou a explicar que eu tinha sido insolente. A indignação da minha avó foi crescendo, até que enfim transbordou em palavras:

– Saia da minha casa! – gritou. – Vá para a sua casa, cuide da sua esposa e dos seus filhos, que aí o senhor já terá trabalho o bastante sem precisar cuidar da minha família.

O doutor jogou o nascimento de meus filhos na cara dela, acusando-a de permitir a vida que eu estava levando. Vovó disse que eu só estava morando lá por causa da esposa dele, e que o doutor não tinha como me acusar, sendo ele mesmo o culpado. Ele é quem tinha causado todos aqueles problemas. Ela estava cada vez mais exaltada.

– E vou lhe dizer uma coisa, doutor! Não lhe restam muitos anos de vida, então é melhor se dedicar às suas orações. O senhor vai precisar rezar muito, muito mais que o normal para lavar a sujeira da sua alma.

– Você sabe com quem está falando!? – gritou o dr. Flint.

– Sim – respondeu vovó –, sei muito bem com quem estou falando.

Ele saiu da casa furioso. Eu me virei para minha avó, e nossos olhos se encontraram. A raiva tinha desaparecido, mas ela parecia triste e cansada. Estava cansada de tanta luta. Fiquei me perguntando se aquilo não diminuía seu amor por mim. Bem, se diminuía, ela nunca demonstrou. Sempre foi boa, sempre solidária com meus problemas. Aquela casa humilde teria sido cheia de paz e de contentamento, não fosse a Escravidão, aquele demônio.

O inverno passou sem que o doutor nos incomodasse. Logo veio a bela primavera. E, quando a natureza retoma sua beleza, a alma humana também pode reviver. Minhas esperanças enfraquecidas voltaram à vida junto das flores. Eu já estava sonhando outra vez com a liberdade; e mais pelo bem dos meus filhos do que por mim. Fiz muitos e muitos planos. Os obstáculos entravam no caminho, e parecia não haver como superá-los. Mas, ainda assim, eu tinha esperanças.

Enfim o médico voltou, sempre ardiloso. Eu não estava em casa quando ele chegou. Uma amiga tinha me convidado para uma reuniãozinha e, para agradá-la, acabei indo. Para minha grande consternação, um mensageiro chegou correndo para avisar que o dr. Flint estava com minha avó e que insistia em me ver. Não tinham contado a ele sobre o meu paradeiro, ou o doutor teria aparecido na festinha para criar confusão. Me entregaram um xale escuro, que joguei por cima da cabeça antes de correr para casa. A velocidade não me salvou; o doutor tinha ido embora com raiva. Fiquei a noite toda com medo do amanhecer, mas não tinha como atrasar as horas. O dia nasceu, quente e brilhante. O doutor veio cedo e me perguntou onde eu estava na noite anterior. Eu respondi. Ele não acreditou e mandou alguém até a casa da minha amiga para apurar os fatos. Então voltou, à tarde, para contar que ficara satisfeito por eu ter falado a verdade. Parecia estar com disposição para piadinhas, e fiquei esperando algumas zombarias.

– Bem, imagino que você precise mesmo de alguma distração – comentou ele. – Mas fico surpreso por ver você entre aqueles negros. Ali não é lugar para *você*. Por acaso você tem *permissão* de visitar essas pessoas?

Notei que era um ataque disfarçado contra o cavalheiro branco que era meu amigo, mas simplesmente respondi:

– Fui visitar uns amigos. Qualquer companhia deles é boa o suficiente para mim.

– Tenho visto você pouco nesses últimos dias – continuou o doutor. – Mas meu interesse não mudou. Fui muito precipitado quando disse que não teria mais misericórdia. Ainda lembro bem das minhas palavras. Linda, você quer a liberdade para você e seus filhos, mas só pode conquistar essa liberdade por meu intermédio. Se concordar com o que estou prestes a propor, vocês serão livres. Não quero nenhuma comunicação de qualquer tipo entre você e o pai dessas crianças. Vou encontrar uma cabana, onde você pode morar com suas crianças. O trabalho será leve, como costurar para minha família. Pense no que estou oferecendo, Linda: um lar e liberdade! Deixe o passado para trás. Se fui duro às vezes, é porque sua teimosia me levou a isso. Você sabe que exijo obediência até mesmo dos meus próprios filhos, e ainda considero você uma criança.

Ele fez uma pausa, esperando resposta, mas eu permaneci em silêncio.

– Por que você não fala nada? – indagou ele. – O que mais você espera de mim?

– Nada, senhor.

– Então aceita a minha oferta?

– Não, senhor.

A raiva estava prestes a explodir, mas ele conseguiu se conter antes de responder:

– Você respondeu sem pensar. Mas quero que saiba que há dois lados nessa minha proposta. Se rejeitar o lado bom, será obrigada a aceitar o ruim. Você precisa aceitar minha oferta, ou será enviada junto dos seus filhos para a *plantation* do meu filho, e lá vai permanecer até que a sua jovem senhora se case. E seus filhos terão o mesmo destino que as outras crianças negras. Você tem uma semana para pensar.

Ele era astuto, mas eu sabia que não era confiável. Respondi que estava pronta para dar minha resposta naquele mesmo momento.

– Não vou ouvir agora. – Você sempre age por impulso. Não esqueça que você e seus filhos podem ficar livres daqui a uma semana, dependendo da sua escolha.

Ah, de que escolha monstruosa dependia o destino de meus filhos! Eu sabia que a oferta era uma armadilha e que, se caísse nela, seria impossível fugir. Quanto à promessa, eu o conhecia bem o bastante para saber, com toda a certeza, que, se ele me desse os papéis de liberdade, estariam manipulados de modo a não ter valor legal. A alternativa era inevitável, e eu resolvi ir para a *plantation*. Então pensei em como estaria completamente sob seu poder, e a perspectiva era terrível. Mesmo se eu me ajoelhasse diante dele e implorasse que me poupasse, pelo bem de meus filhos, sabia que seria empurrada para longe com um chute, e que minha fraqueza seria o seu triunfo.

Antes que a semana acabasse, ouvi dizer que o jovem sr. Flint estava para se casar com uma senhora da mesma linhagem. Já podia prever a posição que eu ocuparia em seu estabelecimento. Certa vez, fui mandada para a fazenda para ser punida, mas o doutor tinha tanto medo do filho que me mandou voltar pouco depois. Eu estava decidida: iria frustrar meu senhor e salvar meus filhos, ou morreria tentando. Mantive meus planos em segredo – sabia que amigos tentariam me dissuadir, e não queria ferir seus sentimentos rejeitando os conselhos.

No dia decisivo, o doutor veio e disse que esperava que eu tivesse feito uma escolha sábia.

– Estou pronta para ir para a *plantation*, senhor – respondi.

– Já pensou no peso que essa decisão terá para os seus filhos? – retrucou ele.

Eu respondi que sim.

– Muito bem. Então vá para a *plantation*, e minha maldição vai junto. Seu menino vai começar a trabalhar e logo será vendido. E a menina será criada com o propósito de ser bem vendida. Faça como quiser!

Ele saiu da sala junto de uma torrente de palavrões que não vou repetir.

Eu ainda estava ali, plantada, quando minha avó veio e perguntou:

– Linda, minha filha, o que você disse a ele?

Respondi que estava indo para a *plantation*.

– Você precisa mesmo ir? Não temos como impedir isso?

Eu expliquei que era inútil tentar, mas me implorou para que eu não desistisse. Disse que iria falar com o doutor, tentar lembrá-lo de como ela servira à família dele por tanto tempo, sempre tão fiel. De como tirara o próprio bebê do seio para nutrir a esposa dele. Diria que eu estava fora da família havia tanto tempo que não sentiriam minha falta, que ela pagaria pelo meu tempo, e o dinheiro proporcionaria uma mulher com mais forças para o trabalho. Implorei a ela que não fosse, mas vovó insistiu, dizendo:

– Ele vai *me* ouvir, Linda.

Ela foi e foi tratada como eu imaginava. O doutor ouviu friamente, mas negou seu pedido. E disse que estava fazendo aquilo para o meu bem, que eu me sentia acima da situação e que, na fazenda, receberia um tratamento adequado para o meu comportamento.

Vovó estava muito abatida. Eu tinha minhas esperanças secretas, mas precisava lutar minha batalha sozinha. Ainda tinha meu orgulho de mulher e meu amor de mãe e resolvi que, da escuridão daquela hora, surgiria um amanhecer mais brilhante para eles. Meu mestre tinha o poder e a lei ao seu lado. Eu tinha vontade e determinação. Há força em cada um desses elementos.

Cenas na *plantation*

Bem cedo, na manhã seguinte, deixei vovó com meu filho mais novo. O menino estava doente, e eu o deixei para trás. Tive muitos pensamentos tristes enquanto a velha carroça sacolejava pelo caminho. Até então, eu tinha sofrido sozinha. Agora, minha filhinha também seria tratada como escrava. A carroça foi se aproximando da casa-grande, e eu me lembrei de quando tinha sido enviada para lá por vingança. Fiquei me perguntando por que teria sido enviada daquela vez. Não sabia. Resolvi obedecer às ordens na medida em que o dever exigisse; mas, dentro de mim, decidi encurtar aquela estadia o máximo possível. O sr. Flint filho estava esperando para nos receber e me disse para segui-lo escada acima, para receber as ordens do dia. Minha pequena Ellen foi deixada lá embaixo, na cozinha. Foi uma mudança enorme para ela, que até então sempre fora tratada com muito carinho. Meu jovem mestre disse que a menina poderia ficar brincando no quintal – o que foi gentil da parte dele, já que era uma criança tão odiosa de seu ponto de vista. Minha tarefa era preparar a casa para a recepção da noiva. Em meio a lençóis, toalhas de mesa, toalhas, cortinas e carpetes, minha cabeça ficou tão ocupada com meus planejamentos quanto meus dedos se ocupavam com a agulha. Ao meio-dia, tive permissão de ver Ellen, que chorou até dormir.

Ouvi o sr. Flint dizer a um vizinho:

– Trouxe a escrava para cá, daqui a pouquinho arranco essas ideias da cidade da cabeça dela. Meu pai também tem culpa por essas tolices. Deveria ter domado essa garota já faz muito tempo.

O comentário foi feito de onde eu podia ouvir, e a atitude teria sido bem viril se ele tivesse dito tudo na minha cara. Mas o jovem senhor *tinha* dito coisas na minha cara; coisas que poderiam ou não ter surpreendido o vizinho, se ele as ouvisse. Filho de peixe, peixinho é.

Resolvi não dar motivos para que ele me acusasse de me comportar com qualquer superioridade no que dizia respeito ao trabalho. Trabalhei dia e noite junto da miséria que se estendia diante de mim. Quando me deitava ao lado da minha filha, pensava que seria mais fácil vê-la morrer do que sendo espancada pelo senhor, que diariamente espancava outras crianças. O espírito das mães estava tão esmagado pelo açoite que elas ficavam ali ao lado, sem coragem de protestar. Quanto mais aguento sofrer antes de acabar assim, tão "quebrada"?

Queria parecer o mais satisfeita possível. Às vezes, tinha a oportunidade de enviar uma carta pequena para casa, o que trazia memórias e dificultavam, ao menos por um tempo, a tarefa de parecer calma e indiferente ao meu destino. Apesar dos meus esforços, vi que o sr. Flint filho me olhava com desconfiança. Ellen não suportava as provações daquela nova vida. Separada de mim, sem ninguém para olhar por ela, a menina vagava pela propriedade. Em poucos dias, chorou até cair doente. Um dia, minha menininha sentou-se debaixo da janela onde eu estava trabalhando e lá ficou, chorando aquele choro de cansaço que faz sangrar o coração de uma mãe. Fui obrigada a suportar sem fazer nada. Depois de um tempo, o choro cessou. Olhei para fora, e ela não estava mais lá. Como era quase meio-dia, arrisquei descer para ver como estava. A casa-grande tinha sido construída quase meio metro acima do solo, e, quando olhei sob as fundações, foi lá que a encontrei, dormindo profundamente logo abaixo da casa. Eu me arrastei ali embaixo e a tirei de lá. Enquanto a segurava em meus braços, pensei em como seria bom para minha menina se ela nunca mais acordasse, e acabei expressando o pensamento em voz alta. Levei um susto ao ouvir uma resposta:

– Falou comigo?

Ergui os olhos e vi o sr. Flint parado ao meu lado. Ele não disse mais nada, apenas se virou, carrancudo, e foi para longe. Naquela noite, mandou um biscoito e uma xícara de leite adoçado para Ellen. A generosidade me surpreendeu. Depois, fiquei sabendo que, à tarde, meu novo senhor tinha matado cobra enorme que rastejara para baixo da casa, e suponho que o incidente tenha provocado aquele gesto de bondade tão incomum.

Na manhã seguinte, a velha carroça foi carregada com telhas que iriam para a cidade. Coloquei Ellen na carroça e a mandei para a avó. O sr. Flint protestou, dizendo que eu deveria ter pedido a sua permissão. Eu expliquei que a criança estava doente e que precisava de uma atenção que eu não tinha tempo de dar. Ele deixou passar, pois sabia que eu tinha trabalhado muito em bem pouco tempo.

Eu estava na fazenda havia três semanas quando planejei uma visita para casa. Teria que ser à noite, depois que todos estivessem na cama. A *plantation* ficava a dez quilômetros da cidade, e a estrada era muito escura. Eu iria junto de um jovem que, pelo que eu sabia, ia sempre à cidade visitar a mãe. Uma noite, quando tudo estava quieto, saímos. O medo deu velocidade aos passos, e não demoramos no caminho. Eu cheguei à casa da minha avó. O quarto dela ficava no primeiro andar, e a janela estava aberta por causa do tempo quente. Chamei por ela, que acordou e me deixou entrar, fechando a janela para que nenhum passante noturno me visse. Trouxeram uma lamparina, e toda a família se reuniu ao meu redor, alguns sorrindo, outros chorando. Fui ver meus filhos e agradeci a Deus por seu sono feliz. As lágrimas caíram quando me debrucei sobre as crianças. Quando estava saindo do quarto, Benny se mexeu. Eu me virei e sussurrei:

– Mamãe está aqui.

Depois de esfregar os olhos com os punhos pequeninos, ele abriu os olhos e se sentou na cama, olhando para mim com curiosidade. Quando enfim se convenceu de que era mesmo eu, perguntou:

– Oi, mamãe! Você não morreu, morreu? Não cortaram sua cabeça na fazenda, né?

Meu tempo lá acabou rápido demais, e meu guia já esperava por mim. Coloquei Benny de volta na cama e sequei suas lágrimas com a promessa de voltar em breve. Refizemos nossos passos de volta bem depressa. Mais ou menos no meio do caminho, encontramos uma patrulha com quatro vigias. Por sorte, ouvimos os cavalos antes que os homens aparecessem na estrada e tivemos tempo de nos esconder atrás de uma grande árvore. Os homens passaram, berrando daquele jeito de quem andou bebendo, e ficamos gratos por não estarem com seus cães! Aceleramos o passo e, quando chegamos à fazenda, ouvimos o moinho manual. Os escravos já moíam o milho do desjejum. Já estávamos em casa e a salvo quando soou a corneta, convocando todos para o trabalho. Dividi minha pequena porção de comida com meu guia, sabendo que ele perdera a chance de moer seu milho e que trabalharia o dia todo no campo.

O sr. Flint inspecionava a casa para ver se ninguém estava ocioso. A administração de todo o trabalho ficou sob minha responsabilidade, já que o homem não sabia nada sobre as necessidades domésticas e, em vez de contratar um capataz, se contentou com meus arranjos. Ele abordara os pais várias vezes antes, insistindo que precisava me receber na *plantation* para cuidar dos negócios e fazer roupas para os escravos, mas o velho o conhecia bem demais para consentir com o arranjo.

Quando eu já estava na fazenda havia um mês, a tia-avó do sr. Flint foi visitá-lo. Era a boa velhinha que pagara cinquenta dólares pela minha avó no leilão, apenas para garantir sua liberdade. Vovó amava essa senhora, a quem todos chamávamos de srta. Fanny. A mulher sempre ia tomar chá conosco. Nessas ocasiões, a mesa era coberta com uma toalha branca como a neve, e usávamos as xícaras de porcelana e colheres de prata do antigo bufê, e servíamos bolinhos quentes, biscoitos de chá e doces deliciosos. Vovó tinha duas vacas, e seu creme de leite fresco era o deleite da srta. Fanny, que sempre declarava ser o melhor da cidade. As velhas senhoras tinham momentos agradáveis juntas. Trabalhavam e conversavam; e, às vezes, enquanto conversavam sobre os velhos tempos, os óculos ficavam borrados de lágrimas e tinham que ser enxugados. Quando a srta. Fanny se despedia, a bolsa ia cheia dos melhores bolos da vovó, que sempre pedia a ela para não demorar a voltar.

Houve um tempo em que a esposa do dr. Flint também ia tomar chá conosco, e seus filhos também eram enviados para um belo banquete da "Tia Marthy". Mas, depois que me tornei objeto de seu rancor e ciúme, a raiva da senhora se estendeu para a minha avó, por dar abrigo para mim e para meus filhos. A mulher nem sequer falava com vovó na rua, o que feriu os sentimentos dela, que não conseguia guardar rancor contra a mulher que, quando bebê, alimentara do próprio peito. Se pudesse, minha senhora teria acabado com o nosso relacionamento com a srta. Fanny, mas a mulher por sorte não dependia da generosidade dos Flint. A velha senhora tinha o suficiente para ser independente; e isso é mais do que se pode obter com a caridade, por mais generosa que seja.

Eu tinha muitas lembranças queridas da srta. Fanny e fiquei feliz em vê-la na *plantation*. O calor de seu coração grande e leal fazia a casa parecer mais agradável. Ela ficou uma semana, e tivemos muitas conversas. A srta. Fanny disse que seu principal objetivo era verificar como eu era tratada e se havia algo que poderia fazer por mim. Ela me perguntou se poderia ajudar de alguma forma, e eu respondi que não via como. A velha me consolou daquela sua maneira peculiar, dizendo que gostaria que eu e toda a família de vovó pudéssemos descansar quando chegasse ao túmulo, pois só então saberia que estaríamos em paz. A boa e velha alma nem sonhava dos meus planos de lhe conceder essa paz, ao menos no que dizia respeito a mim e a meus filhos. E não pela morte, mas assegurando nossa liberdade.

Percorri várias vezes aqueles vinte quilômetros indo e voltando da cidade. Durante o caminho, ia pensando em algum meio de fuga para mim e as crianças. Meus amigos empregaram todos os esforços que a engenhosidade poderia inventar para garantir nossa compra, mas todos os planos fracassaram. O dr. Flint estava desconfiado e determinado a não afrouxar o controle. Eu poderia ter escapado se decidisse ir sozinha. Mas, mais por meus filhos indefesos do que por mim, eu ansiava pela liberdade. Embora a ideia de ser livre fosse muito preciosa, acima de qualquer preço, eu não a aceitaria à custa de deixar minhas crianças na escravidão. Cada provação que suportei e cada sacrifício que fiz foi por eles, e só os colocava ainda mais fundo no meu coração e renovava minha coragem para vencer as ondas escuras que se abatiam sobre mim naquilo que parecia uma noite interminável de tempestade.

Já estava quase no fim do período de seis semanas para que a noiva do sr. Flint assumisse o comando de seu novo lar. Os preparativos foram concluídos, e o sr. Flint disse que eu tinha me saído muito bem. Planejava viajar no sábado e voltar com a esposa na quarta-feira seguinte. Depois de receber várias ordens, arrisquei-me a pedir permissão para passar o domingo na cidade. O direito foi concedido, e fiquei agradecida pelo favor. Foi a primeira vez que lhe pedi qualquer coisa, e esperava que fosse a última. Precisava de mais de uma noite para dar cabo do projeto em que estava trabalhando, mas um domingo inteiro seria suficiente. Passei o dia de descanso com vovó, e nunca houve dia mais calmo e bonito, um espelho do Paraíso. Para mim, foi um dia de emoções conflitantes. Talvez fosse o último que eu passaria sob aquele velho teto, tão querido! Talvez essas fossem as últimas conversas que eu teria com vovó, minha amiga fiel de toda a vida! Talvez fosse a última vez que eu e meus filhos estaríamos juntos! *Bem, melhor assim*, pensei, *do que eles serem escravos*. Eu conhecia bem a desgraça que aguardava minha linda menina e decidi salvá-la da escravidão ou morrer tentando. Fui fazer esse voto diante das sepulturas de meus pobres pais, no cemitério dos escravos. "Ali os maus cessam de perturbar; e ali repousam os cansados. Ali os presos juntamente repousam, e não ouvem a voz do exator. Ali está o pequeno e o grande, e o servo livre de seu senhor." Ajoelhei-me junto ao túmulo dos meus pais e agradeci a Deus, como sempre fizera, por eles não terem vivido para testemunhar minhas provações ou lamentar meus pecados. Minha mãe me repassara sua bênção antes de morrer, e muitas vezes, nas horas de provação, eu parecia ouvir sua voz. Às vezes me repreendia, às vezes sussurrava palavras de amor para meu coração ferido. Já derramei muitas lágrimas amargas pensando que, quando me afastasse dos meus filhos, eles não terão como lembrar de mim com tanta satisfação quanto eu lembrava da minha mãe.

O cemitério ficava na floresta, e o crepúsculo irrompia no céu. Nada quebrava a quietude mortal, exceto aqui e ali o gorjeio de um pássaro. Meu espírito se imbuiu da solenidade daquela cena. Frequentei aquele lugar por mais de dez anos, mas nunca me parecera tão sagrado. Um toco preto no topo do túmulo de minha mãe era tudo o que restava de uma árvore que meu pai plantara lá. O túmulo dele estava marcado com uma pequena placa de madeira com seu nome, as letras já quase apagadas. Eu me ajoelhei e beijei o toco e a tábua, então rezei, pedindo a Deus orientação e apoio no caminho perigoso que estava prestes a tomar. Quando passei pelos destroços da antiga igreja, onde os escravos tinham permissão para se reunir em adoração, antes de Nat Turner, pareceu que eu ouvia a voz de meu pai vindo dali, mandando que eu não me demorasse para conquistar a liberdade ou a cova. Segui em frente com esperança renovada. Minha confiança em Deus estava fortalecida depois daquela oração junto aos túmulos.

O plano era eu me esconder na casa de um amigo e permanecer lá por algumas semanas, até que as buscas terminassem. Tinha a esperança de que o médico desistisse e, por medo de perder meu valor e de posteriormente descobrir que meus filhos também tinham desaparecido, consentisse em nos vender. E eu sabia que alguém nos compraria. Fiz tudo o que podia para que meus filhos ficassem confortáveis durante o tempo em que ficaríamos afastados. Estava arrumando minhas coisas quando vovó entrou na sala e perguntou o que eu estava fazendo.

– Estou colocando minhas coisas em ordem – respondi. Tentei parecer animada, mas seu olhar sempre vigilante detectou algo abaixo da superfície.

Vovó me puxou para perto e pediu que eu me sentasse. Então, olhou para mim com seriedade e perguntou:

– Linda, você quer matar sua velha avó? Pretende abandonar seus filhos pequenos e indefesos? Estou velha demais, não posso fazer pelos seus filhos como fiz por você.

Respondi que, se eu fosse embora, talvez o pai pudesse garantir a liberdade deles.

– Ah, minha filha – respondeu vovó. – Não confie muito nele. Fique junto dos seus filhos e sofra com eles até a morte. Ninguém respeita uma mãe que abandona sua prole. E, se você os deixar, nunca mais terá um momento de felicidade. Se for embora, vai me deixar infeliz pelo pouco tempo que ainda tenho de vida. Você será capturada e trazida de volta, e o sofrimento será terrível. Não esqueça do pobre Benjamim. Desista, Linda. Tente aguentar um pouco mais. As coisas podem acabar melhor do que esperamos.

Minha coragem falhou quando notei a dor que causaria àquele velho coração, tão fiel e amoroso. Prometi que tentaria aguentar mais tempo e que não tiraria nada daquela casa sem que ela soubesse.

Sempre que as crianças subiam nos meus joelhos ou deitavam a cabeça no meu colo, ela dizia:

– Ah, coitadinhos! O que fariam sem sua mãe? Ela não ama vocês como eu.

E os abraçava junto ao peito, como se me censurasse por falta de afeto. Mas ela sabia que eu os amava mais do que a minha própria vida. Dormi com vovó naquela noite, e foi a última vez. A memória disso me assombrou por muitos anos.

Na segunda-feira, voltei para a fazenda e me ocupei com os preparativos para o grande dia. Quarta-feira chegou. Era um dia lindo, e a alegria iluminava os rostos dos escravos como um sol. As pobres criaturas estavam felizes. Esperavam presentinhos da nova senhora e torciam para que sua administração trouxesse tempos melhores. Eu não tinha essa esperança. Sabia que as jovens esposas dos donos de escravos costumavam pensar que sua autoridade e importância seriam mais bem estabelecidas e mantidas com a crueldade. E o que eu tinha ouvido da jovem sra. Flint não me dava motivos para esperar que comandasse os escravos de forma menos severa do que o marido ou o capataz. A verdade é que a raça negra é o povo mais alegre e misericordioso da Terra. Os senhores só dormem em segurança devido à grandeza de coração dos escravos, e ainda assim, ao vê-los sofrendo, sentem menos pena que teriam de um cavalo ou um cachorro.

Fiquei junto à porta com os outros para receber os recém-casados. A noiva era uma garota bonita e delicada, e seu rosto corou de emoção ao ver o novo lar. Devia estar pensando no futuro feliz que a aguardava. Isso me entristeceu; eu sabia como as nuvens viriam rápido para cobrir o sol daquela esperança. Ela examinou toda a casa e me disse que estava encantada com os arranjos que fiz. Tive medo de que a velha sra. Flint tivesse tentado instigar a nora contra mim, então fiz de tudo para agradá-la.

Tudo correu bem até a hora do jantar. Foi a primeira vez na vida que não estava incomodada de servir o jantar, pois sofria com a perspectiva de encontrar o doutor e sua esposa, que estariam entre os convidados. Para mim, era um mistério por que a sra. Flint não aparecera na fazenda durante todo o tempo em que eu estava preparando a casa. Não nos víamos pessoalmente havia cinco anos, e eu continua sem vontade de vê-la. Era uma mulher de fé e sem dúvida considerava minha posição atual uma resposta às suas preces. Nada a deixaria mais feliz do que me ver humilhada. Eu estava exatamente onde ela me queria: sob o jugo de um mestre cruel e sem princípios. A sra. Flint não falou comigo quando se sentou à mesa, mas o sorriso extremamente satisfeito e triunfante que abriu quando lhe entreguei o prato foi mais eloquente que qualquer palavra. O velho doutor não foi tão discreto; ele me deu ordens a torto e a direito e deu uma ênfase peculiar quando disse "sua *senhora*". Minha provação foi a mesma de um soldado. Fui posta à prova como um soldado desertor. Quando tudo acabou e a última chave foi girada, caí no meu travesseiro agradecendo a Deus por ter designado um período de descanso para os exaustos.

No dia seguinte, minha nova senhora começou a cuidar da casa. Não recebi a função oficial de criada, mas fazia tudo o que me mandassem. Chegou a noite de segunda-feira. Era sempre uma época agitada. Naquela noite, os escravos recebiam a ração semanal de comida: um quilo e meio de carne, dez quilos de milho e talvez uns dez arenques para cada homem. As mulheres recebiam meio quilo de carne, dez quilos de milho e a mesma quantidade de arenques. As crianças com mais de doze anos levavam metade do que era dado às mulheres. A carne era cortada e pesada pelo feitor da *plantation* e empilhada em tábuas na frente do defumadouro. Então, um segundo feitor ficava na parte de trás do defumadouro e, quando o primeiro gritava: "Quem leva este pedaço?", ele respondia um nome. Esse método era empregado para evitar que escolhessem seus favoritos para as melhores carnes. A jovem senhora saiu para ver como se faziam as coisas na fazenda e não demorou a dar um exemplo de seu caráter. Entre os que aguardavam a comida estava um escravo muito velho, que servira fielmente à família Flint durante três gerações. Quando ele se aproximou, mancando, para pegar seu pedaço de carne, a patroa disse que ele estava velho demais para receber carne. Que, quando os pretos ficam velhos demais para trabalhar, devem ser alimentados com capim. Ah, pobre do velho! Sofreu muito antes de ter o descanso da sepultura.

Minha senhora e eu nos dávamos muito bem. No final de uma semana, a velha sra. Flint nos fez outra visita e ficou muito tempo fechada com a nora. Eu tinha minhas suspeitas sobre o assunto da conversa. A esposa do velho doutor tinha sido informada de que eu poderia deixar a *plantation* se aceitasse alguma condição e desejava muito me manter por lá. Se tivesse depositado em mim a confiança que eu merecia, não teria medo de que eu pudesse aceitar essa condição. Quando entrou na carruagem para voltar para casa, ela disse à jovem sra. Flint:

– Não se esqueça de mandar buscar os dois o mais rápido possível.

Meu coração estava vigilante, e na mesma hora compreendi que ela falava dos meus filhos. O doutor veio no dia seguinte e, quando entrei na sala para botar a mesa de chá, eu o ouvi dizer:

– Não espere mais. Mande buscar os dois amanhã.

Compreendi o plano. Achavam que meus filhos me acorrentariam àquele lugar, que achavam bom para nos obrigar a aceitar a submissão da condição de escravos. Depois que o doutor foi embora, chegou de visita um cavalheiro que sempre se mostrara simpático com minha avó e a família. O sr. Flint levou o sujeito pela *plantation*, querendo mostrar os resultados do trabalho daqueles homens e mulheres que não recebiam nada em troca, que vestiam trapos miseráveis e passavam fome. Os dois só pensavam na safra de algodão, que foi devidamente admirada, e o cavalheiro voltou com amostras para exibir aos amigos.

Recebi ordens de levar água para que eles lavassem as mãos. Enquanto se lavava, o cavalheiro perguntou:

– E então, Linda, gosta da sua nova casa?

Eu respondi que gostava tanto quanto esperava gostar.

– Eles acham que você não está muito contente e amanhã trarão seus filhos para cá. Sinto muito, Linda. Espero que a tratem com bondade.

Saí correndo da sala, incapaz de agradecer pela informação. Minhas suspeitas estavam confirmadas. Meus filhos seriam levados para a *plantation* para serem "quebrados".

Até hoje sou grata ao senhor por ter me enviado esta informação em uma hora oportuna. Foi o que me impeliu a agir imediatamente.

A fuga

O sr. Flint não tinha muitos criados domésticos, então, para não me perder, acabou contendo a própria malícia. Segui me esforçando em meu trabalho, ainda que não de bom grado. Era evidente o medo da família de que eu os deixaria; o sr. Flint queria que eu passasse a dormir na casa-grande, em vez de na senzala. A senhora concordou com a proposta, mas determinou que eu não deveria trazer minha cama para a casa, já que o colchão espalharia penas no carpete. Quando aceitei ir, eu já sabia que ninguém lá se preocuparia em arranjar uma cama para mim e meus pequenos, então tinha levado minha própria cama, que agora estava proibida de usar. Fiz exatamente como foi mandado. Mas, agora que tinha certeza de que aquelas pessoas teriam poder sobre meus filhos, que usariam isso para exercer ainda mais seu poder sobre mim, decidi fugir naquela noite. Pensei na dor que isso traria para minha amada avó, e nada menos que a liberdade dos meus filhos me faria ir contra seus conselhos de não fugir. Terminei o trabalho da noite com passos trêmulos. O sr. Flint me chamou duas vezes, parado na porta de seus aposentos, para me perguntar por que a casa ainda não estava trancada. Respondi que ainda não tinha terminado o trabalho.

– Mas já teve tempo o bastante para terminar – retrucou ele. – E preste atenção em como fala comigo!

Fechei todas as janelas, tranquei todas as portas e subi para o terceiro andar, para esperar até a meia-noite. Ah, como essas horas pareceram longas. E com que fervor rezei a Deus para que não me abandonasse nessa hora de extrema necessidade! Estava prestes a arriscar tudo num lance de dados. E, se eu falhasse... Ah, o que seria de mim e dos meus filhinhos, coitadinhos? Eles teriam que sofrer por minha culpa.

Quando deu meia-noite e meia, desci as escadas na surdina. Parei no segundo andar, achando que tinha ouvido um barulho. Fui tateando até a sala de visitas e olhei pela janela. A noite era tão intensamente escura que eu não via nada. Ergui a janela bem devagar e levei um susto. Grandes gotas de chuva caíam do céu, e a escuridão era atordoante. Caí de joelhos e murmurei uma prece rápida, pedindo a Deus que me guiasse e protegesse. Fui abrindo caminho até a estrada e corri para a cidade quase na velocidade da luz. Cheguei na casa da minha avó, mas não me atrevia a chamar por ela. Vovó só diria algo como "Linda, assim você vai me matar", e eu sabia que ficaria sem forças para levar o plano adiante. Bati de leve na janela de um cômodo onde eu sabia que estava uma mulher que vivia naquela casa havia vários anos. Sabia muito bem que era uma amiga fiel em quem eu poderia confiar meu segredo. Tive que bater várias vezes até que ela ouvisse. Quando a janela enfim foi erguida, eu sussurrei:

– Sally, eu fugi. Me deixe entrar, rápido.

Ela abriu a porta depressa e começou a murmurar:

– Pelo amor de Deus, não faz isso, não. Sua vó tá tentando comprar você e as crianças. O sr. Sands passou aqui, semana passada. Disse pra ela que ia viajar a trabalho, mas que queria que ela continuasse com o plano de comprar você e as crianças e que ia ajudar como pudesse. Não fuja, Linda. Sua avó já tem problemas demais.

– Sally, amanhã vão levar meus filhos para a *plantation* – respondi. – E nunca vão vender minhas crianças para ninguém enquanto ainda tiverem poder sobre mim. Sabendo disso, você ainda acha que eu devia voltar?

– Não, minha filha, não acho, não. Quando eles souberem do seu sumiço, não vão mais querer trabalho com as crianças. Mas onde você vai se esconder? Eles já conhecem cada cantinho dessa casa.

Eu disse que tinha um lugar onde me esconder e que era melhor que ela não soubesse de mais nada. Pedi que ela entrasse no meu quarto logo que o sol nascesse e tirasse minhas roupas de lá, que as guardasse tudo no baú dela. Sabia que o sr. Flint e o delegado apareceriam lá bem cedo para fazer uma busca no meu quarto. Mesmo com medo de que ver minhas crianças pudesse ser demais pro meu coração, já tão pesado, eu não podia me lançar naquele futuro incerto sem uma última olhada. Eu me inclinei sobre a cama onde meu pequeno Benny dormia junto de Ellen, minha menininha. Coitadinhos! Sem pai nem mãe! Fui tomada por memórias do pai das minhas crianças. Ele queria ser bom com os filhos, mas aqueles pequeninos não eram tudo para ele, não da forma como eram tudo para mim, para o meu coração de mulher. Eu me ajoelhei e rezei por aquelas criancinhas inocentes que dormiam. Beijei o rostinho deles de leve, então dei as costas.

Estava prestes a abrir a porta da rua, quando Sally me segurou pelo ombro e perguntou:

– Linda, você vai sozinha, vai? Vou chamar o seu tio.

– Não, Sally – respondi. – Eu não quero arranjar problemas para ninguém.

Saí andando no escuro, na chuva. Corri até chegar à casa do amigo que iria me abrigar.

Bem cedo, na manhã seguinte, o sr. Flint foi à casa de minha avó perguntar por mim. Vovó disse que não tinha me visto e que imaginava que eu estivesse na *plantation*. O senhor examinou bem o rosto dela, estreitando os olhos, e perguntou:

– Sabe alguma coisa sobre essa fuga dela?

Vovó garantiu que não sabia de nada. O senhor continuou, dizendo:

– Ontem à noite ela fugiu sem nenhum motivo. Sempre a tratamos muito bem. Minha esposa gostava dela. Linda logo será encontrada e trazida de volta. As crianças estão aqui? – Quando descobriu que estavam, ele continuou: – Fico muito feliz em saber. Se as crianças estão aqui, ela não deve estar longe. Se eu souber que algum dos meus negros têm alguma coisa a ver com essa história, vai levar quinhentas chibatadas. – Ele saiu para ir visitar o pai, mas deu meia-volta e completou, tentando ser persuasivo: – Se Linda for trazida de volta, vai poder ter os filhos morando junto dela.

O velho doutor ficou furioso ao saber da fuga e explodiu em um ataque de raiva. Foi um dia ocupado para a família. A casa da vovó foi completamente revirada. Como meu baú estava vazio, todos concluíram que eu tinha levado minhas roupas na fuga. Antes das dez da manhã, cada navio de partida para o Norte tinha sido revistado, e a lei contra abrigar fugitivos foi lida para todos a bordo. À noite, botaram uma patrulha na cidade. Eu sabia como vovó devia estar angustiada e quis lhe enviar uma mensagem, mas não era possível. Cada pessoa que entrava ou saía da casa dela era vigiada de perto. O doutor anunciou que levaria minhas crianças, a não ser que vovó se responsabilizasse pelos pequenos, o que ela fez de bom grado, claro. O dia seguinte foi todo de buscas. Antes do cair da noite, foi colocado em cada esquina e em cada lugar público um anúncio em que se lia:

Recompensa: 300 dólares!

Fugida do dono, que assina este anúncio. Garota mulata, inteligente e esperta chamada Linda, 21 anos de idade. Um metro e sessenta de altura. Olhos escuros e cabelo preto com tendência a encaracolar, mas pode ser alisado. Tem uma mancha de cárie no dente da frente. Sabe ler e escrever e muito provavelmente tentará chegar aos Estados Livres. Todos estão proibidos, sob a pena da lei, de abrigar ou empregar esta escrava. Recompensa de 150 dólares oferecida a qualquer pessoa que a capturar dentro do estado, e de 300 dólares se for capturada fora do estado e entregue a mim ou enviada para a prisão.

Sr. Flint

Meses de perigo

A busca foi mantida com mais perseverança do que eu esperava. Comecei a pensar que escapar seria impossível. Estava muito preocupada com a chance de incriminar a amiga que me ajudava. Sabia que as consequências seriam pavorosas; por mais que tivesse medo de ser pega, parecia uma alternativa melhor do que causar o sofrimento a uma pessoa que só me ajudou. Tinha passado uma semana de um suspense terrível, e meus perseguidores tinham chegado tão perto que eu tive a certeza de que haviam rastreado meu esconderijo. Saí correndo da casa e me escondi em um trecho de árvores e arbustos densos, ficando lá, em agonia, por duas horas de pavor. De repente, um réptil qualquer agarrou minha perna. No susto, desferi um golpe que fez o aperto ceder, mas não sabia dizer se a criatura tinha ou não morrido. Estava tão escuro que eu não conseguia nem descobrir o que era, só sei que era um corpo frio e pegajoso. A dor da mordida indicava que a criatura era venenosa, e tive que sair daquele esconderijo temporário e voltar para a casa onde estava abrigada. A dor estava intensa, e minha amiga se assustou com a angústia estampada em meu rosto. Pedi a ela que preparasse um cataplasma de cinzas quentes e vinagre, que apliquei à perna já muito inchada. O emplastro trouxe algum alívio, mas o inchaço não diminuiu. O pavor de ficar aleijada era bem maior do que a dor. Minha amiga foi consultar uma velha curandeira que tratava dos escravos, perguntando o que era bom para picada de cobra ou de lagarto. A mulher mandou deixar algumas moedas de molho no vinagre durante a noite e então aplicar a solução na área inflamada[6].

Com muito cuidado, eu tinha conseguido enviar algumas mensagens para os meus parentes. Todos tinham sido ameaçados e tratados com muita brutalidade e, desesperados com minhas chances nessa fuga, me aconselharam a voltar para o meu senhor, pedir perdão e permitir que ele me fizesse de exemplo. Mas esses conselhos não me convenceram. Quando comecei essa empreitada tão arriscada, estava resolvida a não voltar atrás, não importava o que pudesse acontecer. "Quero a liberdade, ou quero a morte", esse era o meu lema. Quando minha amiga conseguiu contar a meus parentes sobre a situação em que eu estava, naquela dor extrema pelas últimas vinte e quatro horas, eles não sugeriram mais que eu voltasse para o meu senhor. Algo precisava ser feito, e rápido, mas minha família não sabia a quem recorrer. Deus, sempre misericordioso, fez aparecer uma amiga neste momento de necessidade.

Entre as damas com quem vovó se relacionava havia uma senhora que a conhecia desde a infância e que sempre tinha sido muito simpática. A mulher também conhecia minha mãe e os filhos e tinha interesse de saber como estávamos. Durante esta situação de crise, ela apareceu para visitar minha avó, o que não era incomum. A mulher notou a expressão triste de vovó e perguntou se ela sabia do paradeiro

---

[6] O veneno de uma cobra é um ácido poderoso que pode ser neutralizado por soluções alcalinas potentes, como pedras de potassa, amônia, etc. Os nativos americanos têm o costume de usar uma mistura de cinza com água ou mergulhar o local da mordida em preparos bem fortes. Os homens brancos que trabalham na construção de vias férreas em locais onde há muitas cobras em geral carregam frascos de amônia para usar como antídoto. (Nota da primeira edição).

de Linda, e se a jovem estava segura. Minha avó balançou a cabeça, sem responder.

– Ora, tia Martha, conte para mim – pediu a gentil senhora. – Talvez eu possa fazer alguma coisa para ajudar.

O marido dessa senhora tinha muito escravos, além de comercializar escravos. Ela própria tinha alguns em seu nome, mas os tratava com muita bondade e nunca permitiria que nenhum deles fosse vendido. Não era como a maioria das esposas de senhores de escravos. Vovó olhou bem para ela, e algo em sua expressão a incentivava a confiar na senhora. Vovó confiou. A senhora ouviu os detalhes da minha história com atenção, depois ficou um tempo pensativa. Por fim, disse:

– Tia Martha, que pena que tenho de vocês duas. Se você acha que existe alguma chance de Linda chegar aos Estados Livres, posso escondê--la por um tempo. Mas primeiro preciso que você jure solenemente que meu nome nunca será mencionado. Uma coisa dessas arruinaria a mim e à minha família. Ninguém na minha casa pode saber, exceto a cozinheira, uma mulher tão fiel que eu confiaria minha própria vida a ela, e sei que gosta da Linda. É um grande risco, mas acredito que não acontecerá nada de ruim. Mande depressa um aviso para Linda, para que ela esteja pronta logo que escurecer, antes de as patrulhas saírem. Vou mandar as criadas cuidarem de alguns assuntos, e Betty vai até Linda.

Foi combinado um lugar onde nos encontraríamos. Minha avó não conseguiu agradecer pela nobre ajuda da senhora. Vovó foi tomada pelas emoções e caiu de joelhos, chorando como uma criança.

Recebi a mensagem para sair da casa da minha amiga na hora combinada e ir a um lugar onde uma amiga estaria esperando. Por questão de prudência, nenhum nome foi mencionado. Eu não tinha como tentar adivinhar quem eu encontraria ou para onde iria. Não gostava de avançar assim, às cegas, mas não tinha escolha. Não me ajudaria de nada permanecer onde estava. Eu me disfarcei, juntei coragem para enfrentar o pior e fui para o local combinado. Minha amiga, Betty, estava lá; a última pessoa que eu esperava ver. Andamos depressa, em silêncio. A dor na perna era tão intensa que eu sentia que ia cair, mas o medo me deu forças. Chegamos à casa e entramos sem sermos vistas. As primeiras palavras de Betty foram:

– Ah, querida, você tá segura agora. Esse demônio não vai querer procurar *nessa* casa. Depois que você for pro esconderijo da sinhá, vou levar uma comida quentinha e gostosa. Acho que você tá precisando de um pouco de comida, depois desse susto!

A vocação de Betty a fazia pensar que comida era a coisa mais importante da vida. Ela não entendia que meu coração estava tão satisfeito que não conseguia me importar com o jantar.

A senhora veio até nós e me conduziu escada acima, até um quartinho que ficava em cima de seus aposentos.

– Você estará segura aqui, Linda – declarou. – Eu uso esse quarto para armazenar coisas que estão fora de uso. As criadas não têm o costume de subir aqui e não vão suspeitar de nada, a não ser que ouçam algum barulho. Sempre deixo o quarto trancado, e Betty vai ficar com a chave. Mas você precisa tomar muito cuidado, tanto por mim quanto pelo seu próprio bem. E nunca poderá contar meu segredo, porque isso arruinaria a mim e a minha família. Vou manter as criadas bem ocupadas de manhã, para Betty trazer seu desjejum, mas depois disso ela só vai poder voltar à noite. Também virei ver você algumas vezes. Seja corajosa. Espero que essa situação não dure muito.

Betty veio com a "comida quentinha e gostosa", e a senhora correu lá para baixo, para manter tudo em ordem até ela voltar. Ah, meu coração estava transbordando de gratidão! As palavras ficaram presas na garganta, mas eu poderia ter beijado os pés de minha benfeitora. Que Deus a abençoe sempre por este ato de sororidade cristã!

Fui dormir aquela noite com a sensação de que, no momento, eu era a escrava mais sortuda da cidade. A manhã veio, enchendo minha pequena cela de luz. Agradeci ao Pai Celestial por aquele esconderijo seguro. Do outro lado da janela havia uma pilha de colchões de penas, e eu poderia me deitar em cima deles, perfeitamente escondida, e ver a rua por onde o dr. Flint passava, a caminho do consultório. Ansiosa como estava, eu me enchi de satisfação ao vê-lo. Até o momento, tinha conseguido ludibriar aquele homem. Quem pode culpar os escravos por serem sorrateiros? São constantemente forçados a recorrer à esperteza. É a única arma dos fracos e oprimidos contra a força de seus tiranos.

Todos os dias, eu tinha a esperança de descobrir que meu senhor tinha vendido meus filhos, pois sabia quem estava alerta para comprá-los. Mas o dr. Flint se importava mais com vingança que com dinheiro. Meu irmão, William, e a boa tia que servira à família dele por mais de vinte anos, junto com meu filhinho, Benny, e com Ellen, que tinha pouco mais de dois anos, foram mandados para a prisão, numa tentativa de compelir meus parentes a dar alguma informação sobre meu paradeiro. O doutor jurou que vovó não veria nenhum deles de novo até que eu fosse trazida de volta. Esconderam isso de mim por vários dias. Quando descobri que meus filhinhos estavam em uma prisão horrível, meu primeiro impulso foi correr até eles. Eu estava arriscando tudo para que eles fossem livres, mas agora seria a causa de sua morte? A ideia era agonizante. Minha benfeitora tentou me acalmar dizendo que minha tia tomaria conta das crianças enquanto estivessem na cadeia. Mas isso só aumentou minha dor de pensar: aquela tia que sempre foi tão boa com os filhos órfãos de sua irmã estava presa pelo crime de amar a própria família. Suponho que meus amigos estivessem com medo de que eu cometesse algum deslize, pois sabiam que minha vida estava atrelada à de meus filhos. Recebi um bilhete do meu irmão, William. Mal dava para ler, e dizia o seguinte: "onde quer que esteja, querida irmã, imploro que não venha para cá. Nossa situação é muito melhor que a sua e, se você vier, vai acabar com todos nós. Vão forçar você a dizer onde estava, ou vão te matar. Aceite o conselho de seus amigos; se não por mim e pelas crianças, pelo menos em nome daqueles que você iria destruir".

Ah, pobre William! Também devia sofrer por seu meu irmão. Acatei o conselho e me mantive quieta. Minha tia foi tirada da prisão no fim do mês, porque a sra. Flint não podia mais ficar sem ela. Estava cansada de cuidar da própria casa; era muito exaustivo mandar fazer o jantar e depois ainda ter que comê-lo. Meus filhos continuaram presos, e meu irmão fez o que pôde para que ficassem bem. Betty às vezes ia visitá-lo e me trazia as notícias. A mulher não tinha autorização de entrar na prisão, mas William segurava as crianças diante das barras da janela enquanto conversavam com Betty. Quando ela relatava a conversa e dizia como as crianças sentiam falta da mãe, minhas lágrimas jorravam. A velha Betty dizia:

– Meu Deus, filha, pra que a choradeira? Essas crianças ainda vão acabar com você. Que coração mole! Se continuar desse jeito, você não vai ter como aguentar viver nesse mundo.

Ah, que boa alma! Betty tinha passado pela vida sem filhos. Nunca teve uma criancinha envolvendo seu pescoço com os bracinhos, nunca encarou aqueles olhinhos doces, nunca ouviu nenhuma vozinha chamá-la de mãe. Nunca apertou os filhos junto ao peito e sentiu que, mesmo com o coração em frangalhos, havia algo pelo que viver. Como ela poderia compreender o que eu sentia? O marido de Betty amava crianças e sempre se perguntava por que Deus lhe negara filhos. Foi com grande pesar que ele trouxe a Betty a notícia de que Ellen tinha sido tirada da prisão e levada para a casa do dr. Flint. A menininha tinha contraído sarampo pouco antes de ser levada para a prisão, e a doença afetara os olhos, então o doutor a levara para casa, para tratar. Meus filhos sempre tiveram medo do doutor e da sua senhora e nunca botaram o pé naquela casa. A coitadinha da Ellen chorou o dia todo, pedindo para voltar para a prisão. Os instintos das crianças são muito fortes, e ela sabia que, na prisão, era amada. Os gritos e a choradeira incomodaram a sra. Flint, que não aguentou até a noite: chamou um escravo e mandou:

– Bill, leve essa pestinha de volta para a prisão. Eu não aguento essa barulheira. Se ela ficasse quieta, eu aceitaria essa desgraçada. Seria uma ótima criada para minha filha, daqui a pouco tempo. Mas, se ficasse aqui, com esse rostinho branco, acho que eu acabaria matando ou mimando essa menina. Espero que o doutor venda os dois para o lugar mais distante que o vento e a água puderem carregá-los. Quanto à mãe, a mulher ainda vai receber o que merece por ter fugido. Ela se importa tanto com os filhos quanto uma vaca se importa com seus bezerros. Se sentisse alguma coisa, teria voltado há muito tempo para tirar os dois da prisão, poupando a todos dessas despesas e chateações. Aquela assanhada imprestável! Quando for pega, vai ficar acorrentada na prisão por uns seis meses, depois vai ser vendida para uma *plantation* de cana-de-açúcar. Ah, ainda verei a maldita domada! Por que está aí parado, Bill? Por que não sai logo daqui com essa pestinha? Mas olhe lá, não vá deixar nenhum negro falar com ela na rua.

Quando soube desse acontecimento, abri um sorriso ao ouvir que a sra. Flint dissera que mataria ou mimaria minha filha. Pensei, comigo mesma, que não havia muita chance de mimos, da parte dela. Sempre considerei uma providência divina o fato de Ellen ter berrado até ser levada de volta para a prisão.

Naquela mesma noite, o dr. Flint foi chamado para atender um paciente e só voltou de manhã. Quando passou pela casa da minha avó, viu uma luz acesa e pensou que talvez tivesse algo a ver comigo. Ele bateu, e abriram a porta.

– Por que está de pé tão cedo? – inquiriu. – Vi a luz acesa e pensei em passar aqui para contar que descobri onde Linda está. Sei como posso tê-la de volta nas minhas mãos e a terei comigo antes do meio-dia.

Quando ele foi embora, vovó e meu tio trocaram olhares ansiosos. Não sabiam se aquilo era só mais uma artimanha do doutor para assustá-los. Na incerteza, acharam melhor transmitir uma mensagem à minha amiga Betty. Sem querer alarmar sua senhora, Betty decidiu se livrar de mim sozinha. Veio até mim e me disse para eu me levantar e me vestir depressa. Descemos as escadas correndo, atravessamos o quintal e entramos na cozinha. Ela trancou a porta e levantou uma tábua do chão. No espaço embaixo, estendemos uma pele de búfalo e um tapete, e eu me deitei ali, depois ela jogou uma colcha por cima de mim.

– Fique aí até eu ver se sabem mesmo de você. Dizem que vão pegar você antes do meio-dia. Se *sabiam* do esconderijo, *agora* é que não vão mais saber. Ah, dessa vez eles não vão conseguir. É só isso que eu digo. Se vierem remexer nas minhas coisas, vão levar uma bela duma bronca da preta aqui.

Naquela cama rasa, eu só tinha espaço suficiente para cobrir o rosto com as mãos, mantendo a poeira longe dos olhos. Betty passou por cima de mim vinte vezes em uma só hora, indo do armário até o fogão. Quando ela ficava sozinha, eu a ouvia praguejar contra o dr. Flint e toda a sua tribo, e de vez em quando dizia, com uma risadinha animada:

– Dessa vez a preta aqui foi esperta demais pra eles.

Quando as criadas estavam por perto, Betty empregava sua astúcia para fazer com que se abrissem, falando de um jeito que eu pudesse ouvir o que diziam. Repetia histórias que ouvira sobre eu estar neste ou naquele lugar. As mulheres respondiam que eu não era tola de ficar por ali, que devia estar na Filadélfia ou em Nova Iorque já fazia um bom tempo. Quando todos já estavam na cama, dormindo, Betty ergueu a tábua do chão, dizendo:

– Saia daí, minha filha. Não sabem nada de você. Foram só mentiras dos brancos pra assustar os pretos.

Alguns dias depois dessa aventura, tive um susto muito pior. Estava sentada, muito quieta, no meu retiro acima das escadas, a mente cheia de pensamentos alegres. Achava que o dr. Flint logo desistiria e que ficaria disposto a vender meus filhos quando perdesse as esperanças de que fossem ajudar a me encontrar. E já sabia quem estava pronto para comprar as crianças. De repente, ouvi uma voz de gelar o sangue.

Era um som muito familiar, terrível demais para eu não reconhecer imediatamente: a voz do meu antigo mestre. Ele estava na casa, e imediatamente concluí que tinha vindo me pegar. Olhei em volta, apavorada. Não havia escapatória. A voz foi se afastando. Imaginei que estava junto do delegado, ambos revistando a casa. Mesmo apavorada, não esqueci dos problemas que estava causando à minha generosa benfeitora. Parecia que eu tinha nascido para trazer tristeza a todos os que me ajudassem, e aquela era a gota mais amarga na taça de amargura da minha vida. Depois de um tempo, ouvi passos se aproximando e a chave sendo girada na porta. Eu me apoiei na parede para não cair. Quando me atrevi a erguer os olhos, vi minha gentil benfeitora sozinha. Fiquei emocionada demais para falar, simplesmente me larguei no chão.

– Achei que você teria ouvido a voz do seu mestre – explicou ela. – E, sabendo que ficaria apavorada, vim dizer que não há nada a temer. Aliás, você pode até rir à custa do seu velho senhor. O homem tem tanta certeza de que você está em Nova Iorque que veio pedir quinhentos dólares emprestado para ir atrás. Minha irmã tinha algum dinheiro, que emprestou com juros. O médico pretende partir para Nova Iorque ainda esta noite. Então saiba que está segura, pelo menos por enquanto. O médico só vai esvaziar um pouco os bolsos caçando o passarinhão que deixou para trás.

As crianças são vendidas

O doutor voltou de Nova Iorque sem cumprir seu propósito, claro. Tinha gastado um bom dinheiro e estava bastante desanimado. William e meus filhos já estavam na prisão havia dois meses, o que também era uma despesa. Meus amigos acharam que era um bom momento para se aproveitar do desânimo do doutor, e o sr. Sands mandou um especulador oferecer novecentos dólares por William e oitocentos pelas duas crianças. Eram preços altos, considerando a venda de escravos da época, mas a oferta foi rejeitada. Se fosse só questão de dinheiro, o doutor teria vendido qualquer menino da idade de Benny por duzentos dólares, mas a verdade era que ele não suportava desistir da vingança. Apesar disso, o doutor estava precisando de dinheiro e ficou remoendo a questão. Sabia que Ellen valeria um preço alto, se ele conseguisse mantê-la até os quinze anos, mas presumo que tenha imaginado que minha filha poderia morrer ou ser roubada. Em todo caso, chegou à conclusão de que era melhor aceitar a oferta. Quando encontrou o mercador de escravos na rua, perguntou quando ele deixaria a cidade.

– Hoje, às dez – respondeu o sujeito.

– Ah, tão cedo? – rebateu o doutor. – Refleti um pouco sobre a proposta e concluí que posso deixá-lo ficar com os três negros por mil e novecentos dólares.

Depois de alguma negociação, o mercador concordou com os termos. Queria que a nota fiscal da venda fosse preparada e assinada imediatamente, pois tinha muito o que fazer durante sua curta estadia na cidade. O doutor foi até a prisão e disse a William que aceitaria seus serviços de volta se ele prometesse se comportar, mas meu irmão respondeu que preferia ser vendido.

– E será mesmo vendido, seu patife ingrato! – gritou o doutor.

Em menos de uma hora o dinheiro foi pago, e os papéis foram assinados, lacrados e entregues. Assim, meu irmão e meus filhos passaram para as mãos do mercador.

Foi uma transação rápida. Depois que acabou, o doutor, sempre precavido, recuperou a cautela. Foi até o mercador dizendo:

– Senhor, vim colocá-lo sob a obrigação de não vender nenhum daqueles negros neste estado, sob multa de mil dólares.

– Tarde demais – retrucou o mercador. – O acordo já está fechado.

A verdade é que o homem já vendera os três ao sr. Sands, mas não quis mencionar o fato. O doutor exigiu que ele mantivesse "aquele patife, Bill" acorrentado e que só trafegasse com o cortejo pelas ruas secundárias, quando fosse sair da cidade. O mercador tinha recebido instruções de acatar os desejos do médico. Minha boa e velha tia foi até a prisão dar adeus às crianças, supondo que eram propriedade do mercador e que nunca mais as veria. Enquanto segurava Benny no colo, o menino disse:

– Tia Nancy, quero mostrar uma coisa. – Ele a levou até a porta e mostrou uma longa fileira de marcas, explicando: – Tio Will me ensinou a contar. Fiz uma marca para cada dia que passei aqui, e já faz sessenta. É muito tempo, e o mercador agora vai levar Ellen e eu embora. Ele é um homem mau. É errado levar os filhos da vovó. Quero ir com a minha mãe.

Explicaram à minha avó que todos seriam devolvidos, mas pediram que ela agisse como se eles de fato fossem ser mandados embora. Assim, ela preparou uma trouxa de roupas e foi até a prisão. Lá encontrou William acorrentado entre o grupo de escravos, e as crianças já na carroça do mercador. A cena parecia muito real, e ela temia que pudesse ter havido algum engano, ou que tudo era mentira. Vovó desmaiou e teve que ser carregada para casa.

Quando a carroça parou no hotel, vários senhores se aproximaram com propostas de comprar William, mas o mercador recusou as ofertas, sem declarar que meu irmão já estava vendido. E era a hora da provação daquela manada de gente, conduzida feito gado, sem saber para onde, para ser vendida sem saber para quem. Maridos eram arrancados das esposas e pais eram separados dos filhos, e nunca mais se viam deste lado do túmulo. Mãos se agarravam, e gritos de desespero soavam no ar.

O dr. Flint teve a satisfação suprema de ver a carroça deixar a cidade, e a sra. Flint teve a felicidade de supor que meus filhos estavam sendo levados para "tão longe quanto o vento e a água poderiam levá-los". Segundo o combinado, meu tio seguiu a carroça por alguns quilômetros, até que chegaram a uma antiga casa de fazenda. Lá, o comerciante tirou os grilhões de William, dizendo:

– Você é um sujeito muito inteligente. Queria que fosse meu. Os cavalheiros que queriam comprar você disseram que é inteligente e honesto e eu deveria lhe vender para um bom lar. Acho que seu antigo senhor amanhã vai praguejar, achando-se um idiota por ter vendido as crianças. Acredito que a mãe delas nunca vai voltar. Suponho que tenha ido para o Norte. Bem, adeus, garoto. Não se esqueça de como fui bom com você. Pode me agradecer convencendo as garotas bonitas a irem comigo no próximo outono, que será minha última viagem. O comércio de negros é um péssimo negócio para um sujeito que tenha um pedacinho que seja de coração. Pois agora vamos, pessoal! – E o grupo do vendedor seguiu seu caminho para só Deus sabe onde.

Por mais que eu despreze e deteste os mercadores de escravos, a quem considero os piores desgraçados da terra, devo fazer justiça a este homem, que parecia ter algum sentimento. O homem gostou de William, quando o viu na prisão, e quis comprá-lo. Quando ouviu a história dos meus filhos, dispôs-se a ajudá-los a sair das garras do dr. Flint, mesmo sem cobrar a taxa habitual.

Meu tio arrumou uma carroça e levou William e as crianças de volta para a cidade. Foi grande a alegria na casa da minha avó! As cortinas estavam fechadas, e as velas, acesas. Vovó, feliz, aconchegou os pequenos junto ao peito. Meus filhos a abraçaram e beijaram, batendo palminhas e gritando de alegria. Vovó se ajoelhou e se entregou a uma oração de agradecimento que vinha do fundo do coração. O pai os visitou por um tempo, e embora a "relação paternal" entre ele e meus filhos pesasse pouco no coração ou na consciência dos proprietários de escravos, o homem deve ter vivido alguns momentos de pura alegria ao testemunhar a felicidade que proporcionou à minha família.

Não participei das comemorações daquela noite. Não ficara sabendo dos acontecimentos. Mas agora vou contar algo que aconteceu comigo, embora você, leitor, talvez pense que isso é só mais um exemplo da superstição dos escravos. Estava sentada no meu lugar habitual, no chão, perto da janela, onde, sem ser vista, conseguia ouvir muito do que se falava na rua. A família tinha se retirado para dormir, e tudo estava quieto. Fiquei sentada pensando nos meus filhos, até que ouvi uma música baixinha. Havia um grupo de seresteiros debaixo da janela tocando "Home, Sweet Home". Escutei até que os sons não parecessem mais música, e sim gemidos de crianças. Parecia que meu coração ia explodir. Sem conseguir continuar sentada, eu me ajoelhei diante da janela. Um raio de luar iluminava o chão diante de mim, e, bem ali, vi as silhuetas dos meus filhos. Logo desapareceram, mas eu tinha visto claramente. Alguns podem chamar de sonho, outros, de visão. Não sei como explicar o que foi, mas deixou uma forte impressão na minha mente, e tive certeza de que algo acontecera com meus filhinhos.

Não via Betty desde de manhã. Naquele momento, eu a ouvi girando a chave de levinho. Assim que a mulher entrou, eu me agarrei a ela e implorei que me informasse se meus filhos estavam mortos ou se tinham sido vendidos, pois vira seus espíritos no quarto e tinha certeza de que algo acontecera com eles.

– Meus Deus, criança – respondeu ela, envolvendo-me com seus braços. – Você tá muito histérica. Vou dormir aqui hoje à noite, porque você vai fazer barulho e acabar com o sono da senhora. Alguma coisa mexeu com você. Quando terminar de chorar, a gente conversa. As crianças estão ótimas, estão muito felizes. Eu vi as duas com meus próprios olhos. Satisfeita? Ah, querida, fique quieta! Alguém vai ouvir.

Tentei obedecer. Betty se deitou e logo adormeceu, mas nenhum sono fez pesar minhas pálpebras.

Quando amanheceu, Betty se levantou e foi para a cozinha. As horas se passaram, e eu não conseguia parar de pensar na visão que tivera à noite. Depois de um tempo, ouvi vozes de duas mulheres na entrada. Reconheci a voz da criada. A outra dizia:

– Sabia que os filhos de Linda Brent foram vendidos ontem para o mercador? Dizem que o velho ficou feliz de ver os meninos sendo levados, mas ouvi dizer que voltaram. Acho que é coisa do pai. Dizem que ele também comprou William. Meu Deus, isso vai acabar com o velho Flint! Vou até a casa da tia Marthy ver o que está acontecendo.

Mordi os lábios até sangrar, tentando não gritar. Meus filhos estavam com a avó, ou o mercador os levara? O suspense era terrível!

Betty *nunca* viria me contar a verdade? Ela finalmente chegou, e eu repeti, desesperada, o que ouvira. O rosto dela se abriu num sorriso largo e brilhante.

– Meu Deus, sua boba! – respondeu ela. – Vou contar tudo. As garotas estão comendo o café da manhã, e a senhora me mandou deixar que ela mesma contasse, mas coitadinha! Não é certo você ficar esperando, e eu vou contar logo de uma vez. O pai dos seus filhos comprou tudo: seu irmão e as crianças! Ah, eu já ri à beça, pensando no velho Flint. Nossa, mas ele *vai* xingar! Passaram a perna nele, e como! Mas eu tenho que ir, ou as garotas vão começar a *me* procurar.

Betty saiu rindo, e eu fiquei me perguntando: "Seria mesmo verdade que meus filhos estão livres? Não sofri em vão! Graças a Deus!".

Houve grande surpresa com a notícia de que meus filhos tinham voltado para a casa da vovó. A notícia se espalhou pela cidade, e muitas palavras doces foram dirigidas aos meus pequenos.

O dr. Flint foi até a casa da minha avó saber quem era o dono dos meus filhos, e ela o informou.

– Eu já esperava – retrucou ele. – Fico feliz de saber. Recebi notícias de Linda, e em breve a terei comigo. Não se dê ao trabalho de pensar *nela* livre. Linda será minha escrava enquanto eu viver, e, quando eu morrer, será escrava dos meus filhos. Se eu descobrir que você ou Phillip tiveram algo a ver com essa fuga dela, mato ele. E, se eu encontrar William na rua e ele sequer olhar para mim, vou açoitá-lo até que fique quase morto. E quero esses pirralhos fora da minha vista!

Quando o doutor se virou para sair, vovó disse algo para lembrá-lo dos próprios atos. O dr. Flint respondeu com um olhar que indicava que só queria espancá-la até que ela fosse para o chão.

Tive uma boa temporada de alegria e gratidão. Era a primeira vez desde a infância que experimentava uma felicidade tão verdadeira. Fiquei sabendo das ameaças do velho doutor, mas já não tinham o mesmo poder de me perturbar. A nuvem mais escura no céu da minha vida tinha sido soprada para longe. Fosse lá o que a escravidão tivesse reservado para a minha vida, não poderia mais aprisionar meus filhos. Se eu virasse um sacrifício, meus pequenos já estariam a salvo. Foi bom para mim que meu coração, tão simplório, acreditasse em tudo o que me foi prometido sobre o bem-estar das crianças. É sempre melhor confiar do que duvidar.

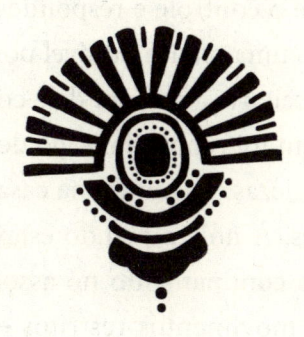

Novos perigos

O doutor, mais exasperado que nunca, tentou mais uma vez se vingar de meus parentes. Mandou prender meu tio Phillip sob a acusação de ter ajudado na minha fuga. Meu tio foi levado a julgamento e jurou que não sabia de nada sobre minha intenção de escapar e que não me via desde que eu abandonara a *plantation*. O doutor então exigiu que ele ficasse preso sob uma fiança de quinhentos dólares para garantir que não tinha nada a ver com a minha fuga. Vários cavalheiros se ofereceram como fiadores da quantia, mas o sr. Sands disse a meu tio que era melhor voltar para a prisão, que ele tomaria providências para que não houvesse necessidade de fiança.

A notícia de sua prisão chegou à minha avó, que transmitiu tudo para Betty. A mulher, com o coração cheio de bondade, me escondeu de novo sob as tábuas do assoalho enquanto andava de um lado a outro cumprindo suas tarefas de cozinheira e falava sem parar, aparentemente sozinha, mas com a intenção, na verdade, de me contar o que estava acontecendo. Imaginei que a temporada do meu tio na prisão durasse apenas uns poucos dias, e mesmo assim fiquei ansiosa. O dr. Flint provavelmente faria de tudo para provocá-lo e insultá-lo, e tive medo de que meu tio perdesse o controle e respondesse de algum jeito que pudesse ser considerado uma ofensa punível por lei. Sabia muito bem que tribunal nenhum aceitaria a palavra dele contra a de um homem branco. A busca por mim foi renovada. Algo despertara a suspeita de que eu estava nas redondezas. Buscaram na casa onde eu estava. Ouvi seus passos e suas vozes. À noite, quando estavam todos dormindo, Betty veio me soltar do confinamento no assoalho. O medo que eu tinha passado, com os movimentos restritos e o corpo em contato com a umidade do solo me deixaram doente por dias. Meu tio logo foi tirado da prisão, mas meus parentes e todos os nossos amigos estavam sendo monitorados.

Todos compreendemos que eu não teria como passar muito mais tempo onde estava. Já tinha ficado bem mais do que eu pretendia, e sabia que minha presença seria uma fonte de eterna ansiedade para minha gentil benfeitora. Durante o tempo que fiquei lá, meus amigos tinham bolado diversos planos para que eu escapasse, mas a vigilância extrema dos meus perseguidores tornara impossível levar qualquer um desses planos adiante.

Certa manhã, fiquei muito assustada ao ouvir alguém tentar entrar no quartinho. Tentaram várias chaves, mas nenhuma serviu. Na mesma hora, pensei que fosse uma das criadas e concluí que ela ouvira algum barulho ou vira Betty entrando no quarto. Quando minha amiga chegou, na hora de sempre, contei o que tinha acontecido.

– Eu sei quem foi – respondeu ela. – Foi aquela Jenny, pode ter certeza. Aquela preta tem o diabo no corpo.

Sugeri que Jenny pudesse ter visto ou ouvido algo que despertara sua curiosidade.

– Que isso, menina! – exclamou Betty. – Ela não viu nem ouviu foi nada. Só está desconfiada de outra coisa. Só isso. Ela quer saber quem foi que cortou e costurou meu vestido. Mas nunca vai saber. Pode ter certeza. Vou pedir pra sinhá dar um jeito nela.

Refleti por um momento, então disse:

– Betty, tenho que ir embora daqui hoje à noite.

– Você faça o que achar melhor, minha filha – respondeu ela. – Tô com medo de que aquela preta acabe encontrando seu esconderijo uma hora dessas.

Betty reportou o incidente à sua senhora e recebeu ordens de manter Jenny ocupada na cozinha até que a senhora conseguisse falar com meu tio Phillip. Meu tio disse que mandaria um amigo me buscar naquela mesma noite. A mulher disse que tinha esperanças de que eu fosse para o Norte, porque era muito perigoso continuar ali pelas redondezas. Infelizmente, a viagem para o Norte não era nada fácil para alguém na minha situação. Querendo deixar o caminho livre para mim, a senhora foi passar o dia com o irmão, no interior, e levou Jenny. Estava com medo de vir me dar adeus, mas deixou uma mensagem com Betty. Ouvi a carruagem saindo e nunca mais vi a mulher que tão generosamente acolhera esta pobre fugitiva apavorada. Embora fosse dona de escravos, meu coração ainda a abençoa até hoje!

Eu não tinha a menor ideia de para onde iria. Betty me entregou um conjunto de roupas de marinheiro: jaqueta, calça e chapéu de lona. E também me entregou uma trouxinha, explicando quer eu poderia precisar daquilo, no lugar onde estava indo. Então, animada, exclamou:

– Estou *tão* feliz que você está indo pros lugares livres! Não se esqueça da velha Betty. Talvez eu vá também, daqui a um tempo.

Tentei dizer o quanto estava agradecida por toda aquela bondade, mas ela me interrompeu:

– Não quero que você me agradeça, querida. Eu fico é feliz de poder ter ajudado e espero mesmo que o bom Senhor abra os seus caminhos. Vou com você até o portão baixo. Enfie a mão nos bolsos e vá andando com gingado, que nem os marinheiros.

Ela achou meu desempenho satisfatório. No portão, encontrei Peter, um jovem negro que estava esperando por mim. Eu já o conhecia havia anos. Peter tinha sido aprendiz do meu pai e sempre demonstrara ter um bom caráter. Não tive medo de confiar nele. Betty me deu adeus às pressas, e nós dois partimos.

– Tenha coragem, Linda – disse meu amigo Peter. – Tenho uma adaga, e homem nenhum vai tirar você de mim, só por cima do meu cadáver.

Fazia muito tempo que eu não caminhava ao ar livre, e o ar fresco me reanimou. Também era bom ouvir uma voz humana conversando comigo em tons normais, não em sussurros. Passei por vários conhecidos, mas ninguém me reconheceu naquele disfarce. Rezei para que nada acontecesse que necessitasse da adaga de Peter, tanto para o bem dele quanto para o meu. Andamos até as docas. O marido de minha tia Nancy era um lobo do mar, e tínhamos concordado com a necessidade de revelar o nosso segredo a ele. O homem me aceitou em seu barquinho e remou até uma embarcação não muito longe dali, então me ajudou a subir a bordo. Nós três éramos os únicos lá. Só então me atrevi a perguntar qual era o plano deles. Os dois disseram que era para eu permanecer escondida a bordo até quase o amanhecer, então me deixariam oculta no pântano Snaky até que meu tio Phillip terminasse de preparar um novo esconderijo. Se a embarcação fosse para o Norte, não me serviria de nada, já que certamente fariam buscas. Cerca de quatro da manhã, voltamos para o barquinho e remamos cinco quilômetros até o pântano. Meu medo de cobras tinha piorado depois daquela picada venenosa, e eu estava apavorada com a ideia de ficar naquele lugar. Bem, a situação não me deixava outra opção, e aceitei de bom grado aquilo que era o melhor que meus pobres amigos perseguidos podiam fazer por mim.

Peter desembarcou primeiro e usou um facão para abrir caminho por entre bambus e arbustos espinhosos de todos os tipos. Ele voltou, pegou-me nos braços e me carregou até um lugar preparado entre os bambus. Antes de chegarmos lá, fomos cobertos por centenas de mosquitos. Em uma hora, as mordidas desses insetos tinham envenenado tanto minha pele que doía só de olhar. À medida que a luz aumentava, vi diversas cobras rastejando a nossa volta. Já estava acostumada a ver cobras, que tinham sido uma constante durante toda a minha vida, mas aquelas eram as maiores que eu já vira. Até hoje estremeço com a lembrança daquela manhã. À medida que a noite se aproximava, o número de cobras aumentava tanto que tínhamos que ficar batendo nelas com pedaços de pau para evitar que rastejassem para cima de nós. Os bambus eram tão altos e grossos que ficava impossível ver muito longe. Pouco antes de escurecer, tentamos nos estabelecer em um lugar mais perto da entrada do pântano, com medo de perder o caminho de volta para o barco. Não demorou para ouvirmos o remo e o assobio baixo, o sinal que tínhamos combinado. Entramos depressa no barco e fomos conduzidos de volta à embarcação. Passei uma noite horrível: o calor do pântano, os mosquitos e o medo constante das cobras tinham me deixado com uma febre ardente. Acabara de cair no sono, quando me acordaram dizendo que era hora de voltar para aquele lugar horrível. Mal consegui reunir coragem para me levantar. Ainda assim, até mesmo aquelas cobras grandes e venenosas eram uma perspectiva menos horrível do que os homens brancos daquela comunidade que se dizia civilizada. Desta vez, Peter levou um pouco de fumo para queimar e afastar os mosquitos. O fumo teve o efeito desejado, mas me deixou com náuseas e fortes dores de cabeça. Quando escureceu, voltamos ao navio. Eu tinha passado tão mal durante o dia que Peter decidiu que eu iria para casa naquela noite, mesmo que o próprio diabo estivesse patrulhando a área. Fui informada de que tinham providenciado um esconderijo na casa de minha avó. Eu não conseguia imaginar como poderia me esconder naquela casa, onde a família Flint conhecia cada canto e recanto. Responderam que eu precisava esperar para ver. Remamos até a praia, então saímos andando corajosamente pelas ruas até a casa de minha avó. Eu estava com as roupas de marinheiro e tinha enegrecido o rosto com carvão. Passei por vários conhecidos, e o pai dos meus filhos chegou tão perto que roçamos nossos braços, mas ele não tinha ideia de quem eu era.

– Você precisa aproveitar esta caminhada ao máximo – avisou meu amigo Peter. – Pois pode não ter chance de andar assim de novo por um bom tempo.

Achei que sua voz parecia triste. Foi muita gentileza dele não revelar o buraco sombrio que seria minha casa por muito, muito tempo.

O esconderijo do buraco

Uma cabaninha tinha sido construída junto à casa de minha avó, anos antes. Tinham colocado algumas tábuas sobre as vigas do alto, formando um sótão minúsculo entre essas tábuas e o telhado. O lugar nunca fora ocupado por nada além de ratos e camundongos. O telhado era inclinado e coberto apenas com telhas, seguindo o estilo de construção sulista. O sótão tinha apenas três metros de comprimento e dois de largura, e a parte mais alta tinha um metro de altura e descia direto até o chão de tábuas soltas. Não tinha entrada de luz ou ventilação. Meu tio Phillip, que era carpinteiro muito habilidoso, construíra um alçapão escondido que se abria para o depósito, e era isso o que estava fazendo enquanto eu esperava no pântano. O depósito se abria para um pátio. Foi para esse buraco que me levaram assim que cheguei na casa. O ar era sufocante, a escuridão era total. Tinham colocado uma cama no chão, e eu poderia dormir de lado confortavelmente, mas a inclinação do teto era tão acentuada que não dava para virar sem bater no telhado. Ratos e camundongos corriam por cima da cama, mas eu estava exausta e dormi o sono dos miseráveis depois que passa a tempestade. Logo a manhã chegou. Eu soube apenas pelos ruídos que ouvia, pois, naquela pequena toca, dia e noite eram iguais. Sofri mais por falta de ar fresco do que pela falta de luz, mas não estava desconfortável. Ouvia meus filhos, e havia alegria e tristeza em suas vozes. Isso fez as lágrimas rolarem. Ah, como eu queria poder falar com eles! Estava ansiosa para ver seus rostinhos, mas não havia nenhum buraco, nenhuma fenda através da qual eu pudesse espiar. A escuridão contínua era opressiva. Parecia horrível passar o tempo todo sentada ou deitada, encolhida, dia após dia, sem um só raio de luz. Mesmo assim, eu escolheria isso em vez de fosse qual fosse o meu destino de escrava, ainda que os brancos achassem que eu levava uma vida fácil – e levava mesmo, em comparação com a vida dos outros escravos. Nunca fui forçada a trabalhar demais por um senhor cruel, nunca fui dilacerada da cabeça aos pés pelo açoite, nunca fui espancada e machucada a ponto de não conseguir nem me virar de um lado para o outro, nunca tive os tendões de Aquiles cortados para evitar que eu fugisse, nunca fui acorrentada a um tronco e obrigada a arrastá-lo nas costas enquanto labutava nos campos de manhã até de noite, nunca fui marcada com ferro quente ou rasgada por cães de caça. Pelo contrário: até cair nas mãos do dr. Flint, sempre fui tratada com bondade e ternura. Nunca tinha desejado liberdade até então. Mas, embora minha vida na escravidão fosse comparativamente isenta de dificuldades, que Deus tenha piedade da mulher compelida a levar uma vida dessas!

A comida era passada pelo alçapão que meu tio construíra, e vovó, tio Phillip e tia Nancy aproveitavam essas oportunidades para subir até lá e conversar comigo pela abertura. Mas claro que isso não era seguro durante o dia; tudo precisava ser feito na escuridão. Era impossível ficar de pé, mas eu rastejava pela toca para fazer exercícios. Um dia, bati com a cabeça em alguma coisa e logo descobri que era uma verruma que meu tio deixara presa ali quando fez o alçapão. Fiquei tão feliz quanto Robinson Crusoé teria ficado ao encontrar um tesouro desses, e comecei a ter ideias muito afortunadas. Disse a mim mesma que "Agora terei um pouco de luz. Agora poderei ver meus filhos". Não me atrevi a começar o trabalho durante o dia, por medo de chamar atenção. Mas tateei o esconderijo e encontrei o lado próximo à rua, onde poderia ver meus filhos com frequência. Finquei a verruma naquela parede e esperei a noite. Fiz três fileiras de furos, uma acima da outra, então abri novos furos entre cada interseção dos buraquinhos. Assim, consegui abrir um espaço quadrado de 2,5 centímetros de lado. Fiquei sentada junto da abertura até tarde da noite, desfrutando do sopro de ar que entrava. De manhã, fiquei esperando ver meus filhos. A primeira pessoa que vi na rua foi o dr. Flint, o que me deu uma sensação agourenta e arrepiante, como se fosse um mau presságio. Vi vários rostos familiares passando. Até que, por fim, ouvi a risada alegre das crianças. Logo vi dois rostinhos doces olhando para cima, para o lugar onde eu estava, como se soubessem da minha presença e tivessem consciência da alegria que me causavam. Como eu queria *contar* a eles que estava lá!

Minha condição tinha melhorado um pouco, mas, durante semanas, fui atormentada por centenas de insetinhos vermelhos, finos como a ponta de uma agulha, que furavam a pele e causavam uma queimação insuportável. Minha boa avó fez chás de ervas e unguentos refrescantes, até que finalmente me livrei daquelas pragas. O calor na toca era intenso, pois nada além de telhas finas me protegiam do sol escaldante do verão, mas eu tinha meus consolos. Pelo furinho, podia ver as crianças e, quando estavam perto o bastante, ouvir sua conversa. Tia Nancy trazia todas as notícias que ouvia na casa do dr. Flint. Por ela, fiquei sabendo que o doutor escrevera para Nova Iorque, para uma mulher negra que morava lá, mas que fora nascida e criada na nossa cidade e que conhecia aquela atmosfera contaminante. O doutor ofereceu uma recompensa caso ela descobrisse alguma coisa sobre mim. Não sei qual foi a natureza da resposta, mas ele partiu às pressas para Nova Iorque, dizendo à família que tinha negócios importantes para tratar. Espiei quando ele passou a caminho do navio a vapor, e foi uma satisfação saber que haveria quilômetros de terra e de água entre nós, mesmo que por pouco tempo. Foi uma satisfação ainda maior saber que ele acreditava que eu estava nos Estados Livres. Minha pequena toca parecia menos sombria que antes. O doutor voltou sem nenhuma informação satisfatória, como acontecera na viagem anterior que fizera a Nova Iorque. Quando ele passou pela casa, na manhã seguinte, encontrou Benny parado no portão. O menino ouvira dizer que o médico tinha ido me procurar e gritou:

– Ô dr. Flint, o senhor trouxe minha mãe de volta para casa? Estou com saudade dela.

O doutor bateu o pé com raiva, gritando:

– Saia da frente, seu fedelho desgraçado! Se não sair, vou arrancar sua cabeça.

Benny correu de volta para casa, apavorado, gritando:

– O sinhô não pode me mandar de volta pra prisão! Eu não sou mais seu!

Foi uma sorte que o vento tenha carregado as palavras para longe dos ouvidos do médico. Relatei o acontecido a vovó, quando tivemos uma conferência no alçapão, e implorei a ela que não permitisse que as crianças fossem impertinentes com aquele velho irascível.

O outono chegou, trazendo um alívio do calor. Meus olhos tinham se acostumado àquela luz fraca e, segurando o livro ou o tecido perto da abertura, eu conseguia ler e costurar. Isso foi um grande alívio para a tediosa monotonia da minha vida. Mas, quando o inverno chegou, o frio penetrou pelo telhado de telhas finas, e eu ficava terrivelmente gelada. Os invernos no Sul não são tão longos nem tão severos como nas latitudes do Norte, mas as casas não são construídas para proteger do frio, e meu pequeno covil era peculiarmente desconfortável. Minha boa avó trouxe roupas de cama e bebidas quentes. Eu quase sempre precisava passar o dia todo deitada na cama para me manter confortável, mas, mesmo com todas as precauções, tive queimaduras de gelo nos ombros e nos pés. Ah, eram dias longos e sombrios, sem nenhum objeto em que pousar os olhos e nenhum pensamento para ocupar a mente, exceto o passado sombrio e o futuro incerto! Fiquei grata quando chegou um dia suficientemente ameno para eu poder me embrulhar e sentar junto ao buraquinho, observando os passantes. Os sulistas têm o hábito de parar e conversar nas ruas, e ouvi muitas conversas que não eram para os meus ouvidos. Ouvi caçadores de escravos planejando como capturar um pobre fugitivo. Várias vezes, ouvi alusões ao dr. Flint, a mim e à história de meus filhos, que, talvez, estivessem brincando perto do portão. Alguém diria:

– Eu não moveria nem meu dedo mindinho para capturar a garota, já que era propriedade do velho Flint.

Outro responderia:

– Eu pegaria *qualquer* negro pela recompensa. Um homem deve ter o que lhe pertence, *mesmo* sendo um brutamontes desgraçado.

Muitas vezes ouvia alguém dizer que eu estava nos Estados Livres, e muito raramente sugeriam que eu pudesse estar nas redondezas. Se houvesse a menor suspeita sobre a casa de vovó, o lugar teria sido queimado até o chão. Mas era o último lugar onde pensavam que eu poderia estar. Mesmo assim, em terras escravocatas, não havia lugar que pudesse me proporcionar um esconderijo tão bom.

O sr. Flint e sua família muitas vezes tentaram persuadir e subornar meus filhos a contar qualquer coisa que tivessem ouvido sobre mim. Um dia, o doutor os levou a uma loja e ofereceu algumas moedinhas brilhantes de prata e lenços coloridos se dissessem onde estava sua mãe. Ellen se encolheu para longe do homem, sem querer falar, mas Benny respondeu:

– Dr. Flint, eu não sei cadê minha mãe. Acho que está em Nova Iorque. E, quando o senhor for de novo para lá, queria que pedisse a ela para voltar para casa, porque quero ver minha mãe. Mas se o senhor for botar ela na cadeia ou disser que vai cortar a cabeça dela, vou dizer para mamãe voltar para Nova Iorque na mesma hora.

Festividades de Natal

O Natal estava chegando. Vovó arranjou os materiais, e eu me ocupei costurando roupas novas e brinquedinhos para os meus filhos. Não fosse a proximidade do dia de contratação causando ansiedade em muitas famílias, pela probabilidade de se separarem dali a alguns dias, o Natal poderia ser uma data feliz para os pobres escravos. Até as mães escravas tentam alegrar o coração dos filhos nessa ocasião. Benny e Ellen tinham meias de Natal cheias de presentes. A mãe, presa, não teria o privilégio de testemunhar sua surpresa e alegria, mas teve o prazer de espiar quando saíram para a rua com as roupinhas novas. Ouvi Benny perguntar a um amiguinho se o Papai Noel trouxera alguma coisa para ele.

– Sim – respondeu o menino. – Mas o Papai Noel não é um homem de verdade. É a nossa mamãe que coloca as coisas nas meias.

– Não, não pode ser – respondeu Benny. – O Papai Noel trouxe essas roupas novas para Ellen e para mim, e minha mamãe já foi embora faz muito tempo.

Ah, como eu queria dizer a ele que sua mamãe tinha feito aquelas roupas e que derramara muitas lágrimas sobre o tecido enquanto trabalhava!

Todas as crianças levantavam bem cedo na manhã de Natal para ver os *Johnkannaus*[7]. Sem eles, o Natal perderia a maior atração. Eram grupos de escravos das *plantations*, geralmente das classes mais baixas. Dois homens atléticos, enrolados em panos de chita, são cobertos por uma rede enfeitada com todo tipo de faixa colorida. Caudas de vacas são presas nas costas dos sujeitos, que também decoram a cabeça com chifres. Alguns homens batucam em um instrumento de percussão chamado caixa de gumbo, que é uma caixa coberta de pele de carneiro, enquanto outros batem em triângulos e reco-recos feitos de mandíbula de gato, marcando o ritmo para os bandos de dançarinos. Os homens passam um mês inteiro compondo as canções que são entoadas nessa ocasião. Os grupos, cada um com cerca de cem homens, saem bem cedinho e têm permissão de circular até o meio-dia pedindo contribuições. Não deixam de visitar nenhuma casa em que haja a menor chance de obter um centavo ou copo de rum. Eles não bebem durante a procissão: levam o rum em jarras para casa, onde fazem a farra. As doações de Natal muitas vezes chegam a vinte ou trinta dólares, e raramente um homem ou criança brancos se recusam a dar alguma coisa. Para quem dá sua contribuição, os homens retribuem com a seguinte música:

---

[7] Johnkannaus, Jonkonnu, John Coonah ou John Canoe é uma Celebração de Natal dos escravos da Carolina do Norte, originada nas ilhas do Caribe e levada adiante pela comunidade jamaicana de escravos. A celebração remonta à história de um guerreiro, Akan de Axém, região de Gana, que liderava seu povo na luta contra os traficantes de escravos. Uma procissão de homens em fantasias de trapos e peles de animais, com máscaras e chifres, dançavam tocavam instrumentos e cantavam, apresentando-se de casa em casa nas cidades, ou nas *plantations*, nas casas dos senhores, feitores e outros brancos. Era esperado que recebessem prendas de dinheiro ou de álcool e eram acompanhados de multidões animadas. Após a emancipação dos escravos, a tradição persistiu na Carolina do Norte até meados dos anos 1880, mas festejos similares acontecem até hoje nas Bahamas. (N.T.)

Pobre sinhô, ouvi dizer,
Anda até com a sola gasta, ouvi dizer;
Não tem dinheiro, ouvi dizer;
Nem um centavo, ouvi dizer;
Deus lhe abençoe, ouvi dizer.

O Natal é dia de festa, tanto para brancos como para negros. Os escravos que conquistaram a sorte de ter alguns trocados certamente gastam tudo para comer bem, e muitos perus e porcos são capturados sem um pedido de "Com a sua licença, senhor." Os que não conseguem bichos gordos cozinham um gambá ou guaxinim, e é possível fazer pratos muito saborosos com essa carne. Vovó criava aves e porcos para vender, e era costume assar um peru e um porco no jantar de Natal.

Na ocasião, fui avisada para ficar muito quieta, pois haveria dois convidados na casa. Um era o delegado da cidade, e o outro era um homem negro livre que tentava se passar por branco e que sempre aceitava qualquer trabalho mesquinho para agradar os brancos. Vovó tinha um motivo para convidá-los. Ela conseguiu fazer com que visitassem a casa, e todos os cômodos do andar inferior ficaram abertos para que os dois pudessem entrar e sair à vontade. Depois do jantar, foram convidados a subir as escadas para ver um belo pássaro que meu tio acabara de trazer para casa. As salas do segundo andar também estavam todas abertas para que eles pudessem olhar. Quando os ouvi conversando no pátio, meu coração quase parou. Sabia que aquele homem negro passara muitas noites no meu encalço. Todos sabiam que ele tinha o sangue de um pai escravo nas veias, mas, para se passar por branco, estava disposto a beijar os pés dos donos de escravos. Ah, como eu o desprezava! Quanto ao delegado, o homem ao menos não era dissimulado. As obrigações de seu cargo eram desprezíveis, mas ele ao menos era superior ao seu companheiro, pois pelo menos não fingia ser o que não era. Qualquer homem branco que conseguisse dinheiro suficiente para comprar um escravo consideraria uma degradação o ofício de delegado, mas o cargo permitia que o homem exercesse alguma autoridade. Se ele encontrasse qualquer escravo na rua depois das nove da noite, poderia chicoteá-lo o quanto quisesse, o que era um privilégio muito cobiçado. Quando os convidados estavam de partida, vovó deu um pouco de seu famoso pudim a cada um, como um presente para as esposas. Vi pelo buraquinho quando saíram e fiquei aliviada quando o portão se fechou atrás deles. Foi assim o primeiro Natal na minha toca.

Ainda presa

Quando a primavera voltou e vi o verde retornar ao pequeno pedaço de terra que a abertura me permitia ver, eu me perguntei quantos verões e invernos estaria condenada a passar ali. Ansiava por inspirar uma bela lufada de ar fresco, esticar as pernas já rígidas, ter espaço para me levantar, sentir a terra sob os pés outra vez. Meus parentes estavam sempre em busca de uma chance de fuga, mas não surgia nada possível ou sequer minimamente seguro. O verão quente voltou, e a terebintina escorreu do telhado estreito sobre minha cabeça.

Eu passava aquelas longas noites inquieta, querendo ar fresco, incomodada por não ter espaço para me mexer ou me virar. Só havia uma compensação: o ar naquela toca era tão quente e abafado que nem os mosquitos se dignavam a zumbir lá dentro. Apesar de todo o ódio que sentia pelo dr. Flint, não conseguiria desejar que sofresse um castigo pior, neste mundo ou no que está por vir, do que aturar o que sofri em um único verão. No entanto, as leis permitiam que *ele* ficasse ao ar livre, enquanto eu, que não era culpada por nenhum crime, estava presa naquela toca – a única coisa que poderia evitar as crueldades que as leis permitiam que ele me infligisse! Não sei o que manteve a vida dentro de mim. Várias vezes pensei que estava prestes a morrer. Até que vi as folhas de um novo outono rodopiando no ar e senti o toque de mais um inverno. No verão, as tempestades mais terríveis eram aceitáveis, pois a chuva escorria pelo telhado, e eu enrolava a cama junto à parede, para que a água esfriasse as tábuas quentes. Mais tarde, as tempestades às vezes me deixavam encharcada, o que não era muito confortável quando o ar ficava frio. As tempestades moderadas eu conseguia evitar enchendo as fendas com um preparado de estopa e alcatrão.

Mas, por mais desconfortável que a minha situação fosse, eu tinha vislumbres do mundo lá fora, de coisas que me faziam agradecer por aquele esconderijo miserável. Um dia, vi uma escrava passar na frente do portão, murmurando:

– É dele mesmo, e ele pode decidir matar, se quiser.

Vovó contou a história daquela mulher. A senhora tinha acabado de ver o bebê da escrava pela primeira vez, e, nos traços de seu lindo rostinho, identificou semelhanças com seu marido. A senhora expulsou a escrava e o filho de casa e os proibiu de voltar. A escrava foi até o senhor e contou o que tinha acontecido, e o homem prometeu falar com a esposa e resolver tudo. No dia seguinte, a escrava e o bebê foram vendidos a um mercador da Geórgia.

. Outra vez, vi uma mulher passar correndo feito louca, perseguida por dois homens. Era uma escrava, a ama de leite dos filhos da senhora. Por alguma ofensa insignificante, a senhora ordenou que a mulher fosse despida e chicoteada. Para escapar da degradação e da tortura, a escrava fugiu para o rio e saltou na água, uma série de erros que culminou na morte.

O senador Brown, do Mississippi, não tinha como se manter ignorante das muitas ocorrências como essas, que são frequentes em todos os estados do Sul. Mesmo assim, o homem se levantou no Congresso dos Estados Unidos para declarar que a escravidão era "uma grande bênção moral, social e política; uma bênção para o senhor e para o escravo!"

Sofri muito mais no segundo inverno do que no primeiro. Fiquei com braços e pernas dormentes, de tanto tempo que passavam imóveis, e o frio os enchia de cãibras. Uma sensação de frio muito dolorosa tomou minha cabeça: até o rosto e a língua se enrijeceram, e perdi a capacidade de fala. Claro que, dadas as circunstâncias, era impossível convocar qualquer médico. Meu irmão, William, fez tudo o que podia por mim. Tio Phillip também cuidou de mim com ternura, e minha pobre avó volta e meia aparecia lá em cima e perguntava se havia algum sinal de meu retorno à vida. Retomei a consciência com um jato de água fria no rosto e me vi apoiada nos braços de meu irmão, que se inclinava por cima de mim, os olhos marejados. Depois, ele contou que achara que eu estava morrendo, pois ficara inconsciente por dezesseis horas. Entrei então num estado de delírios, o que gerou o grande risco de trair a mim e aos meus amigos. Para evitar isso, fui entorpecida com drogas. Passei seis semanas de cama, com o corpo cansado e o coração doente. O problema era como obter aconselhamento médico. William finalmente foi a um herbalista e descreveu minhas dores e sofrimentos como se fossem dele mesmo. Voltou com ervas, raízes e unguentos. Recebeu a instrução especial de usar o unguento junto ao fogo, mas como fazer uma fogueira naquela cova minúscula? Tentaram colocar carvão em uma pequena fornalha, mas não havia saída para a fumaça, e isso quase me custou a vida. Depois disso, carvões já acesos foram trazidos em uma panela de ferro e colocados sobre alguns tijolos. Eu estava tão fraca e fazia tanto tempo que não apreciava o calor do fogo que aquelas poucas brasas me levaram às lágrimas. Acho que os remédios me fizeram bem, mas a recuperação foi muito lenta. Pensamentos sombrios invadiam minha mente enquanto eu ficava lá, deitada, dia após dia. Tentei ser grata por aquela pequena cela, por mais sombria que fosse, e tentei até amá-la; era parte do preço que estava pagando pela redenção dos meus filhos.

Às vezes, pensava que Deus era um pai compassivo, que perdoaria meus pecados, considerando a intensidade de meus sofrimentos. Outras vezes, parecia que não havia justiça ou misericórdia na mão divina. Eu me perguntava por que a maldição da escravidão tinha licença de existir e por que eu tinha sido tão perseguida e injustiçada desde a juventude. Essas questões se formataram em um mistério que até hoje não é muito claro para minha alma, e acredito que permanecerá sem resposta.

Durante a minha doença, vovó desabou sob o peso, a ansiedade e o trabalho árduo. O medo de perder aquela mulher que sempre foi minha melhor amiga e mãe de meus filhos trouxe a provação mais dolorosa da minha vida. Ah, com que fervor eu orava para que ela se recuperasse! Como era difícil não poder cuidar daquela que cuidou de mim por tanto tempo e com tanta ternura!

Um dia, os berros de alguma criança me deram forças para rastejar até o buraquinho, e vi meu filho coberto de sangue. Tinha sido atacado por um cão feroz que era sempre mantido acorrentado. Chamaram um médico, e ouvi os gemidos e gritos do meu filhinho enquanto as feridas eram suturadas. Ah, que tortura para o coração de uma mãe ouvir o filho sofrendo e não poder acudir!

Mas a infância é como um dia de primavera, trazendo tanto chuva quanto sol. Antes de a noite chegar, Benny já estava muito animado, empolgado, ameaçando a destruição do cachorro. E grande foi a alegria dele quando ouviu do médico, no dia seguinte, que o cachorro mordera outro menino e que, depois disso, fora abatido com um tiro. Benny se recuperou dos ferimentos, mas demorou muito para que pudesse voltar a andar.

Quando o povo ficou sabendo da doença de vovó, muitas das senhoras que eram suas clientes apareceram para trazer alguns pequenos confortos e perguntar se ela tinha tudo o que queria. Certa noite, tia Nancy pediu permissão para cuidar da mãe doente, e a sra. Flint respondeu:

– Não vejo necessidade de você ir até lá. E preciso de você no trabalho.

Mas, quando a sra. Flint descobriu que outras senhoras da vizinhança estavam sendo muito atenciosas, e sem querer ser superada na caridade cristã, também foi, num véu de magnífica condescendência, ficar junto à cama daquela que tanto a amara na infância – um amor que tinha sido retribuído com tanta ruindade. A mulher pareceu surpresa por ver vovó tão doente e repreendeu meu tio Phillip por não ter mandado chamar o dr. Flint. Então, mandou chamá-lo imediatamente, e o homem veio. Mesmo segura em meu retiro, eu teria ficado apavorada de saber que aquele sujeito estava tão perto. O dr. Flint anunciou que a situação de vovó era crítica e disse que, caso o médico que a ajudava aceitasse, ele poderia visitá-la sempre. Ninguém queria que aquele homem aparecesse em casa a qualquer hora, e não estávamos dispostos a dar nenhuma chance de ele cobrar uma conta muito alta.

Quando a sra. Flint foi embora, Sally lhe contou que Benny estava coxo porque fora mordido por um cachorro.

– Fico feliz – respondeu ela. – Gostaria que tivessem matado o garoto. Seria uma boa notícia enviar para a mãe. Mas o dia *dela* vai chegar. *Ela* ainda vai ter sua hora com os cães.

Com essas palavras cristãs, a sra. Flint partiu com o marido. E, para minha grande satisfação, não voltaram mais.

Tio Phillip veio me contar, com alegria e gratidão indescritíveis, que a crise passara e que vovó iria viver. Enfim, eu podia dizer, do fundo do coração: "Deus é misericordioso. Ele me poupou da angústia de sentir que causei a morte de vovó".

O candidato ao Congresso

O verão tinha quase terminado quando o dr. Flint fez uma terceira viagem à Nova Iorque para tentar me encontrar. Havia dois candidatos concorrendo para o Congresso, e o dr. Flint voltou bem na época das eleições. O pai do meu filho era o candidato do Partido Whig[8]. Até então, o doutor sempre fora grande apoiador dos Whig, mas passara a empenhar todas as energias na derrota do sr. Sands. Ele convidava muitos homens para jantares à sombra de suas árvores, enchendo-os de rum e de conhaque. Se algum pobre sujeito afogava o cérebro em bebida e, na intimidade da mesa de seu camarada, proclamasse que não pretendia votar na legenda dos democratas, era mandado para a rua sem a menor cerimônia.

Mas o doutor gastou seu conhaque em vão. O sr. Sands foi eleito, um evento que me despertou muita ansiedade. O homem ainda não tinha emancipado meus filhos, e, se morresse, as crianças ficariam à mercê de seus herdeiros. E duas vozes infantis que volta e meia

---

[8] O Partido Whig era rival do Partido Democrata e chegou a eleger quatro presidentes. O debate interno sobre a escravidão causou uma ruptura no partido, e a maioria ajudou na fundação do Partido Republicano. (N.T.)

chegavam a meus ouvidos pareciam implorar para que eu não permitisse que seu pai partisse sem tentar assegurar que as libertasse. Anos tinham se passado desde a última vez em que eu falara com ele. Não o via desde aquela noite em que passara por ele, irreconhecível em meu disfarce de marinheiro. Imaginava que ele iria visitar antes de partir, que fosse dizer algo à vovó a respeito das crianças, e a partir disso decidi o que faria a respeito.

No dia antes de sua partida para Washington, tomei medidas para, no cair da noite, descer do meu esconderijo para o depósito logo abaixo. Estava tão rígida e desajeitada que tive muita dificuldade de descer de um patamar a outro. Quando cheguei ao depósito, meus tornozelos cederam, e afundei no chão, exausta. Parecia que eu nunca mais conseguiria usar bem as pernas. Mas o propósito que me levara até ali me fazia juntar todas as minhas forças. Engatinhei até a janela, apoiada nas mãos e nos joelhos, e, escondida atrás de um barril, esperei que ele chegasse. O relógio bateu as nove da noite, e eu sabia que o barco a vapor partiria entre dez e onze. Minhas esperanças estavam esmorecendo. Então ouvi a voz dele dizendo a alguém:

– Espere um pouco, quero visitar a tia Martha.

Depois que ele saiu, quando passava pela janela, falei:

– Espere um momento, quero falar sobre meus filhos.

Ele levou um susto, hesitou um pouco, então continuou andando e cruzou o portão. Fechei a veneziana, que tinha deixado entreaberta, e afundei atrás do barril. Já tinha sofrido muito ao longo da vida, mas raras vezes sentira uma dor tão intensa quanto a daquele momento. Será que meus filhos tinham se tornado tão irrelevantes assim para ele? Será que aquele homem tinha tão pouco afeto por aquela mãe desgraçada que eu era que não pararia nem por um momento para ouvir seus pedidos? Estava tão entretida com tantas memórias dolorosas que esqueci que não tinha trancado a veneziana, até que ouvi alguém a abrindo. Ergui os olhos. Ele tinha voltado.

– Quem me chamou? – perguntou, em voz baixa.

– Eu – respondi.

– Ah, Linda... Reconheci sua voz, mas tive medo de responder e meu amigo ouvir algo. Por que você veio aqui? Não está se arriscando vindo a essa casa? Que loucura terem permitido. Terei que esperar pela notícia de que acabaram com todos vocês...

Eu não queria incriminá-lo contando sobre meu esconderijo, então apenas disse:

– Imaginei que você viria dar adeus à minha avó, então vim tentar trocar algumas palavras sobre a emancipação dos meus filhos. Pode haver muitas mudanças durante esses seis meses que você passará em Washington, e não me parece certo que você exponha as crianças aos riscos dessas mudanças. Não quero nada para mim. Tudo o que peço é que você liberte meus filhos antes de ir, ou que autorize algum amigo a libertá-los.

Ele prometeu que faria o que eu pedia e também se prontificou a tomar providências para que eu pudesse ser comprada.

Ouvi passos se aproximando e fechei a veneziana às pressas. Queria me encolher de volta no esconderijo sem que minha família soubesse o que eu tinha feito, pois sabiam que eles iriam considerar tudo muito imprudente. Mas o sr. Sands voltou à casa para contar à vovó que conversara comigo na janela do depósito e para implorar a ela que não permitisse que eu passasse a noite naquela casa. Disse que era uma insanidade absurda que eu estivesse ali, que aquilo certamente seria a nossa ruína. Por sorte, o homem estava com pressa demais para esperar resposta, ou minha velha avó com certeza teria contado tudo.

Tentei voltar para o covil, mas percebi que era mais difícil subir do que descer. Agora que a missão tinha sido completada, eu finalmente perdera a pouca força que me sustentara até ali. Afundei no chão, sem esperanças. Vovó, alarmada com o risco que eu correra, adentrou o depósito no escuro e fechou a porta atrás de si.

– Linda – sussurrou –, onde você está?

– Estou aqui, perto da janela – respondi. – Eu *não tinha como* permitir que ele partisse sem emancipar meus filhos. Quem sabe o que pode acontecer?

– Venha, minha filha, vamos – respondeu ela. – Não podemos deixar você aqui nem mais um minuto. O que você fez foi errado, mas eu não tenho como lhe culpar. Coitadinha!

Expliquei que não conseguia subir de volta sem ajuda, que ela precisava chamar meu tio. Quando tio Phillip chegou, a pena o impediu de ralhar comigo. Ele me carregou de volta para a masmorra, me deixou no catre com cuidado, me deu alguns remédios e perguntou se havia algo mais que pudesse fazer. Então, foi embora, e eu fiquei sozinha com meus pensamentos – uma escuridão tão sem estrelas quanto a cobertura constante da meia-noite que me envolvia ali.

Meus amigos temiam que eu pudesse ficar aleijada para o resto da vida. Eu mesma estava tão cansada de todo aquele tempo aprisionada que, não fosse pela esperança de ajudar meus filhos, teria ficado feliz em morrer. Mas, pelo bem deles dois, estava disposta a suportar.

Disputa de mentes

O dr. Flint ainda não tinha desistido de mim. Ele volta e meia aparecia para dizer à vovó que eu ainda voltaria e me entregaria voluntariamente. E que, quando isso acontecesse, poderia ser comprada por meus parentes ou por qualquer outro que desejasse me arrematar. Eu já sabia bem demais de sua natureza ardilosa para não perceber a armadilha, e logo todos os meus amigos compreenderam o engodo. Decidi entrar numa disputa de mentes, minha esperteza contra a dele. Para conseguir fazê-lo acreditar que eu estava em Nova Iorque, decidi escrever uma carta enviada de lá. Chamei um amigo, Peter, e lhe perguntei se conhecia algum marinheiro confiável que poderia levar a carta até Nova Iorque, e então enviá-la de lá. Peter disse que conhecia uma pessoa a quem confiaria a própria vida, sem pestanejar. Lembrei a ele que seria uma tarefa perigosa. Peter disse que sabia, mas que estava disposto a fazer qualquer coisa para me ajudar. Expressei o desejo de ter algum jornal nova-iorquino, para saber o nome de algumas das ruas. Peter logo enfiou a mão no bolso, dizendo:

– Aqui tem metade de um, veio embrulhado num chapéu que comprei ontem, com um mascate.

Disse a ele que a carta estaria pronta na noite seguinte. Peter me desejou boa-noite, então acrescentou:

– Não desanime, Linda. Dias melhores virão.

Meu tio Phillip ficou vigiando o portão durante toda aquela breve conversa. Bem cedinho, na manhã seguinte, fui me sentar junto à pequena abertura para examinar o jornal. Era um pedaço do *New York Herald*; pelo menos uma vez aquele jornal que abusava sistematicamente de pessoas negras seria usado, na verdade, em prol delas. Quando consegui obter as informações que eu queria a respeito das ruas e dos números, escrevi duas cartas: uma para minha avó, a outra para o dr. Flint. Na segunda, enfatizei a lembrança de como ele, um homem já grisalho, tratara uma criança indefesa que fora colocada sob seu poder e dos anos de miséria que ele infligira à garotinha. Para minha avó, expressei o desejo de que meus filhos fossem enviados para mim, no Norte, onde eu poderia ensiná-los a respeitarem a si mesmos e servir, para eles, como exemplo de virtude; coisa que uma mulher escrava não tinha permissão de fazer no Sul. Pedi a ela que encaminhasse as respostas a uma rua de Boston, já que não vivia em Nova Iorque, só às vezes passasse por lá. Coloquei uma data bem avançada, considerando o tempo que levariam para serem enviadas, e fiz uma anotação para que meu mensageiro se lembrasse dessas datas. Quando meu amigo apareceu para buscar as cartas, falei:

– Deus lhe abençoe e lhe pague, Peter, por sua bondade generosa. Tome muito cuidado. Se você for pego, nós dois sofreremos muitos horrores. Nenhum dos meus parentes sequer se atreveria a fazer isso por mim.

– Pode confiar em mim, Linda – respondeu ele. – Nunca me esqueço do seu pai, que era meu melhor amigo. E eu vou ser amigo dos filhos dele enquanto Deus me permitir.

Foi preciso contar à vovó, para que ela estivesse pronta para a carta e preparada para ouvir o que o dr. Flint pudesse dizer sobre eu estar no Norte. Vovó ficou muito chateada, certa de que o plano ainda nos traria algum mal. Também contei o plano à tia Nancy, para que ela pudesse nos contar o que acontecesse na casa do doutor. Sussurrei meu relato para ela através de uma fenda, e ela sussurrou de volta:

– Espero que dê mesmo certo. Não me importo de passar a vida *inteira* como escrava, desde que possa ver você e seus filhos livres.

Eu tinha orientado para que as cartas fossem enviadas pelo correio de Nova Iorque no vigésimo dia do mês. Na noite do dia 24, minha tia veio contar que vira o dr. Flint e a esposa conversando aos sussurros sobre alguma carta que ele recebera e que depois disso o doutor tinha ido para o consultório prometendo que traria a missiva quando voltasse para o chá. Com isso, concluí que, na manhã seguinte, ouviria da carta já lida. Avisei à vovó que o dr. Flint com certeza apareceria e pedi a ela que o acomodasse perto de uma das portas, que ficaria aberta, de forma que eu pudesse ouvir o que ele dissesse. Na manhã seguinte, assumi meu posto perto de onde ouvia a tal porta e fiquei imóvel feito uma estátua. Não demorou para ouvir o portão bater com tudo, seguido daqueles passos tão conhecidos entrando na casa. Ele se acomodou na cadeira que tinha sido colocada e disse:

– Bem, Martha, eu lhe trouxe uma carta de Linda. Ela também mandou uma para mim. Já sei exatamente onde a encontrar, mas não vou a Boston por ela. Preferiria que ela voltasse de boa vontade, um retorno respeitável. O tio, Phillip, é a melhor pessoa para ir buscá-la. Com *ele*, Linda se sentiria livre para agir como quisesse. Estou disposto a pagar os custos da viagem de ida e de volta. Linda será vendida para seus amigos. Os filhos dela já estão livres, pelo menos imagino que estejam. E, quando tiverem a liberdade dela, vocês serão uma família feliz. Então imagino, Martha, que você não tenha nenhuma objeção a me deixar ler a carta que Linda lhe escreveu.

O doutor rompeu o selo, e fiquei ouvindo enquanto ele lia em voz alta. Que velho miserável! Tinha trocado a carta para minha avó por uma que ele próprio escrevera. A mensagem dizia o seguinte:

Querida avó: faz muito tempo que quero lhe escrever, mas abandonei a senhora e as crianças de um jeito tão horrendo que tive vergonha. Se a senhora soubesse o quanto sofri desde que fugi, teria pena e me perdoaria. Paguei um preço muito caro pela liberdade. Se houvesse algum arranjo para que eu pudesse voltar para o Sul sem ser escrava, eu voltaria feliz. Se não tiver como, imploro que mande meus filhos para o Norte. Não posso mais viver sem eles. Mande uma mensagem com antecedência, que encontrarei com eles em Nova Iorque ou na Filadélfia, onde for mais conveniente para o meu tio. Escreva assim que possível para a sua pobre filha,

Linda

– É bem como eu esperava – disse aquele velho hipócrita, levantando-se para ir embora. – Dá para ver que a tolinha se arrependeu da atitude precipitada e quer voltar. Temos que ajudar nisso, Martha. Fale com Phillip. Se ele quiser ir, Linda confiaria nele e voltaria. Eu peço que a resposta venha até amanhã. Bom dia, Martha.

Quando ele saiu para o pátio, esbarrou na minha filhinha.

– Ah, Ellen, é você? – perguntou, com o máximo de elegância. – Não a vi. Como você está?

– Muito bem, senhor – respondeu minha filha. – Ouvi o senhor contando para vovó que minha mãe está voltando para casa. Quero ver minha mãe.

– Sim, Ellen, vou trazer sua mãe de volta para casa, não vai demorar – ele concordou. – E você vai poder ver sua mãe tanto quanto quiser, sua NIGGER de cabelo enroladinho.

Aquilo foi praticamente uma piada para mim, que tinha ouvido tudo, mas vovó ficou assustada e muito preocupada porque o doutor queria que meu tio fosse me buscar.

Na noite seguinte, o dr. Flint passou para discutir a questão. Meu tio respondeu que, pelo que ouvira dos acontecimentos em Massachusetts, achava que seria atacado se fosse até lá atrás de algum escravo fugido.

– Tudo mentira e bobajada, Phillip! – respondera o doutor. – Acha mesmo que eu ia querer que você causasse confusão em Boston? A coisa toda pode ser feita com discrição. Linda escreveu dizendo que quer voltar. Você é parente dela, a mulher confiaria *em você*. O caso já seria diferente se eu fosse. Ela talvez não queira vir *comigo*, e, se aqueles malditos abolicionistas soubessem que sou o senhor dela, não iriam acreditar se eu dissesse que ela implorou para voltar. Iam logo causar confusão, e eu não gostaria de ver Linda arrastada pelas ruas como uma negra qualquer. Linda foi muito ingrata, apesar de toda a minha bondade. Mas eu a perdoo e quero agir com ela como o amigo que sou. Não quero mais manter Linda como minha escrava. Ela pode ser comprada pelos amigos assim que chegar aqui.

Vendo que esses argumentos não tinham convencido meu tio, o doutor achou melhor "deixar tudo às claras", dizendo que tinha escrito para o prefeito de Boston para ter certeza de que uma pessoa com minha descrição vivesse na rua e no número que eu colocara nas cartas. Ele tinha omitido essas informações na carta forjada para minha avó. Se eu tivesse colocado um endereço de Nova Iorque, o velhote com certeza viajaria de novo para a cidade. Mas, mesmo naquela região isolada, onde qualquer conhecimento era tão cuidadosamente mantido oculto dos escravos, eu tinha ouvido o bastante sobre Massachusetts para compreender que os senhores de escravos não se sentiam confortáveis de ir lá em busca de um fugido. Isso foi antes da Lei do Escravo Fugido, antes de Massachusetts consentir em se tornar um "caçador de pretos" para o Sul.

Minha avó, que tinha se tornado uma pessoa nervosa, vendo a família sempre em perigo, veio conversar comigo parecendo muito preocupada, perguntando:

– E o que você vai fazer se o prefeito de Boston mandar uma resposta dizendo que você não está lá? Aí o doutor vai suspeitar que a carta foi um engodo, e talvez descubra mais a respeito. E aí todos estaremos envolvidos em problemas. Ah, Linda, queria que você não tivesse mandado essas cartas.

– Não se preocupe, avó – respondi. – O prefeito de Boston não vai se dar ao trabalho de falar com o dr. Flint. As cartas vão funcionar, no fim das contas. Uma hora ou outra eu vou sair desse buraco escuro.

– Espero que saia mesmo, minha filha – respondeu minha velha amiga, tão bondosa e paciente. – Você já está aqui há muito tempo, quase cinco anos. Mas, quando for embora, vai partir o coração da sua velha avó. Vou ficar todos os dias esperando notícias de que você foi trazida de volta acorrentada e jogada na cadeia. Que Deus lhe ajude, coitadinha! Temos que ser gratos porque, uma hora ou outra, poderemos ir para onde "os ímpios já não se agitam, e os cansados permanecem em repouso"[9].

E meu coração respondeu: *Amém.*

O dr. Flint escrever para o prefeito de Boston foi o que me convenceu de que ele acreditava que a carta era genuína e, claro, que não tinha nenhuma suspeita de que eu estivesse nas redondezas. As cartas serviram muito bem para manter essa ilusão, que diminuía a minha ansiedade e a de meus amigos e que seria muito conveniente quando houvesse outra chance de escapar. Portanto, decidi continuar a escrever cartas do Norte, de quando em quando.

Duas ou três semana se passaram e, como não veio nenhuma notícia do prefeito de Boston, vovó começou a dar ouvidos a minhas súplicas para às vezes sair daquela cela e exercitar braços e pernas, para evitar que ficasse aleijada. Recebi a permissão de descer para o pequeno depósito bem cedinho, pelas manhãs, e ficar ali por um tempinho. O lugar

---

[9] Jó 3:17. (N.T.)

estava cheio de barris, a não ser por uma pequena abertura abaixo do meu alçapão. Essa abertura ficava de frente parra a porta, cuja parte de cima era de vidro, deixada sem cortina de propósito, para que os curiosos pudessem olhar bem. O ar era bem abafado, mas muito melhor do que a atmosfera de minha cela, para onde eu odiava ter que voltar. Descia assim que via luz e permanecia lá embaixo até às oito, quando as pessoas começavam a cuidar de seus afazeres e havia o risco de que alguém entrasse no pátio. Eu já tentara diversas pomadas para fazer o calor e a sensação voltassem de vez para as pernas, mas nada funcionava. Os músculos estavam tão dormentes e rígidos que até o esforço de mexer era dolorido. Se meus inimigos tivessem me encontrado naquelas primeiras manhãs em que tentei me exercitar naquele espacinho livre do depósito, teria sido impossível escapar.

Era importante na vida do meu irmão

Eu sentia muita falta da companhia atenta e amorosa do meu irmão, William, que tinha ido para Washington com seu mestre, o sr. Sands. Recebemos várias cartas, todas sem nenhuma alusão a mim, mas expressas de tal maneira que eu sabia que ele não me esquecera. Disfarcei minha caligrafia e escrevi da mesma maneira. Foi uma longa sessão legislativa[10], e, quando acabou, William escreveu para nos informar que o sr. Sands estava voltando para o Norte, passar um tempo fora, e que ele iria acompanhá-lo. Eu sabia que o sr. Sands lhe prometera a liberdade, mas nenhum momento para isso tinha sido especificado. William poderia confiar na sorte de um escravo? Lembrei das conversas da nossa juventude, quando falávamos sobre a conquista de nossa liberdade, e achei pouco provável que meu irmão voltaria para nós.

---

[10] Sessão legislativa é o período de atividade do Congresso, geralmente dividido em dois semestres ao longo do ano. Ver: https://www12.senado.leg.br/noticias/glossario-legislativo/sessao-legislativa#:~:text=A%20sess%C3%A3o%20legislativa%20ordin%C3%A1ria%20%C3%A9,elei%C3%A7%C3%B5es%20parlamentares%2C%20comp%C3%B5em%20uma%20legislatura. (N.T.)

Vovó recebeu uma carta do sr. Sands dizendo que William se provara um servo muito fiel e, por que não, um amigo valioso; que nenhuma mãe poderia ter criado um menino melhor. Disse que os dois viajaram pelos Estados do Norte e pelo Canadá e que, embora os abolicionistas tenham tentado atraí-lo, nunca tiveram sucesso. Terminou dizendo que em breve estariam em casa.

Ficamos esperando cartas de William descrevendo as novidades da jornada, mas nenhuma veio. Com o tempo, ficamos sabendo que o sr. Sands voltaria no final do outono, acompanhado por uma noiva. E nós ainda sem cartas de William. Eu tinha quase certeza de que nunca mais o veria no Sul, mas meu irmão não tinha sequer uma palavra de conforto para os amigos em casa? Para a pobre cativa em sua masmorra? Meus pensamentos vagaram do passado sombrio para o futuro incerto. Sozinha naquela cela, onde nenhum olho além de Deus podia me ver, chorei lágrimas amargas. Com que fervor orei para que Ele me devolvesse aos meus filhos e me capacitasse para ser uma mulher útil e uma boa mãe!

Por fim chegou o dia do retorno. Vovó deixara tudo muito pronto para receber, com muito amor, o filho ausente de volta à velha lareira. Quando a mesa foi posta, o antigo lugar de William foi reservado para ele. A carruagem passou vazia. Vovó esperou com a comida. Pensou que o filho talvez tivesse sido detido pelo mestre, decerto com algum motivo. Na minha cela, fiquei atenta a tudo, ansiosa, esperando a cada momento ouvir a voz e os passos do meu querido irmão. No decorrer da tarde, o sr. Sands enviou um rapaz para dizer à vovó que William não tinha voltado com ele; que tinha sido enganado pelos abolicionistas. Mas o homem implorou a ela que não se preocupasse, pois com certeza veria William dali a alguns dias. O jovem voltaria assim que tivesse tempo de refletir, pois nunca poderia esperar uma vida tão boa no Norte como a que tivera junto dele.

Ah, se você tivesse visto as lágrimas e ouvido os soluços, teria pensado que o mensageiro trouxera notícias de morte, em vez de liberdade. Minha pobre avó achava que nunca mais veria o filho querido. E eu fui egoísta. Pensei mais no que eu mesma perdera do que no que meu irmão ganhara. Uma nova ansiedade começou a me incomodar. O sr. Sands gastara muito dinheiro e naturalmente ficaria irritado com a perda que sofrera. Tive medo de que isso pudesse prejudicar o futuro dos meus filhos, que estavam se tornando mercadoria valiosa. Ansiava para garantir a emancipação dos dois. Ainda mais porque, agora, seu pai e mestre estava casado. Eu já conhecia a escravidão bem demais para não saber que as promessas feitas aos escravos, mesmo que sinceras e com boas intenções, dependiam de muitas contingências para serem cumpridas.

Por mais que eu quisesse William livre, aquele passo que ele deu me deixou triste e ansiosa. O dia de descanso seguinte foi calmo e claro, tão bonito que parecia um dia do mundo eterno. Vovó foi com as crianças para o pátio, para que eu pudesse ouvir suas vozes. Achava que seria um conforto para mim, que andava tão deprimida. E foi mesmo. Meus filhos conversavam alegremente, como só as crianças podem fazer.

– Vovó, a senhora acha que o tio Will se foi para sempre? – perguntou Benny. – Que ele nunca mais vai voltar? Talvez ele encontre a mamãe. Se os dois se encontrarem, mamãe vai ficar *muito feliz* de poder ver meu tio! Por que você e o tio Phillip e todos nós não vamos morar lá onde mamãe está? Eu ia gostar. Você não ia, Ellen?

– Sim, eu ia gostar – respondeu Ellen. – Mas como a gente ia encontrar a mamãe? Você sabe onde é isso, vovó? E eu não me lembro de como era a mamãe. E você, Benny?

Meu filhinho estava começando a me descrever quando foram interrompidos por uma velha escrava, uma vizinha chamada Aggie. A pobre criatura tinha testemunhado a venda dos filhos e os vira levados para lugares desconhecidos, sem qualquer esperança de algum dia ter notícias deles. Tinha visto vovó chorando e comentou, solidária:

– Qual é o problema, tia Marthy?

– Ah, Aggie – respondeu vovó. – É como se não fosse para eu ter mais nenhum de meus filhos ou netos quando eu precisar de alguém para me dar de beber, quando estiver morrendo, e deitar meu velho corpo na terra. Meu menino não voltou com o sr. Sands. Ele ficou no Norte.

A pobre Aggie bateu palmas de alegria.

– É com *isso* que você tá chorando? – indagou. – Pois é pra ajoelhar e agradecer ao Senhor pela bênção! Ah, eu não sei onde estão meus filhos, coitadinhos, e acho que nunca vou saber. E você não sabe para onde a pobre Linda foi, mas sabe onde está o irmão dela. O menino está nas Terras Livres, e é lá que deveria estar. Não reclame dos feitos do Senhor, apenas ajoelhe e agradeça Sua bondade.

Meu egoísmo foi repreendido pelas palavras da pobre Aggie. A mulher se alegrava com a fuga de alguém que era apenas colega de cativeiro, enquanto eu, a própria irmã do fugido, só pensava no que aquela boa sorte poderia custar a meus filhos. Ajoelhei-me e orei a Deus, pedindo perdão, então agradeci de coração por alguém da minha família ter sido salvo das garras da escravidão.

Não demorou para que recebêssemos uma carta de William. Ele escreveu que o sr. Sands sempre o tratou com bondade e que tentou cumprir fielmente seu dever para com ele. Mas, desde menino, desejava ser livre. E já tinha vivido o bastante para saber que era melhor não perder as oportunidades, quando a sorte sorria. E concluiu dizendo: "Não se preocupe comigo, querida avó. Sempre pensarei em você, e isso vai me motivar a trabalhar duro e tentar fazer o que é certo. Quando eu ganhar dinheiro o bastante para comprar uma casa, talvez você venha para o Norte, e, aqui, todos nós possamos viver felizes juntos.

O sr. Sands contou ao meu tio Phillip os detalhes sobre a fuga de William deixando-o. O que ele disse foi: "Eu confiava nele como se fosse meu próprio irmão, eu o tratei tão bem quanto a um irmão. Os abolicionistas o abordaram em vários momentos, mas eu não tinha ideia de que conseguiriam fazer o rapaz cair em tentação. Ainda assim, não culpo William. É um jovem sem consideração pelos outros, e foi enganado por aqueles patifes do Norte. Mas tenho que admitir: o malandro foi muito ousado. Eu o encontrei descendo as escadas da Astor House com o baú no ombro e perguntei para onde estava indo. William disse que ia trocar o baú velho. Eu concordei que estava mesmo um tanto surrado e perguntei se ele não precisava de dinheiro. William respondeu que não, agradeceu e foi embora. Ele demorou um pouco demais para voltar, mas esperei pacientemente. Até que, por fim, fui ver se nossos baús estavam arrumados, prontos para a viagem. Estavam trancados, com um bilhete lacrado em cima da mesa, informando onde eu poderia encontrar as chaves. O sujeito até tentou ser religioso! Escreveu que esperava que Deus sempre me abençoasse e me recompensasse pela bondade, explicando que não é que não estivesse disposto a me servir, e sim que queria ser um homem livre. Ainda disse que, se eu achasse que ele tinha agido errado, esperava que eu o perdoasse. Meu plano era dar a liberdade a ele daqui a cinco anos. William poderia ter confiado em mim. O rapaz se mostrou um ingrato, mas não vou atrás, nem mandarei ninguém. Tenho certeza de que ele logo voltará para mim".

Um tempo depois, ouvi o caso contado pelo próprio William. Ele não tinha sido cooptado pelos abolicionistas. Não precisava de nenhuma informação que aquela gente poderia ter fornecido sobre a escravidão para estimular seu desejo de liberdade. Apenas olhou para as próprias mãos e lembrou que já tinham estado acorrentadas. Que certeza poderia ter de que não voltariam a ser? O sr. Sands tinha sido muito gentil, mas poderia adiar a promessa de liberdade indefinidamente. Poderia passar por constrangimentos fiscais e ter as propriedades confiscada por credores. Ou poderia morrer sem tomar qualquer providência para a liberdade de William. Meu irmão sabia de muitos desses percalços que aconteciam com os escravos de senhores amáveis e achou mais prudente garantir a oportunidade de ser dono de si mesmo. Teve a decência de não pegar dinheiro de seu mestre sob falsos pretextos, então vendeu as melhores roupas para pagar uma passagem para Boston. Os proprietários de escravos o consideravam um desgraçado indigno e ingrato por ter retribuído a indulgência de seu senhor com aquela atitude. Mas o que *eles* teriam feito, caso se vissem nessas circunstâncias?

Quando a família do dr. Flint soube que William abandonara o sr. Sands, todos riram muito da notícia. A sra. Flint manifestou sua bondade cristã da maneira de sempre, dizendo:

– Pois fico feliz. Espero que ele nunca mais encontre o rapaz. Gosto de ver as pessoas serem pagas com a própria moeda. E me parece que os filhos de Linda é que vão pagar o preço. Vou gostar de ver os dois de volta às mãos do especulador, estou farta de ver aqueles negros andando por aí.

Um novo destino para as crianças

A sra. Flint deixou clara sua intenção de informar à sra. Sands quem era o pai dos meus filhos. Também se propôs a contar como eu era um demônio astuto e como causara muitos problemas à família dela. E dizer que, quando o sr. Sands estava no Norte, não duvidava que eu tivesse ido atrás dele disfarçada e persuadido William a fugir. A mulher tinha alguns motivos para pensar aquilo, já que eu, volta e meia, enviava uma carta do Norte, mas mandando as mensagens de vários lugares. Muitas caíram nas mãos do dr. Flint, como eu esperava, e ele deve ter chegado à conclusão de que eu viajava bastante. O homem se manteve muito vigilante quanto a meus filhos, achando que as crianças ainda o levariam até mim.

Mas havia uma nova provação inesperada reservada para mim. Um dia, quando o sr. Sands e a esposa estavam andando pela rua, encontraram Benny. A senhora gostou dele e comentou:

– Que negrinho lindo! De quem é?

Benny não ouviu a resposta, mas voltou para casa muito indignado com a senhora estrangeira, que o chamara de negro. Poucos dias depois, o sr. Sands visitou vovó dizendo que queria que ela levasse as crianças até sua casa. Disse que informara a esposa sobre a relação com as crianças e que explicara que não tinham mãe. A senhora queria vê-los.

Quando ele saiu, vovó veio perguntar o que eu ia fazer. A pergunta parecia uma zombaria. O que eu *podia* fazer? Os dois eram escravos do sr. Sands, filhos de uma mãe escrava que ele anunciara como morta. Talvez tivesse pensado que eu estava morta mesmo. Fiquei magoada e confusa demais para tomar qualquer decisão, e as crianças foram levadas sem que eu soubesse. Uma irmã da sra. Sands viera de visita de Illinois. Essa senhora, que não tinha filhos, gostou tanto de Ellen que se ofereceu para adotá-la e criá-la como filha. A sra. Sands queria ficar com Benjamim. Quando vovó me contou, a provação foi quase maior que eu podia suportar. Seria isso o resultado de tudo o que sofri para ver meus filhos livres? É verdade que a *perspectiva* parecia boa, mas eu sabia muito bem como os proprietários de escravos erram levianamente nessas "relações parentais". Se tivessem problemas financeiros ou se a nova esposa precisasse de mais dinheiro do que a conveniência permitia gastar, meus filhos seriam considerados um meio de arrecadar fundos. Não tinha nenhuma confiança em ti, ó escravidão! Nunca estaria em paz até que meus filhos fossem emancipados com todas as devidas formalidades da lei.

Eu era orgulhosa demais para pedir ao sr. Sands que fizesse qualquer coisa em meu próprio benefício, mas poderia me obrigar a implorar pelos meus filhos. Resolvi lembrá-lo da promessa que me fizera e lançar minhas esperanças sobre a honra dele de cumpri-la. Convenci vovó a contar a ele que eu não estava morta e que implorava a ele, de todo o coração, que cumprisse a promessa que me fizera; que ouvira falar das últimas propostas para meus filhos e não me sentia bem em aceitá-las;

que ele me prometera a liberdade dos dois e que era hora de cumprir a promessa. Sabia que havia algum risco de acabar revelando que eu estava nas proximidades; mas o que uma mãe não faz pelos filhos? O sr. Sands recebeu a mensagem com surpresa e respondeu:

– As crianças são livres. Nunca tive a intenção de reclamá-las como escravas. Linda pode decidir o destino delas. Na minha opinião, é melhor que sejam mandadas para o Norte. Não acho que estejam seguras aqui. O dr. Flint vive se gabando de que as crianças ainda estão sob seu poder. Diz que eram propriedade da filha e, como ela não era maior de idade quando foram vendidas, o contrato não é válido aos olhos da lei.

Então, depois de tudo que sofri por eles, meus pobres filhos estavam entre dois fogos: meu antigo mestre e o novo mestre delas! E eu estava impotente. Não havia nenhum braço protetor da lei para eu invocar. O sr. Sands propôs que, por enquanto, Ellen fosse para alguns de seus parentes, que tinham se mudado para o Brooklyn, em Long Island. Foi prometido que ela seria bem cuidada e mandada para a escola. Eu consenti, pois era o melhor acordo que conseguiria por ela. Vovó negociou tudo, claro, e a sra. Sands não soube de qualquer outra pessoa na transação. A mulher propôs que Ellen fosse com eles para Washington e lá ficasse até que tivessem uma boa chance de mandá-la para o Brooklyn com alguns amigos. A mulher tinha uma filha pequena; vi por um vislumbre quando a babá passou com a criança nos braços. Não foi uma ideia agradável, pensar que a filha da escrava cuidasse da irmã nascida livre, mas não havia alternativa. Ellen foi preparada para a viagem. Ah, como meu coração sofreu por mandá-la embora tão jovem, sozinha, entre estranhos! Sem o amor da mãe para protegê-la das intempéries da vida, quase sem memória da mãe! Duvidava que ela e Benny sentissem por mim a afeição natural que as crianças sentem pelos pais. Pensei que talvez nunca mais visse minha filha e ansiava intensamente para que que ela olhasse para mim antes de partir, para que levasse minha imagem na memória. Parecia cruel levá-la até minha cova. Para seu jovem coração, já era ruim o bastante saber que a mãe tinha sido vítima da escravidão, ela não precisava ver o esconderijo miserável onde a escravidão a enfiara. Implorei permissão para passar a última noite com minha menininha num dos cômodos abertos. Acharam que eu era louca de pensar em confiar meu segredo perigoso a uma criança tão pequena. Eu respondi que conhecia a índole da minha filha e tinha certeza de que ela não me trairia, que estava decidida a ter aquele encontro e que, se não ajudassem, eu teria que fazer da minha maneira. Houve protestos, parecia precipitado fazer aquilo, mas, vendo que não tinham como me dissuadir, acabaram cedendo. Desci pelo alçapão até o depósito, e meu tio ficou de guarda no portão enquanto eu cruzava o pátio e subia as escadas até o quarto que antes era meu. Já fazia mais de cinco anos que não via o lugar, e fui arrebatada pelas memórias! Fora ali que eu tinha me abrigado quando minha senhora me expulsou; era ali que eu recebia as visitas zombeteiras do velho tirano, que me insultava e amaldiçoava; fora ali que meus filhos foram colocados pela primeira vez nos meus braços; ali que eu cuidara deles, a cada dia com um amor mais profundo e mais triste; foi ali que me ajoelhei diante de Deus, com o coração cheio de angústia, pedindo perdão por meus erros. Como tudo voltou, memórias tão vívidas! E, depois desse intervalo longo e melancólico, fiquei ali, parada, em destroços!

Durante essas meditações, ouvi passos na escada. A porta se abriu, e tio Phillip entrou, trazendo Ellen pela mão. Eu a envolvi em meus braços, dizendo:

– Ellen, minha filhinha querida, eu sou sua mãe.

Ela recuou um pouco e olhou para mim; então, com doce confiança, encostou a bochecha na minha. Eu a apertei junto ao coração, desolado havia tanto tempo. Ela foi a primeira a falar. Erguendo a cabeça, perguntou:

– Você é mesmo minha mãe?

Respondi que era mesmo e que, durante todo o tempo em que ela não me viu, eu a amei com ternura. E que, agora que ela estava indo embora, eu queria vê-la e conversar com ela. Para que minha filha se lembrasse de mim. Com um soluço na voz, minha menininha disse:

– Estou muito feliz por você ter vindo me ver, mas por que nunca veio antes? Benny e eu queríamos muito ver você! Ele ainda se lembra e às vezes me fala de você. Por que não voltou para casa quando o dr. Flint foi buscar você?

– Não pude vir antes, querida. Mas, agora que estou aqui com você, diga se quer ir embora.

– Não sei – respondeu ela, chorando. – Vovó diz que não devo chorar, que estou indo para um bom lugar, onde vou poder aprender a ler e a escrever, e que em pouco tempo vou poder escrever uma carta para ela. Mas não terei Benny, nem vovó, nem tio Phillip, nem ninguém que me ame. Você não pode ir comigo? Ah, mãe, vamos!

Eu expliquei que não podia ir ainda, mas que um dia iria procurá-la, então ela, Benny e eu viveríamos juntos e teríamos momentos felizes. Ela queria trazer Benny para me ver agora. Eu expliquei que ele também iria para o Norte em pouco tempo, junto com o tio Phillip, e que eu o veria antes que ele fosse embora. Perguntei se ela queria que eu passasse a noite toda e dormisse com ela.

– Ah, quero! – Então, voltando-se para o tio, pediu, suplicante: – Posso ficar? Por favor, tio! Ela é minha mãe.

Tio Phillip colocou a mão na cabeça dela e respondeu, solene:

– Ellen, este é o segredo que você prometeu à sua avó que nunca vai contar. Se falar disso para mais alguém, nunca vão deixar que você veja vovó outra vez, e sua mãe nunca poderá ir ao Brooklyn.

– Tio, eu nunca vou contar.

Phillip disse que ela podia passar a noite comigo. Quando ele saiu, abracei minha menina e expliquei que eu era uma escrava, por isso que ela nunca deveria dizer que me tinha visto. Pedi que fosse uma boa menina, que tentasse agradar às pessoas no lugar para onde ia e que Deus arrumaria amigos para ela. Disse a ela para fazer as orações e lembrar sempre de orar pela pobre mãe. Que Deus permitiria que nos encontrássemos de novo. Ellen chorou, e não contive suas lágrimas. Talvez ela nunca mais tivesse a chance de chorar no peito da mãe. Passou a noite toda aninhada em meus braços, e eu não tive vontade de dormir. Os momentos eram todos preciosos demais para perder qualquer um. Quando pensei que ela estava dormindo, beijei sua testa bem de levinho, e ela disse:

– Não estou dormindo, mamãe querida.

Antes do amanhecer, vieram me levar de volta à minha toca. Afastei a cortina da janela para dar uma última olhada em minha filha. O luar iluminava seu rosto, e eu me inclinei para perto dela, como fizera anos antes, naquela noite miserável em que fugi. Eu a abracei bem junto ao coração latejante. Lágrimas tristes demais para serem derramadas por olhos tão jovens escorreram pelo rosto dela naquele último beijo, quando ela sussurrou em meu ouvido:

– Mãe, nunca vou contar.

E ela nunca contou.

Quando voltei para minha cova, eu me joguei na cama e chorei sozinha, no escuro. Parecia que meu coração ia explodir. Quando chegou a hora da partida de Ellen, ouvi vizinhos e amigos dizendo a ela:

– Tchau, Ellen! Espero que sua pobre mãe a encontre. Você não ficaria *feliz* de ver sua mãe?

– Sim, senhora – respondeu ela, e ninguém nem sonhava com o segredo que pesava em seu jovem coração.

Ellen era uma criança afetuosa, mas muito reservada, exceto com aqueles que amava, e eu tinha certeza de que meu segredo estaria seguro com ela. Ouvi o portão fechar cheia de sentimentos que só uma mãe escrava pode sentir. Durante o dia, meus pensamentos eram muito tristes. Às vezes, temia ter sido egoísta demais em não desistir de todos os direitos sobre ela e deixá-la ir para Illinois, para ser adotada pela irmã da sra. Sands. Foi minha experiência de escravidão que me fez decidir contra isso. Temi que surgissem circunstâncias que a fizessem ser mandada de volta. Estava confiante de que iria eu mesma para Nova Iorque, então poderia cuidar dela e protegê-la, ao menos um pouco.

A família do dr. Flint não soube de nada do arranjo até depois que Ellen partiu, e a notícia causou muito desagrado. A sra. Flint chamou a irmã da sra. Sands para conversar sobre o assunto e expressou sua opinião com muita liberdade sobre o respeito que o sr. Sands demonstrava para com a esposa e com o próprio caráter, reconhecendo aqueles "pretinhos". E, quanto a mandar Ellen embora, declarou que era um roubo, tanto quanto seria se o sr. Sands tivesse pegado um móvel da sala dela. Disse que a filha não tinha idade para assinar a nota fiscal de venda e que as crianças eram propriedade dela. Que, quando a menina atingisse a maioridade ou fosse casada, poderia pegá-los de volta, não importava onde estivessem.

A srta. Emily Flint, a menina a quem fui legada, estava com dezesseis anos. A mãe considerava certo e honroso que ela ou o futuro marido roubassem meus filhos, mas não entendia como qualquer pessoa poderia manter a cabeça erguida em uma sociedade respeitável depois de comprar os próprios filhos, como o sr. Sands fizera. O dr. Flint disse muito pouco. Talvez pensasse que havia menos chance de Benny ser mandado embora se ficasse quieto. Uma das minhas cartas que caiu em suas mãos tinha sido enviada do Canadá, e ele agora raramente falava de mim. Essas circunstâncias me permitiram descer para o depósito com mais frequência, onde conseguia ficar em pé e mover as pernas com mais liberdade.

Dias, semanas e meses se passaram, e não houve notícias de Ellen. Mandei uma carta para o Brooklyn, escrita em nome de minha avó, para saber se a menina tinha chegado. A resposta foi negativa. Escrevi para ela em Washington, mas não tive resposta. Lá deveria haver uma pessoa solidária com a ansiedade dos afetos que a criança deixara em casa, mas os laços dessa relação que ele formara comigo foram rompidos e jogados fora como lixo. Mas como sua voz tinha sido protetora e persuasiva com uma escrava pobre e indefesa! E como eu confiara inteiramente nele! Mas agora as suspeitas obscureciam minha mente. Minha filha estava morta, ou tinham me enganado e vendido a menina?

Se as memórias secretas de muitos membros do Congresso fossem publicadas, detalhes curiosos seriam revelados. Certa vez, vi uma carta de um membro do Congresso a uma escrava, mãe de seis de seus filhos. O homem escreveu pedindo que ela mandasse os filhos embora da casa-grande antes que ele voltasse, pois estaria acompanhado de amigos. A mulher não sabia ler e foi obrigada a pedir que outra pessoa lesse a carta. Não era a existência daquelas crianças negras que incomodava o cavalheiro, e sim o medo de que os amigos reconhecessem, em seus traços, uma semelhança com ele.

Depois de seis meses, chegou uma carta do Brooklyn para minha avó. Tinha sido escrita por uma jovem da família e anunciava que Ellen acabara de chegar. Continha a seguinte mensagem da minha menina: "Tento fazer exatamente o que você disse e oro por você todas as noites e manhãs". Entendi que essas palavras eram para mim, e foram um bálsamo para o meu coração. A carta encerrava dizendo: "Ellen é uma boa menina, e gostaríamos de tê-la conosco. Meu primo, o sr. Sands, deu-a para mim, para ser minha pequena aia. Vou mandá-la para a escola, e espero que um dia ela mesma escreva para você". A carta me deixou perplexa e perturbada. O pai da minha filha simplesmente a largara lá até que ela tivesse idade suficiente para se sustentar? Ou dera a menina para o primo, como uma mercadoria? Se fosse essa última opção, o primo poderia voltar ao Sul a qualquer momento e manter

Ellen como escrava. Tentei afastar o pensamento doloroso de que poderíamos ter sofrido aquela terrível injustiça. Disse a mim mesma que "decerto deve haver *alguma* justiça no homem", então lembrei, com um suspiro, como a escravidão pervertia todos os sentimentos naturais do coração humano. Senti uma pontada de dor ao olhar para o meu alegre menino. Ele acreditava que era livre, e submetê-lo ao jugo da escravidão seria mais do que eu poderia suportar. Como ansiava que ele estivesse a salvo, fora do alcance das garras da escravidão!

Tia Nancy

Já mencionei minha tia-avó, escrava da família do dr. Flint e que tinha sido meu refúgio durante as perseguições vergonhosas que sofri naquela casa. Essa tia se casou aos vinte anos, ao menos na medida em que os escravos *podem* casar. Teve o consentimento do senhor e de sua esposa, e um pastor conduziu a cerimônia. Mas era uma mera formalidade, sem nenhum valor legal. O senhor ou a senhora poderiam anulá-lo quando quisessem. Tia Nancy sempre dormia no chão, ao lado da porta dos aposentos da sra. Flint, para estar sempre perto. Quando ela se casou, passou a poder usar um quartinho em uma cabana próxima. A mãe e o marido que forneceram o lugar. O marido era um marinheiro e podia dormir lá quando estava em terra. Mas, na noite de núpcias, a noiva foi mandada para seu antigo posto no chão, perto da porta do quarto.

Naquela época, a sra. Flint não tinha filhos, mas estava grávida. E se quisesse um gole d'água à noite, o que poderia fazer sem sua escrava? Assim, minha tia foi obrigada a ficar deitada junto à porta até que, certo dia, à meia-noite, foi forçada a sair para dar à luz um filho prematuro. Dali a apenas quinze dias, foi obrigada a retomar o posto no chão da porta porque o bebê da sra. Flint precisava de atenção. E ficou ali durante o verão e o inverno, até dar à luz seis filhos prematuros, o tempo todo trabalhando como babá noturna para os filhos da sra. Flint. Até que, por fim, a labuta intensa o dia todo e a privação de descanso à noite acabaram de vez com sua saúde, e o dr. Flint declarou que era impossível que pudesse cuidar de uma criança viva. O medo de perder uma serva tão valiosa para a morte os fizera permitir que tia Nancy dormisse em seu quartinho na cabana, exceto quando houvesse doença na família. Depois disso, tia Nancy teve dois bebês fracos; um morreu em poucos dias, o outro viveu por quatro semanas. Lembro-me bem de sua tristeza paciente ao segurar o último bebê morto nos braços.

– Queria que ele tivesse sobrevivido – dissera. – Não é a vontade de Deus que nenhum de meus filhos viva. Mas vou me esforçar para poder encontrar seus espíritos no céu.

Tia Nancy era governanta e empregada doméstica na família do dr. Flint. Na verdade, ela era o *factotum* da casa. Nada corria bem sem ela. Era gêmea da minha mãe e fez o que estava em seu poder para ser uma espécie de mãe para nós, órfãos. Eu sempre dormia com ela, quando morava na casa do meu antigo mestre, e tínhamos um vínculo muito forte. Meus amigos algumas vezes tentaram me desencorajar de fugir, mas ela sempre me encorajou. Quando acharam que era melhor eu voltar e pedir perdão ao meu senhor, porque não havia possibilidade de fuga, ela me mandou um recado para nunca ceder. Disse que, se eu perseverasse, talvez conquistasse a liberdade dos meus filhos. E que, mesmo se eu morresse na tentativa, era melhor do que deixá-los sofrer as mesmas perseguições que arruinaram minha própria vida. Depois que fiquei trancada naquela cela escura, ela fugia sempre que podia para trazer notícias e tentar me animar. Quantas vezes me ajoelhei para ouvir suas palavras de consolo, sussurradas por uma fresta!

– Estou velha, não tenho mais muito o que viver. – Ela costumava dizer. – Mas eu morreria feliz se pudesse ver você e as crianças livres.

Você deve orar a Deus, Linda, como faço por você, para que Ele a ajude a sair dessa escuridão.

Eu implorava a ela que não se preocupasse comigo, que mais cedo ou mais tarde todos os sofrimentos acabariam e que, acorrentada ou em liberdade, sempre me lembraria dela como a boa amiga que trouxera tanto conforto para a minha vida. Sempre bastava uma palavra dela para me fortalecer, e não só a mim. A família inteira confiava em seu julgamento e seguia seus conselhos. Eu estava naquela cela havia seis anos quando vovó foi chamada para ficar ao lado dela, a última filha que lhe restava. Tia Nancy estava muito doente e disseram que ia morrer. Vovó não entrava na casa do dr. Flint havia anos. Tinha sido tratada com crueldade, mas não estava pensando nisso. Estava grata pela permissão de estar no leito de morte da filha. As duas sempre tinham sido muito dedicadas uma à outra, e agora estavam ali, sentadas, encarando-se olho no olho, querendo falar sobre o segredo que tanto pesava no coração das duas. Minha tia sofria de paralisia e viveu só mais dois dias; no último, ficou sem falar. Antes de perder o poder de expressão, ela disse à mãe para não ficar triste se ela não pudesse mais responder; que tentaria levantar a mão para deixá-la saber que estava tudo bem. Até o coração empedernido do doutor amoleceu um pouco ao ver a moribunda tentar sorrir para a mãe idosa, ajoelhada ao seu lado. Seus olhos chegaram a umedecer por um momento, quando ele dizia que tia Nancy sempre fora uma serva fiel e que nunca conseguiriam substituí-la. A sra. Flint foi para a cama bastante abalada pelo choque. Enquanto vovó estava sentada sozinha com o corpo, o doutor entrou junto do filho mais novo, que sempre fora o queridinho da tia Nancy e era muito apegado a ela.

– Martha – disse o doutor –, tia Nancy amava essa criança. E, quando ele vier até você, espero que seja gentil com ele, pela memória dela.

Ao que vovó respondeu:

– Sua esposa era minha filha de consideração, dr. Flint, irmã de consideração de minha pobre Nancy, e você não me conhece se acha que posso sentir qualquer coisa além de boa vontade para com os filhos dela.

– Gostaria que o passado fosse esquecido e que nunca pensássemos nisso – retrucou o doutor. – E que Linda viesse para a casa, assumir o lugar da tia. Ela valeria mais que todo o dinheiro que poderiam pagar por ela. E desejo isso também para o seu bem, Martha. Agora que você perdeu Nancy, Linda seria um grande conforto para a sua velhice.

O doutor sabia que estava tocando num ponto sensível. Quase sufocando de tristeza, vovó respondeu:

– Não fui eu que fiz Linda ir embora. Meus netos se foram, e, de meus nove filhos, apenas um sobrou. Deus me ajude!

Para mim, a morte de uma parente como ela foi uma tristeza inexprimível. Eu sabia que tia Nancy estava sendo assassinada aos poucos e sentia que meus problemas tinham ajudado a terminar o serviço. Depois de saber da doença, ficava ouvindo com atenção a notícias que vinham da casa-grande, e fiquei arrasada de saber que não poderia ir até ela. Por fim, quando tio Phillip entrou em casa, ouvi alguém perguntar como ela estava. Ao que ele respondeu: "Ela está morta". Minha pequena cela parecia girar, e eu não lembro de mais nada até que abri os olhos e vi tio Phillip curvado sobre mim. Não precisei fazer perguntas.

– Linda, ela morreu feliz – ele sussurrou. Eu não conseguia chorar. Meu olhar fixo o perturbou. – Não fique *assim*. Não aumente a dor de minha pobre mãe. Pense em tudo o que ela tem de suportar e em como temos de fazer o que pudermos para confortá-la.

Ah, sim, minha velha e abençoada avó, que por setenta e três anos suportou as tempestades da vida de uma escrava. Ela precisava mesmo de consolo!

A sra. Flint deixara a pobre irmã de consideração sem filhos, o que não lhe parecera causar nenhum remorso, e, com egoísmo cruel, arruinou sua saúde com anos de trabalho pesado incessante e não reconhecido, sem falar no descanso interrompido. Mas agora estava muito sentimental. Devia achar que seria uma bela ilustração do elo entre um proprietário e um escravo se o corpo do velho servo exausto fosse enterrado a seus pés. Mandou chamar o pastor e perguntou se ele tinha alguma objeção a enterrar tia Nancy no cemitério da família do doutor. Nenhum negro tinha permissão de ser enterrado no cemitério dos brancos, e o ministro sabia que todos os falecidos da família da tia Nancy repousavam juntos no antigo cemitério de escravos. Então respondeu:

– Não tenho nenhuma objeção em atender ao seu desejo, mas talvez a *mãe* de Nancy possa ter alguma escolha quanto ao local onde os restos mortais serão depositados.

Nunca nem ocorrera à sra. Flint que escravos pudessem ter sentimentos. Quando vovó foi consultada, disse imediatamente que queria que Nancy fosse enterrada com o restante da família, onde ela própria também seria enterrada. A sra. Flint graciosamente atendeu ao desejo, embora dissesse que era muito doloroso ter Nancy enterrada tão longe dela. E talvez tenha acrescentado, emocionada: "Eu já estava tão *acostumada* a dormir com ela deitada perto de mim, junto à porta".

Tio Phillip pediu permissão para enterrar a irmã às próprias custas, e os proprietários estão *sempre* dispostos a conceder tais favores aos escravos e seus parentes. Os arranjos foram muito simples, mas perfeitamente respeitáveis. Tia Nancy foi enterrada no sábado, e o pastor da sra. Flint leu o serviço. Havia uma grande multidão de pessoas negras, livres e escravas, e algumas pessoas brancas que sempre tinham sido amigas da família. A carruagem do dr. Flint estava na procissão e, quando o corpo foi depositado em seu humilde lugar de descanso, a senhora deixou cair uma lágrima e voltou para a carruagem, provavelmente pensando que cumprira seu papel com muita nobreza.

Os escravos consideraram aquele um enterro grandioso. Viajantes do Norte, de passagem pela cidade, podem ter descrito a homenagem de respeito à humilde falecida como uma bela característica da "instituição patriarcal", uma prova tocante da ligação entre proprietários e seus es-cravos. E a bondosa sra. Flint teria confirmado essa impressão levando o lenço aos olhos. Mas *nós* poderíamos ter contado uma história dife-rente. Poderíamos ter acrescentado um capítulo sobre as injustiças e os sofrimentos que teria tocado seus corações, se *tivessem* um coração que também batesse pelos negros. Poderíamos ter contado como a pobre mãe escrava tinha trabalhado, anos a fio, em troca de oitocentos dólares para comprar o próprio filho, Phillip; e como esse mesmo Phillip pagou as despesas do funeral, o que consideravam um grande crédito para o mestre. Também poderíamos ter contado sobre uma pobre criatura jovem e miserável que passara anos trancada viva em uma cova para evitar as torturas que lhe seriam infligidas caso se aventurasse a sair e olhar o rosto de sua falecida amiga.

Pensei tudo isso e muito mais sentada junto à fenda na parede, espe-rando a família voltar do cemitério; às vezes chorando, às vezes caindo no sono, tendo sonhos estranhos com os mortos e os vivos.

Foi triste testemunhar a dor de minha avó enlutada. Vovó sempre tinha sido forte, e agora, como sempre, a fé a apoiava. Mas sua vida sombria se tornara ainda mais envolta em sombras, e a idade e os pro-blemas estavam deixando rastros profundos no rosto murcho. Vovó tinha quatro lugares diferentes para bater e me chamar até o alçapão, e cada lugar tinha um significado diferente. Ela passara a visitar com mais frequência, querendo conversar sobre a filha morta, as lágrimas escorrendo devagar pelo rosto enrugado. Disse tudo o que pude para confortá-la, mas era triste pensar que, em vez de ajudar, eu era uma fonte constante de ansiedade e de problemas. Aquelas pobres costas es-tavam aptas para o fardo. Vovó envergou sob o peso, mas não quebrou.

Preparativos para a fuga

Não espero que os leitores acreditem quando afirmo que vivi quase sete anos naquele buraco pequeno e escuro, onde quase não entrava luz e ar e não havia espaço para mover as pernas. Mas é um fato, e, para mim, mesmo agora, um fato muito triste, pois meu corpo ainda sofre os efeitos daquela longa prisão, para não falar da alma. Parentes meus que hoje moram em Nova Iorque e em Boston podem testemunhar a veracidade do que digo.

Foram incontáveis noites sentada até bem tarde junto à pequena abertura, que mal era grande o bastante para me dar sequer um vislumbre de uma estrela cintilante. De lá, ouvi as patrulhas e os caçadores de escravos discutindo a captura dos fugitivos; sabia muito bem como ficariam felizes em me pegar.

Ao longo de cada estação, de cada ano, eu espiava o rosto dos meus filhos e ouvia suas doces vozes; meu coração sempre ansioso para dizer que "mamãe está aqui". Algumas vezes, parecia que tinham passado séculos desde que eu entrara naquela existência sombria e monótona. Eu às vezes ficava estupefata e apática; outras vezes, ficava muito impaciente para saber quando esses anos sombrios terminariam e eu poderia sentir a luz do sol outra vez e respirar ar puro.

Depois que Ellen nos deixou, essa sensação só cresceu. O sr. Sands tinha concordado em deixar Benny ir para o Norte sempre que tio Phillip pudesse ir junto, e eu estava ansiosa para ir também, para cuidar dos meus filhos e protegê-los tanto quanto pudesse. Além disso, havia grandes probabilidades de eu morrer afogada naquela toca, se ficasse muito mais tempo ali: o telhado estava muito danificado, e tio Phillip tinha medo de remover as telhas e correr o risco de alguém me ver. Quando havia alguma tempestade noturna, a família estendia esteiras e tapetes sobre o telhado inclinado, e de manhã pareceria que tinham sido estendidos para secar. Mas cobrir o telhado durante o dia poderia chamar atenção. Por conta disso, minhas roupas e lençóis sempre ficavam encharcados, o que aumentava muito a dor e o desconforto dos meus músculos enrijecidos, tomados por cãibras. Eu desenvolvia vários planos de fuga e às vezes contava algum para vovó, quando ela vinha sussurrar comigo pelo alçapão. Aquela senhora de bom coração tinha grande simpatia pelos fugitivos e sabia muito bem das crueldades infligidas aos que eram capturados. Sua memória sempre voltava para os sofrimentos do próprio filho, um rapaz tão bonito e inteligente, Benjamim, o mais jovem e querido da prole. Então, sempre que eu tocava no assunto, ela gemia:

– Ah, minha filha, não pense nisso. Você vai quebrar meu coração!

Eu não tinha mais a boa e velha tia Nancy para me encorajar, mas meu irmão William e meus filhos sempre me chamavam para o Norte.

E, agora, devo voltar alguns meses na história. Afirmei que 1º de janeiro era a época de vender escravos ou alugá-los para novos senhores. Se contassem o tempo pelas pontadas no coração, os pobres escravos poderiam acrescentar anos de sofrimento à própria vida, depois daquele festival tão alegre para os livres. No dia de ano-novo que precedeu a morte de minha tia, uma de minhas amigas, Fanny, seria vendida em um leilão para pagar as dívidas de seu senhor. Eu só conseguia pensar nela durante todo o dia, e à noite perguntei, ansiosa, qual tinha sido seu destino. Responderam que Fanny tinha sido vendida para um senhor, e suas quatro filhas, para outro, que vivia muito longe. Fanny tinha fugido do comprador e ainda não fora encontrada. A mãe dela era a velha Aggie, de quem já falei, e morava num pequeno cortiço administrado pela minha avó, construído no mesmo terreno que a casa. A moradia de Aggie foi revistada e vigiada, o que deixou as patrulhas tão perto de mim que fui obrigada a ficar bem escondida na toca. Conseguiram enganar os caçadores, e, não muito depois, Benny sem querer avistou Fanny na cabana de Aggie. O menino contou à avó, que mandou que ele nunca falasse no assunto, explicando as terríveis consequências da delação, e Benny nunca traiu essa confiança. Aggie nem sonhava que minha avó sabia onde a filha dela estava escondida e que a velha vizinha encurvada sustentava o peso de um fardo semelhante de medo e de ansiedade. Mas esses segredos perigosos aprofundaram a simpatia entre as duas velhas mães perseguidas.

Minha amiga Fanny e eu passamos muitas semanas escondidas tão perto uma da outra que poderíamos conversar, mas ela de nada sabia. Quis muito compartilhar meu covil, que parecia um retiro mais seguro que o dela, mas já causara tantos problemas para vovó que parecia errado pedir que ela corresse ainda mais riscos. Minha inquietação aumentou. Tinha vivido tempo demais com as dores físicas e a angústia de espírito. Sempre com medo de que, por acidente ou algum artifício, a escravidão conseguisse tirar meus filhos de mim. O pensamento me deixava à beira do desespero, e decidi seguir a Estrela do Norte a todo custo. Durante essa crise, a Providência abriu um caminho inesperado para que eu escapasse. Um amigo, Peter, veio uma noite para falar comigo.

– Chegou o seu dia, Linda – disse ele. – Descobri um jeito de você ir para os Estados Livres. Você tem quinze dias para decidir.

A notícia parecia boa demais para ser verdade, mas Peter explicou os arranjos e garantiu que faltava apenas que eu concordasse. Eu já ia responder com um sim animado quando Benny me veio à mente. Disse que a tentação era extremamente forte, mas que eu tinha muito medo do suposto poder do dr. Flint sobre meu filho e que não poderia abandonar meu menino. Peter protestou bastante. Disse que não haveria de ter uma chance tão boa quanto aquela, que Benny era livre e poderia ser enviado para mim; que, pelo bem-estar de meus filhos, eu não deveria nem pestanejar. Expliquei que ia consultar tio Phillip. Meu tio se alegrou com o plano e pediu que eu fosse. Ele prometeu que, se continuasse vivo, levaria ou enviaria meu filho assim que eu estivesse em um lugar seguro. Resolvi ir, mas achei melhor não dizer nada à vovó até bem perto da hora da partida. Porém, meu tio achou que a dor dela seria ainda mais intensa se eu fosse embora tão de repente.

– Vou conversar com ela – decidiu. – Ela vai se convencer de como isso é necessário. E não só para o seu bem, mas para o dela também. É impossível não ver como ela está afundando sob os fardos que carrega.

Também era impossível para mim não notar. Eu sabia que me esconder era uma fonte constante de ansiedade e que, quanto mais envelhecia, mais ela ficava nervosa e com medo de ser descoberta. Meu tio foi ter a tal conversa e enfim conseguiu persuadi-la de que era absolutamente necessário que eu aproveitasse aquela oportunidade tão inesperada.

A expectativa de ser uma mulher livre foi quase demais para o meu corpo fraco. A empolgação era um estímulo, mas, ao mesmo tempo, me deixava estarrecida. Fiz muitos preparativos para minha jornada e a de meu filho, depois de mim. Resolvi me encontrar com ele antes de partir, para passar alguns avisos e conselhos e explicar como estava ansiosa para encontrá-lo no Norte. Vovó vinha me ver sempre que podia para sussurrar conselhos e insistiu que escreveria para o dr. Flint assim que eu chegasse aos Estados Livres, pedindo para me comprar. Disse que sacrificaria a casa e tudo o que tinha no mundo para me manter a salvo com meus filhos, fosse onde fosse. Se vivesse até para me ver segura com as crianças, poderia morrer em paz. Prometi àquela amiga tão querida e fiel que escreveria assim que chegasse e que mandaria a carta de um jeito seguro, para que ela a recebesse. Enquanto isso, jurava para mim mesma que nem mais um centavo do dinheiro árduo de vovó seria gasto para pagar senhores de escravos gananciosos pelo que chamavam de propriedade. E, mesmo se eu não estivesse disposta a comprar o que já tinha o direito de possuir, a humanidade comum teria me impedido de aceitar a oferta tão generosa, à custa de expulsar uma parenta idosa de casa, ainda mais quando ela já se equilibrava na beira da cova.

A fuga foi de navio, mas evito mencionar quaisquer outros detalhes. Eu estava pronta, mas um imprevisto fez o navio ficar detido no porto por vários dias. Enquanto isso, chegou à cidade a notícia de um assassinato horrível de um escravo fugitivo chamado James. Charity, a mãe desse jovem infeliz, era uma velha conhecida. Contei os detalhes chocantes dessa morte durante a descrição de alguns dos proprietários de escravos das redondezas. Vovó, sempre nervosa e sensível a fugas, ficou apavorada. Tinha certeza de que um destino semelhante me aguardava se eu não desistisse da empreitada. Soluçou, gemeu e implorou para que eu não fosse. Seu pânico era contagioso, e meu coração não estava imune àquela agonia extrema. Mesmo profundamente desapontada, prometi desistir daquela empreitada.

Quando meu amigo Peter foi informado, ficou muito chateado e desapontado. Disse que, a julgar pelo que acontecera até ali, demoraria muito tempo até que eu tivesse outra chance para desperdiçar. Eu respondi que aquela chance não precisava ser desperdiçada, que eu tinha uma amiga escondida ali por perto que ficaria muito feliz em assumir o lugar que tinha sido providenciado para mim. Contei sobre a pobre Fanny, e aquele sujeito nobre e de bom coração, que nunca deu as costas a ninguém em sofrimento, branco ou negro, se mostrou disposto a ajudá-la. Aggie ficou muito surpresa quando descobriu que sabíamos de seu segredo e muito feliz em descobrir essa chance para Fanny. Com isso, começaram os preparativos para que ela subisse a bordo na noite seguinte. Mãe e filha já acreditavam que eu estava no Norte havia muito tempo, então meu nome não foi sequer mencionado na transação. Fanny foi levada a bordo na hora marcada e escondida em uma cabine muito pequena. A acomodação tinha sido comprada por um preço que pagaria por uma viagem à Inglaterra. A diferença era que, quando alguém se propunha a ir para a boa e velha Inglaterra, sempre se demorava calculando se tinha como arcar com os custos daquele prazer; enquanto isso, numa barganha para escapar da escravidão, a vítima, trêmula, estava sempre pronta para dizer: "Pegue tudo o que tenho, só não me traia!".

Na manhã seguinte, espiei pelos buraquinhos e vi que estava escuro e nublado. À noite, recebi a notícia de que o vento não estava bom, e o navio não partira. Fiquei muito preocupada com Fanny e com Peter, que corria um risco tremendo por minha causa. No dia seguinte, o vento e o clima permaneceram ruins. A pobre Fanny estava meio morta de susto quando foi levada a bordo, e eu podia imaginar como devia estar sofrendo. Vovó foi muitas vezes ao esconderijo comentar o quanto estava grata por eu não ter viajado. Na terceira manhã, bateu e me chamou para descer até o depósito. A pobre velha sofredora estava desabando sob o peso das preocupações, e se agitava com facilidade. Desci parar encontrá-la muito nervosa e inquieta, mas não notei que ela se esquecera de trancar a porta, como sempre. Vovó estava extremamente preocupada com o navio detido no porto. Temia que tudo fosse descoberto e que Fanny, Peter e eu fôssemos torturados até a morte. Com isso, e Phillip ficaria arruinado, e a casa seria demolida. Ah, pobre Peter! Como teria sido terrível, para todos nós, se ele sofresse uma morte tão horrível como a do coitado do James, e tudo pela bondade de tentar me ajudar! Aquele medo infelizmente não era novo, e o pensamento provocou muitas pontadas agudas no meu coração. Tentei suprimir minha própria ansiedade e responder vovó numa voz tranquila. Ela mencionou tia Nancy, a filha querida que enterrara havia tão pouco tempo, então perdeu todo o controle. Enquanto estava lá, tremendo e soluçando, uma voz do pátio gritou:

– É você, tia Marthy?

Vovó levou um susto e, agitada, sem pensar, abriu a porta. E logo entrou Jenny, a malandra travessa que tentara entrar no meu quarto quando eu estava escondida na casa da minha benfeitora branca.

– Procurei você por tudo que é lado, tia Marthy – comentou. – Minha senhora quer uns biscoitos seus.

Eu tinha me escondido atrás de um barril, que me ocultava completamente, mas imaginava que Jenny estaria olhando diretamente para o local, e meu coração batia com força. Vovó pensou rápido, percebeu seu erro e saiu depressa com Jenny para pesar os biscoitos, trancando a porta atrás de si. Então voltou para falar comigo alguns minutos depois, a imagem perfeita do desespero:

– Ah, coitadinha! – exclamou. – Eu me descuidei, e isso acabou com tudo. O navio ainda não zarpou. Vá se arrumar agora mesmo, depois vá embora com a Fanny. Não tenho mais nenhuma objeção, porque não temos como saber o que pode acontecer depois de hoje.

Tio Phillip foi chamado e concordou com vovó que Jenny provavelmente contaria tudo ao dr. Flint em menos de vinte e quatro horas. Ele achava melhor me levar a bordo do barco, se possível. Se não, seria melhor eu ficar bem quietinha na toca, onde não conseguiriam me encontrar a não ser que destruíssem a casa. Então disse que não poderia cuidar da questão, porque levantaria suspeita imediatamente, mas prometeu falar com Peter. Eu estava relutante em recorrer outra vez a Peter, que já estava envolvido demais, mas não parecia haver alternativa. Por mais aborrecido que ele tivesse ficado com minha indecisão, foi fiel à sua natureza generosa e disse que faria o possível para me ajudar, confiando que eu me mostraria mais corajosa desta vez.

Ele imediatamente seguiu para o cais, onde descobriu que o vento tinha mudado e que o navio já ia navegando lentamente rio abaixo. Sob o pretexto de alguma urgência, ofereceu um dólar a cada um dos dois barqueiros que havia ali perto para alcançá-la. Peter era mais claro que os barqueiros que contratou, e, quando viu os três chegando tão depressa, o capitão pensou que eram oficiais perseguindo o navio em busca do escravo fugitivo que estava a bordo. As velas foram içadas, mas o barco avançou depressa, e o incansável Peter subiu a bordo.

O capitão o reconheceu imediatamente. Peter pediu que descessem, sob o pretexto de discutir alguma nota ruim que teria recebido do sujeito. Quando explicou o que fazia ali, o capitão respondeu:

– Ora, mas a mulher já está aqui. E está escondida onde até você ou o diabo teriam trabalho de encontrar.

– Mas estou falando de outra mulher – explicou Peter. – Ela *também* corre muito perigo, e você receberá qualquer pagamento dentro do razoável se parar o navio para que ela suba a bordo.

– Qual é o nome dela? – perguntou o capitão.

– Linda.

– Mas esse é o nome da mulher que já está aqui – retrucou o capitão. – Por Deus! Parece que você quer me trair!

– Epa! – exclamou Peter. – Deus sabe que eu não arrancaria um fio de cabelo da sua cabeça. Sou muito grato a você. Mas tem mesmo outra mulher em grande perigo. Tenha a humanidade de levar ela também!

Depois de um tempo, os dois chegaram a um entendimento. Fanny, sem nem sonhar que eu estava em qualquer lugar daquela região, assumira meu nome, embora com o sobrenome Johnson.

– Linda é um nome comum – dissera Peter. – E a mulher que quero levar é Linda Brent.

O capitão concordou em esperar em determinado lugar até a noite, sendo generosamente pago pelo incômodo.

O dia, claro, foi de ansiedade para todos nós. Mas concluímos que, se Jenny tivesse me visto, seria esperta o bastante para não contar à patroa e provavelmente só conseguiria ver a família do dr. Flint à noite, pois eu sabia muito bem quais eram as regras naquela casa. Depois, acreditei que ela não tinha me visto, pois nada aconteceu, e Jenny era uma daquelas personagens vis que não perderia a chance de trair um companheiro de sofrimento em troca de trinta moedas de prata.

Tomei todas as providências para embarcar assim que anoitecesse e decidi passar o restante do tempo com meu filho. Não falava com ele havia sete anos, embora estivesse sob o mesmo teto e o visse todos os dias em que estava bem o suficiente para ficar sentada junto à pequena abertura. Não tive coragem de me aventurar além do depósito, então Benny foi levado para lá, e fomos trancados juntos, em um espaço oculto da porta que dava para o pátio. Foi um encontro agitado para nós dois. Depois de um tempo de choro e de conversa, ele falou:

– Mãe, que bom que você tá indo embora. Queria poder ir junto. Eu já sabia que você tava aqui, fiquei com *tanto* medo de que viessem te pegar!

Muito surpresa, eu perguntei como ele sabia.

– Um dia desses, antes de Ellen ir embora, eu tava parado ali debaixo do beiral, e ouvi alguém tossindo em cima do forro de madeira. Não sei o que me fez pensar que fosse você, mas acabei achando que fosse. E vi que Ellen não estava lá na noite antes de ela ir embora, e voltou para o quarto com vovó durante a noite, e achei que ela talvez tivesse falando com você antes de ir embora, porque ouvi vovó sussurrar pra ela: "Agora vá para a cama. E não esqueça de nunca contar para ninguém".

Perguntei se ele falara de suas suspeitas para sua irmã, e Benny respondeu que nunca fizera isso, mas que, depois de ouvir a tosse, se visse a irmã brincando com outras crianças daquele lado da casa, sempre tentava convencê-la a ir para o outro lado, com medo de que também me ouvissem tossir. E disse que ficou de olho no dr. Flint e, se o via falar com um policial ou com uma patrulha, sempre contava à avó. Agora me lembrei de que o vira inquieto sempre que havia muita gente de fora daquele lado da casa. Na época, fiquei intrigada, pensando em qual seria o motivo. Tamanha prudência pode parecer extraordinária em um menino de doze anos, mas os escravos, sempre rodeados de mistérios, enganos e perigos, aprendem cedo a serem sempre desconfiados e vigilantes e já de início abordam qualquer situação com cautela e buscando ardis. Benny nunca nem questionou a avó ou o tio, e muitas vezes o ouvi concordar com as outras crianças, quando falavam que eu estava no Norte.

Expliquei que agora estava mesmo indo para os Estados Livres, e, se ele fosse um menino bom e honesto e um filho amoroso para a querida avó, o Senhor o abençoaria e o levaria até mim, e poderíamos viver juntos com Ellen. Benny foi dizendo que a avó não tinha comido o dia todo. Enquanto ele falava, a porta foi destrancada, e vovó entrou com uma bolsinha de dinheiro que queria que eu levasse. Implorei a ela que ficasse com ao menos uma parte, para pagar a passagem de Benny para o Norte, mas ela insistiu, as lágrimas caindo aos borbotões, que eu levasse tudo.

– Você pode ficar doente, sozinha, entre estranhos – disse. – E vai ser mandada para o asilo, para morrer.

Ah, que boa avó!

Subi para minha cova pela última vez. O aspecto desolado não me dava mais calafrios, pois a luz da esperança se elevara em minha alma. No entanto, mesmo com a abençoada perspectiva de liberdade diante de mim, estava muito triste de ter que deixar para sempre aquela velha casa, onde tive abrigo por tanto tempo junto da minha velhinha querida; onde tive meu primeiro sonho de amor juvenil; onde, depois que esse sonho esvaneceu, meus filhos vieram aquecer meu coração desolado. Mais perto da hora da partida, desci outra vez para o depósito. Vovó e Benny estavam lá. Ela me pegou pela mão e disse:

– Linda, vamos orar.

Nós nos ajoelhamos juntos, eu com meu filho apertado contra o coração e o outro braço envolvendo aquela velha amiga, tão fiel e amorosa, que eu estava prestes a deixar para sempre. Em nenhuma outra ocasião tive a sorte de ouvir uma súplica tão fervorosa por misericórdia e proteção. Isso emocionou meu coração e me inspirou a confiar em Deus.

Peter esperava por mim na rua. Fui logo para junto dele; tinha o corpo fraco, mas um propósito forte. Não olhei para trás, para minha antiga casa, embora achasse que nunca mais a veria.

Rumo ao Norte

Nunca soube como chegamos ao cais. Meu cérebro estava em turbilhão, e as pernas cambaleavam. Em um local marcado, encontramos meu Phillip, que saíra antes em uma rota diferente, para conseguir chegar primeiro ao cais e nos avisar a tempo, caso houvesse algum perigo. Um barco a remo já estava preparado. Prestes a entrar, senti um puxãozinho. Quando me virei, vi Benny, pálido e ansioso. Meu menino sussurrou para mim:

– Fui espiar pela janela do doutor e vi que ele está em casa. Tchau, mãe. Não chore. Eu vou depois. – E saiu apressado.

Segurei firme a mão de meu tio, um homem tão bondoso, a quem devo tanto, e a de Peter, o amigo corajoso e generoso que se arriscara de bom grado para garantir minha segurança. Até hoje lembro de seu rosto iluminado, radiante de alegria, quando me disse que tinha encontrado um método seguro para eu escapar. No entanto, aquele homem inteligente, empreendedor e de coração nobre era uma mercadoria! Sujeito, pelas leis deste país que se diz civilizado, a ser vendido junto de cavalos e porcos! Nós nos separamos em silêncio. Nossos corações estavam cheios demais para palavras!

O barco deslizou depressa pela água. Depois de um tempo, um dos marinheiros disse:

– Não se desanime, senhora. Vamos garantir que chegue em segurança junto ao seu marido, lá em _____.

No começo, não consegui entender do que ele estava falando, mas tive a presença de espírito de pensar que devia ser sobre algo que o capitão lhe contara, então agradeci e disse que esperava que tivéssemos uma viagem agradável.

Quando entrei no navio, o capitão veio me ver. Era um homem idoso, com um semblante agradável, e me conduziu a uma cabine minúscula, quase uma caixinha, onde encontrei minha amiga Fanny. A mulher estremeceu como se tivesse visto um fantasma. Olhou para mim, atônita, e exclamou:

– Linda, é *você*? Ou é o seu fantasma?

Quando nos apertamos nos braços uma do outra, não pude mais conter meus sentimentos, já tão exagerados. Meus soluços chegaram aos ouvidos do capitão, que veio e muito gentilmente nos lembrou que, para a segurança de todos, tanto a nossa quanto a dele, seria prudente não chamarmos atenção. E disse que, quando houvesse velas à vista, queria que ficássemos lá embaixo, mas que, em outras ocasiões, não fazia objeções à nossa presença no convés. Ele nos garantiu que ficaria atento e disse que, se tomássemos cuidado, achava que não correríamos perigo. Tinha nos classificado como mulheres que estavam indo encontrar os maridos em ___. Agradecemos e prometemos tomar muito cuidado e seguir todas as instruções.

Fanny e eu conversávamos sozinhas, baixo, aos murmúrios, na nossa pequena cabine. Ela contou sobre os horrores por que passara ao escapar e os terrores que sofrera enquanto estava escondida na casa da mãe. Acima de tudo, ela se demorou na agonia de ser separada de todos os filhos naquele leilão horrível. E quase não acreditou quando contei onde passara quase sete anos.

– Nós temos as mesmas tristezas – comentei.

– Não – respondeu ela. – Você logo vai ver seus filhos, mas não existe nenhuma esperança de que eu algum dia tenha notícias dos meus.

O navio seguia seu caminho, mas avançava muito devagar. O vento soprava contra, o que não teria me incomodado se já estivéssemos fora da vista da cidade. Mas, até que houvesse quilômetros de água entre nós e nossos inimigos, ficaríamos apreensivos com a possibilidade de subirem a bordo. Também não me sentia muito à vontade com o capitão e seus homens. Eu não tinha nenhum contato com aquele tipo de gente e já ouvira dizer que marinheiros eram rudes e, às vezes, cruéis. Estávamos tão completamente à mercê deles que, se fossem homens maus, nossa situação seria terrível. Depois que tinha recebido o dinheiro para nos levar, não haveria a tentação de ganhar ainda mais dinheiro nos entregando àqueles que nos reivindicavam como propriedade? Eu sempre confiei nos outros com muita facilidade, mas a escravidão me tornara o tipo de pessoa que desconfia de todos. Fanny não compartilhava da desconfiança no capitão ou em seus homens. Disse que estava com medo no começo, mas que passara três dias a bordo, com o navio no cais, e que ninguém a traiu nem a tratou de qualquer outra forma que não com gentileza.

O capitão logo veio nos aconselhar a subir ao convés para tomar ar fresco. Sua atitude amistosa e respeitosa, combinada com o testemunho de Fanny, bastou para me tranquilizar, e fomos juntos. Ele nos acomodou em cadeiras confortáveis e volta e meia puxava conversa. Contou que era sulista de nascimento, que passara a vida quase toda nos Estados Escravagistas e que recentemente perdera um irmão comerciante de escravos.

– Mas é um negócio lamentável e degradante – completou. – E sempre tive vergonha de reconhecer que meu irmão se metia com isso.

Quando passamos pelo Pântano Snaky, o capitão apontou e disse:

– Ali tem um território de escravos que desafia todas as leis.

Pensei nos dias terríveis que tinha passado lá e, embora não se chamasse Pântano Sombrio, fiquei muito triste ao olhar para ele.

Nunca me esquecerei daquela noite. O ar ameno da primavera era tão refrescante! E como descrever as sensações quando estávamos navegando a toda pela Baía de Chesapeake? Ah, o sol tão lindo! A brisa revigorante! E eu podendo apreciar tudo sem medo nem restrição. Nunca tinha percebido como o ar fresco e a luz do sol são grandiosos até que fui privada dessas coisas.

Dez dias depois de deixarmos a terra firme, aproximávamo-nos da Filadélfia. O capitão disse que chegaríamos à noite, mas achou melhor esperarmos até de manhã e desembarcarmos em plena luz do dia, que seria a melhor forma de evitar suspeitas.

– Você sabe o que é melhor – respondi. – Mas vai ficar a bordo para nos proteger?

Ele notou minha desconfiança e disse que lamentava descobrir, depois que nos levara ao fim de nossa viagem, que eu tinha tão pouca confiança nele. Ah, se ele tivesse sido escravo, saberia como era difícil confiar em um homem branco! O capitão nos assegurou de que poderíamos dormir a noite inteira sem medo, que tomaria cuidado para não ficarmos desprotegidas. Mas é preciso falar da honra desse capitão: por mais sulista que o homem fosse, não teria nos tratado com mais respeito nem se Fanny e eu fôssemos mulheres brancas e nossa passagem tivesse sigo comprada na legalidade. Meu amigo Peter, tão inteligente, julgara bem o caráter do homem a cuja honra nos confiara. Na manhã seguinte, fui para o convés assim que o dia amanheceu. Chamei Fanny para ver o sol nascer em solo livre pela primeira vez em nossa vida, pois acreditava mesmo que fosse. Ficamos olhando o céu se avermelhando e a grande orbe que se erguia bem lentamente, parecendo emergir da água. Logo, as ondas começaram a cintilar, e cada coisa refletia um brilho lindo. Diante de nós estava a cidade dos estranhos. Nós nos encaramos, e ambas estávamos com os olhos molhados de lágrimas. Tínhamos escapado da escravidão e acreditávamos que estávamos a salvo dos caçadores. Mas estávamos sozinhas no mundo e tínhamos deixado laços queridos para trás, laços que o demônio Escravidão rompera tão cruelmente.

Incidentes da Filadélfia

Eu tinha ouvido dizer que os pobres escravos tinham muitos amigos no Norte e confiei que encontraríamos alguns. Nesse ínterim, presumiríamos que todos eram amigos, até que provassem o contrário. Procurei o gentil capitão, agradeci a atenção e disse-lhe que sempre seria grata pelo serviço que ele nos prestou. Deixei uma mensagem para entregar aos amigos que tinham ficado em casa, e ele prometeu que a entregaria. Fomos colocadas em um barco a remo e, cerca de quinze minutos depois, atracamos em um cais de madeira na Filadélfia. Enquanto eu olhava em volta, o capitão amigo tocou no meu ombro, dizendo:

– Tem um homem negro que parece muito respeitável procurando por você. Vou falar com ele sobre os trens de Nova Iorque e explicar que você quer seguir viagem direto.

Agradeci e pedi que me indicasse algumas lojas onde pudesse comprar luvas e véus. Ele obedeceu e disse que falaria com o tal sujeito antes de eu voltar. Eu me apressei o quanto pude. Os exercícios constantes a bordo e uma esfregação frequente com água salgada tinham praticamente restaurado a força das minhas pernas. O barulho da cidade grande me confundiu, mas encontrei as lojas e comprei véus duplos e luvas para Fanny e para mim. O vendedor cobrou uma quantidade de *levies*. Eu nunca tinha ouvido a palavra, mas não disse nada. Achava que, se ele soubesse que eu era uma estranha, poderia me perguntar de onde eu vinha. Dei uma moeda de ouro e, quando ele devolveu o troco, contei e descobri quanto valia um *levy*. Voltei para o cais, onde o capitão me apresentou ao tal homem negro, o reverendo Jeremiah Durham, ministro da igreja Bethel. O reverendo me pegou pela mão como se eu fosse uma velha amiga e explicou que já estava tarde demais para pegar os trens matinais com destino a Nova Iorque e que precisaríamos esperar até a noite ou a manhã seguinte. Ele me convidou à sua casa, garantindo que a esposa me receberia com cordialidade e que providenciaria pouso para minha amiga na casa de um vizinho. Agradeci a enorme gentileza para com os estranhos e disse que, se precisava me demorar, queria ir atrás de algumas pessoas que tinham vindo de nossa parte do país. O sr. Durham insistiu que eu fosse comer na casa dele e disse que depois me ajudaria a encontrar meus amigos. Os marinheiros vieram se despedir, e apertei suas mãos fortes com lágrimas nos olhos. Todos tinham sido gentis conosco e nos prestado um serviço maior do que podiam imaginar.

Nunca tinha visto uma cidade tão grande, nem estado em contato com tanta gente nas ruas. Parecia que todos que passavam nos olhavam com curiosidade. Meu rosto estava tão cheio de bolhas e descascando por eu ter ficado sentada no convés, sob o vento e o sol, que achei que teriam um pouco de dificuldade em concluir a que nação eu pertencia.

A sra. Durham me recebeu com boas-vindas amáveis, sem fazer perguntas. Eu estava cansada, e seus modos gentis eram um doce refresco. Deus a abençoe! Tinha certeza de que ela já consolara outros corações cansados, antes de me dirigir sua simpatia. Estava rodeada pelo marido e os filhos, em uma casa sagrada sob a proteção das leis. Pensei nos meus próprios filhos e soltei um suspiro.

Depois do jantar, o sr. Durham foi comigo em busca dos amigos que eu mencionara. Tinham vindo da minha cidade natal, e eu estava ansiosa pela felicidade de encontrar rostos familiares. Mas não estavam em casa, e refizemos nossos passos por ruas deliciosamente limpas. No caminho, o sr. Durham comentou que eu mencionara uma filha que esperava encontrar e que ele ficara bastante surpreso: eu parecia tão jovem que ele me julgou uma mulher solteira. Aquele era um assunto extremamente sensível para mim. Achei que o reverendo perguntaria sobre meu marido, e, se eu respondesse a verdade, o que pensaria de mim? Eu disse que tinha dois filhos, um em Nova Iorque e outro no Sul. Ele fez mais algumas perguntas e contei, com muita franqueza, alguns dos eventos mais importantes da minha vida. Foi doloroso, mas eu não o enganaria. Se o homem queria ser meu amigo, achei que deveria saber o quanto eu era merecedora.

– Peço desculpas se pus seus sentimentos à prova – pediu ele. – Não questionei por mera curiosidade. Queria entender sua situação para saber se poderia ser útil para você ou para sua garotinha. As respostas diretas lhe dão crédito, mas não responda a todos tão abertamente. Pode dar a algumas pessoas sem coração um pretexto para tratar você com desprezo.

Essa palavra, *desprezo*, ardeu em mim como brasas de fogo.

– Só Deus sabe o quanto sofri – respondi. – E acredito que Ele vai me perdoar. Se eu puder ter meus filhos comigo, pretendo ser uma boa mãe e levar a vida de uma maneira que não permita que me tratem com desprezo.

– Respeito seus sentimentos – rebateu ele. – Deposite sua confiança em Deus e permita que a vida seja governada por bons princípios, que sempre encontrará amigos.

Quando chegamos em casa, fui para o quarto, feliz por me isolar do mundo por um tempo. As palavras dele tinham deixado uma impressão indelével em mim. Trouxeram grandes sombras de um passado triste.

Perdida em pensamentos, fui surpreendida por uma batida na porta. A sra. Durham entrou, o rosto todo radiante de bondade, para dizer que havia um amigo antiescravista no andar de baixo que gostaria de me ver. Superei o medo de estranhos e fui com ela. Houve muitas perguntas sobre minhas experiências e a fuga da escravidão, mas notei que todos tomaram muito cuidado de não dizer nada que pudesse ferir meus sentimentos. Apenas outra pessoa acostumada a ser excluída da classe de ser humano poderia entender como aquilo foi gratificante. O amigo antiescravista perguntou meus planos e ofereceu ajuda, caso necessário. Fanny estava bem estabelecida com um amigo do sr. Durham. A Sociedade Antiescravista concordara em pagar suas despesas para a viagem a Nova Iorque, e recebi a mesma oferta. Mas não aceitei, dizendo que vovó me dera o suficiente para pagar as despesas até o fim da viagem. Recomendaram que ficássemos mais alguns dias na Filadélfia, até que encontrassem uma escolta adequada para nós. Aceitei de bom grado, pois ficava apavorada com a possibilidade de encontrar proprietários de escravos e também tinha medo das ferrovias. Nunca tinha entrado num vagão de trem, e me parecia um acontecimento bastante importante.

Naquela noite, fui ao travesseiro carregada de sentimentos que nunca tivera. Acreditava mesmo que era uma mulher livre. Fiquei muito tempo acordada. Mal pegara no sono quando fui despertada pelos sinos que anunciavam os incêndios. Saltei da cama e vesti as roupas correndo. De onde eu vim, todos se vestiam correndo nessas ocasiões. Os brancos achavam que um incêndio de grandes proporções poderia ser uma boa oportunidade para a insurreição e que era melhor estarem prontos; e os negros recebiam ordens de trabalhar na extinção das chamas. Havia uma única carroça de bombeiro na cidade, e mulheres e crianças negras costumavam ser obrigadas a arrastá-la até a beira do rio e para encher as reservas. Eu dividia o quarto com a filha da sra. Durham e, como ela ainda estava dormindo com o barulho, achei que era meu dever acordá-la.

– Qual é o problema? – perguntou, esfregando os olhos.

– Eles estão gritando nas ruas, é algum incêndio, e os sinos estão tocando.

– E o que tem? – retrucou ela, sonolenta. – Estamos acostumados. Nunca levantamos, a não ser que o fogo esteja muito próximo. De que adiantaria?

Fiquei bastante surpresa ao saber que não precisávamos ajudar a encher a carroça de bombeiro. Eu era uma criança ignorante, estava apenas começando a compreender como eram as coisas nas grandes cidades.

À luz do dia, ouvi mulheres gritando, anunciando peixe fresco, frutas, rabanetes e várias outras coisas. Tudo isso era novo para mim. Bem cedo, vesti as roupas e me sentei junto à janela para ver aquela maré de vida desconhecida. A Filadélfia parecia um lugar maravilhoso. À mesa do desjejum, riram da minha ideia de sair para arrastar o carro dos bombeiros, e eu me juntei à alegria.

Visitei Fanny, que estava tão satisfeita com os novos amigos que não tinha pressa de partir. Eu também estava muito feliz com meus anfitriões tão gentis. A mulher tivera vantagens na educação e era muito superior a mim. Todos os dias, quase toda hora, eu aumentava meu pequeno estoque de conhecimento. Ela me levou para andar pela cidade, pelas partes que julgava prudente visitar. Certo dia, fomos ao estúdio de um artista, onde ela me mostrou os retratos de alguns de seus filhos. Eu nunca tinha visto pinturas de pessoas negras; pareciam lindas.

Depois de cinco dias, uma das amigas da sra. Durham se ofereceu para nos acompanhar a Nova Iorque na manhã seguinte. Enquanto apertei a mão de minha boa anfitriã, na despedida, fiquei imaginando se o marido lhe contara o que eu revelara da minha via. Suponho que sim, mas ela nunca fez qualquer alusão a isso, o que atribuí ao silêncio delicado da solidariedade feminina.

O sr. Durham nos entregou as passagens, dizendo:

– Infelizmente a viagem será desconfortável, já que não pude comprar passagens para os vagões de primeira classe.

Supondo que a questão fosse que eu não dera dinheiro o suficiente, ofereci mais.

– Ah, não – recusou ele. – Não havia como conseguir esses bilhetes. Não é permitida a entrada de negros nos vagões de primeira classe.

Este foi o primeiro calafrio que amainou o calor da minha empolgação com os Estados Livres. No Sul, os negros só podiam viajar em caixotes imundos, atrás de brancos, mas não eram obrigados a pagar pelo privilégio. Fiquei triste de descobrir que o Norte imitava os costumes da escravidão.

Fomos alojados em um carro grande e rústico, com as laterais emolduradas por janelas altas demais para ver a paisagem sem precisar ficar de pé. Estava lotado, com pessoas que pareciam de todas as nações. Vi muitas camas e berços com bebês que gritavam e chutavam. Muitos dos homens levavam um charuto ou cachimbo na boca, e garrafas de uísque eram distribuídas livremente. Os vapores do uísque e a densa fumaça do tabaco deixaram meu corpo enjoado, e a mente também ficou nauseada com as piadas grosseiras e canções obscenas que ouvia em volta. Foi uma viagem muito desagradável. Desde então, sei que houve alguma melhora nessas questões.

Um encontro de mãe e filha

Quando chegamos a Nova Iorque, fiquei meio atônita com a multi-dão de cocheiros gritando: "Carruagem, senhora?" Barganhamos com um deles para nos levar à Sullivan Street por doze xelins. Um irlandês corpulento se aproximou, dizendo:

– Levo vocês por seis xelins.

A redução da metade do preço foi significativa, e perguntamos se ele poderia nos levar imediatamente.

– Só subirem que eu levo, senhoras. – Foi a resposta.

Notei que os cocheiros trocavam sorrisos e perguntei se seu o trans-porte era decente.

– Sim, madame, é decente sim. Imagina que diabo que eu não seria se levasse as damas em um coche que não fosse decente.

Entregamos nossos recibos de bagagem, e ele foi buscar as malas. Logo reapareceu, chamando:

– Por aqui, senhoras, por favor.

Fomos atrás dele e encontramos nossos baús num carrinho de mão, e o homem nos indicou para sentar ali. Retrucamos que aquilo não era o que tínhamos combinado e que ele deveria tirar os baús dali. O homem disse que ninguém tocaria um dedo nas bagagens até que pagássemos os seis xelins. Na situação em que estávamos, não era prudente chamar a atenção, e eu estava prestes a pagar o que ele queria quando um sujeito ali perto balançou a cabeça, indicando para que eu não pagasse. Depois de muita confusão, conseguimos nos livrar do irlandês, e os baús foram presos a uma carroça. Tinham nos recomendado uma pensão na rua Sullivan, então fomos até lá, onde Fanny e eu nos separamos. A Sociedade Antiescravista providenciou uma casa para ela, e mais tarde ouvi dizer que levava uma vida próspera. Mandei chamar um velho amigo da minha região, que havia algum tempo fazia negócios em Nova Iorque. Ele veio imediatamente. Eu disse que queria ver minha filha e pedi que me ajudasse a organizar uma visita.

Lembrei a ele que de não contar à família que eu tinha acabado de chegar do Sul, porque todos supunham que eu estava no Norte havia sete anos. Meu amigo disse que conhecia uma mulher negra que morava no Brooklyn e era da mesma cidade que eu, e que seria melhor eu ir à casa dela e pedir que minha filha me encontrasse lá. Aceitei a proposta, agradecida, e ele concordou em me acompanhar até o Brooklyn. Atravessamos na balsa Fulton, subimos a Avenida Myrtle, então paramos na casa que ele apontou. Eu estava prestes a entrar quando vi duas garotas passando. Meu amigo chamou minha atenção, e eu reconheci a mais velha, Sarah, filha de uma mulher que tinha morado com vovó, mas que deixara o Sul havia anos. Surpresa e feliz com o encontro inesperado, eu a envolvi num abraço e perguntei pela sua mãe.

– Você não reparou na outra menina – comentou meu amigo.

Olhei para a outra, e lá estava minha Ellen! Eu a apertei bem junto ao peito, então a segurei um pouco afastada, para conseguir dar uma boa olhada nela. Ellen tinha mudado muito naqueles dois anos desde que tínhamos nos separado. Uma análise menos observadora que o olhar de mãe já apontaria sinais de negligência. Meu amigo nos convidou para entrar na casa, mas Ellen disse que precisava resolver uma incumbência, mas que faria tudo o mais rápido possível e voltaria para casa e pediria à sra. Hobbs que a deixasse vir me ver. Ficou combinado que eu mandaria chamá-la no dia seguinte. Sua amiga, Sarah, correu para contar à mãe sobre minha chegada. Quando entrei na casa, a dona não estava, então fiquei esperando que voltasse. Quando ela chegou, antes mesmo de vê-la, eu a ouvi dizer:

– Cadê Linda Brent? Eu conhecia os pais dela!

Sarah logo chegou com a mãe. Formávamos um grupo e tanto, todas vindas do bairro da minha avó. Essas amigas se reuniram à minha volta e fizeram muitas perguntas. Elas riram, choraram e gritaram. Agradeceram a Deus por eu ter conseguido fugir de meus perseguidores e estar segura em Long Island. Foi um dia bastante agitado. Ah, como foi diferente dos dias silenciosos que passei naquele buraco horroroso!

A manhã seguinte era domingo. Logo que acordei, comecei a pensar no bilhete que eu precisava mandar à sra. Hobbs, com quem Ellen morava. Era evidente que eu acabara de chegar nas redondezas; caso contrário, já teria perguntado pela minha filha. Não seria bom que soubessem que eu acabara de chegar do Sul, pois levantaria suspeitas de que alguém de lá me abrigara, o que poderia trazer problemas, talvez até a desgraça total, para várias pessoas.

Gosto de ser direta e sempre reluto em recorrer a subterfúgios. Meus caminhos têm sido tortuosos, mas atribuo isso à escravidão. Foi esse sistema de violência e de injustiças que não me deixava alternativa senão encenar uma mentira. Comecei o bilhete afirmando que acabara de chegar do Canadá e que gostaria muito que minha filha viesse me ver. Ellen apareceu com uma mensagem da sra. Hobbs, convidando-me para visitar sua casa e garantindo que não havia nada a temer. Porém, a conversa com minha filha não me tranquilizou muito. Quando perguntei se ela era bem tratada, Ellen respondeu que sim, porém não havia cordialidade no tom, e pareceu que ela dizia aquilo por não querer me incomodar com seus problemas. Antes de partir, ela perguntou, muito séria:

– Mãe, você vai me levar para morar com você?

Foi uma tristeza pensar que eu não conseguiria proporcionar um lar para minha menina até que conseguisse trabalho e tivesse fundos para alugar uma casa, o que poderia levar um bom tempo. Quando ela foi morar com a sra. Hobbs, o acordo era que seria mandada para a escola. Ellen já estava lá havia dois anos, estava com nove anos, e mal conhecia as letras. Não havia desculpa para isso, pois o Brooklyn era cheio de boas escolas públicas, para as quais Ellen poderia ter sido enviada sem grandes custos.

Minha filha ficou comigo até o anoitecer, e fui levá-la em casa. A família me recebeu com muita gentileza, e todos concordaram que Ellen era uma boa menina, muito prestativa. A sra. Hobbs me encarou com frieza e disse:

– Suponho que você saiba que meu primo, o sr. Sands, *deu* a menina para minha filha mais velha. Ellen será uma boa criada para ela, quando crescer.

Eu não respondi uma palavra. Como era *possível* que ela, que conhecia, por experiência, a força do amor de mãe e que estava perfeitamente ciente da relação que o sr. Sands tinha com meus filhos... como ela *podia* me olhar nos olhos enquanto enfiava uma adaga em meu coração?

Já não achava nenhuma surpresa que tivessem mantido Ellen em tal estado de ignorância. O sr. Hobbs tinha sido rico, mas fracassara, depois conquistara um cargo de subordinado na Casa da Alfândega. Talvez esperassem voltar ao Sul, algum dia, e Ellen já aprendera o bastante para manter a condição de escrava. Eu estava impaciente para trabalhar e ganhar dinheiro, querendo mudar a situação incerta de meus filhos. O sr. Sands não cumprira a promessa de emancipá-los. Eu também tinha sido enganada a respeito de Ellen. Que segurança podia ter quanto a Benjamim? Nenhuma, eu temia.

Voltei para a casa do meu amigo com a mente inquieta. Para proteger meus filhos, precisava ser dona de mim mesma. Eu me dizia livre, e às vezes até me sentia assim, mas sabia que era uma liberdade incerta. Naquela noite, sentei-me e escrevi uma carta civilizada ao dr. Flint, pedindo que estabelecesse os termos mínimos para a minha venda. Como, por lei, eu pertencia à filha dele, também escrevi uma carta à garota, com um pedido semelhante.

Desde minha chegada ao Norte, lembrava sempre do meu querido irmão, William. Investiguei um pouco a respeito dele, então ouvi falar que estava em Boston e fui para lá. Quando cheguei, descobri que William tinha ido para New Bedford. Escrevi para o endereço que recebera e fui informada de que meu irmão embarcara em um baleeiro e só voltaria depois de alguns meses. Voltei para Nova Iorque, querendo conseguir um emprego perto de Ellen. A resposta que recebi do dr. Flint não me animou. Ele me aconselhou a voltar e a me submeter aos meus donos legítimos, então atenderiam qualquer pedido que eu fizesse. Emprestei essa carta a um amigo, que a perdeu; senão, apresentaria uma cópia aos leitores.

Um lar é encontrado

Minha maior ansiedade era conseguir um emprego. Minha saúde melhorou muito, embora as pernas continuassem incomodando e inchassem sempre que eu andava muito. A maior dificuldade era a necessidade de recomendação para conseguir trabalhar com as pessoas que empregavam desconhecidos. E, considerando minha situação peculiar, claro que não consegui nenhum certificado das famílias a quem servira com tanta lealdade.

Um dia, um conhecido contou sobre uma senhora que precisava de uma babá, e imediatamente me ofereci para o posto. A senhora disse que preferia alguém que tivesse sido mãe e estivesse habituada a cuidar de crianças. Expliquei que já amamentara dois bebês meus. Ela me fez muitas perguntas, mas, para meu grande alívio, não exigiu nenhuma recomendação dos meus antigos empregadores. Disse que era inglesa, uma circunstância agradável para mim, pois ouvi dizer que os ingleses tinham menos preconceito contra a cor que os americanos. Ficou combinado que faríamos um teste de uma semana. O julgamento foi satisfatório para ambas as partes, e fui contratada por um mês.

O Pai celestial foi muito misericordioso ao me conduzir para aquele lugar. A sra. Bruce era boa e gentil e se provou uma amiga de verdade, muito solidária. Antes de acabar aquele primeiro mês, a necessidade frequente de subir e descer escadas me deixou com as pernas inchadas e tão doloridas que fiquei incapaz de cumprir com minhas obrigações. Muitas patroas teriam me dispensado sem nem pestanejar, mas a sra. Bruce tomou providências para me poupar dos degraus e contratou um médico para cuidar de mim. Eu ainda não tinha contado que era uma escrava fugitiva, mas a senhora percebeu que eu volta e meia ficava triste e, com muita delicadeza, perguntou por quê. Falei sobre estar separada dos meus filhos e dos parentes que amava, mas não mencionei a insegurança constante que oprimia meu espírito. Ansiava por algum amigo confidente, mas tinha sido tão enganada pelos brancos que perdera toda a confiança neles. Se me dirigiam palavras amáveis, eu logo suspeitava de algum motivo egoísta. Entrara naquela família cheia da desconfiança que carregava desde a escravidão, mas, antes de passar seis meses, a gentileza da sra. Bruce e os sorrisos de seu bebê adorável começaram a derreter o gelo em meu coração. Minha mente estreita também começou a se expandir sob as influências da conversa inteligente da patroa e das oportunidades de leitura, permitidas de bom grado sempre que eu tinha alguma folga. Pouco a pouco, fui ficando mais animada e feliz.

A antiga insegurança, sobretudo em relação aos meus filhos, muitas vezes lançava uma sombra escura sobre meu sol. A sra. Bruce ofereceu um lar para Ellen, mas, por mais agradável que fosse, não me atrevi a aceitar, com medo de ofender a família Hobbs. Eu estava à mercê deles só por saberem de minha situação precária, e senti que era importante ficar do lado certo daquela família até que, com trabalho duro e juntando minhas economias, conseguisse estabelecer um lar para meus filhos. Estava longe de me sentir satisfeita com a situação de Ellen, que não era bem tratada. A menina às vezes ia a Nova Iorque me visitar, mas geralmente trazia um pedido da sra. Hobbs para que eu comprasse um par de sapatos ou alguma peça de roupa, isso sempre acompanhado por uma promessa de pagamento quando viesse o salário do sr. Hobbs, que trabalhava na Casa da Alfândega. Mas, de algum modo, o dia do tal pagamento nunca chegava. Assim, muitos dos dólares que eu ganhava eram gastos para manter minha filha bem vestida. O que, no entanto, era um problema muito pequeno, em comparação com o medo de que os constrangimentos financeiros induzissem a família a vender minha filhinha preciosa. Sabia que eles estavam em comunicação constante com sulistas e que tinham oportunidades frequentes de vendê-la. Já relatei que, quando foi colocada na prisão pelo dr. Flint, aos dois anos, Ellen teve uma inflamação nos olhos, provocada pelo sarampo. A doença ainda a incomodava, e a gentil sra. Bruce propôs que a menina passasse um tempo em Nova Iorque, sob os cuidados do dr. Elliott, um oftalmologista famoso. Não me ocorreu que poderia ser impróprio que uma mãe fizesse esse pedido, mas a sra. Hobbs ficou muito incomodada e se recusou a deixá-la ir. Naquela situação das coisas, não seria bom insistir. Não reclamei, mas ansiava por ser inteiramente livre para desempenhar o papel de mãe em relação aos meus filhos. Quando fui de novo ao Brooklyn, a sra. Hobbs, como se tentasse se desculpar da raiva de antes, disse que contratara seu próprio médico para cuidar dos olhos de Ellen e que recusara meu pedido por temer que Ellen não estaria segura em Nova Iorque. Aceitei a explicação em silêncio, mas a mulher ainda disse que minha filha *pertencia* à filha dela, e suspeitei que o verdadeiro motivo fosse o medo de que eu roubasse sua propriedade. Talvez eu tenha cometido alguma injustiça, mas minhas experiências com os brancos sulistas dificultavam que eu sentisse o contrário.

Doce e amargo tinham sido misturados no cálice da minha vida, e eu estava grata simplesmente por ter deixado de ser apenas amargor. Adorava o bebê da sra. Bruce. Quando ele ria e dava gritinhos junto ao

meu rosto, enroscando os bracinhos delicados em volta do meu pescoço, eu lembrava de quando Benny e Ellen eram bebês, e meu coração
ferido se acalmava. Em uma manhã ensolarada, quando eu estava na
janela, embalando o bebê nos braços, minha atenção foi atraída por
um jovem em trajes de marinheiro que observava cada casa por que
passava. Olhei bem para ele. Poderia ser meu irmão, William? *Só podia*
E, no entanto, como estava mudado! Acomodei o bebê em segurança,
desci as escadas em disparada, abri a porta da frente e acenei para o
marinheiro. Em menos de um minuto, estava nos braços do meu irmão. Ah, quanta coisa tínhamos para contar um ao outro! Como rimos
e como choramos com as aventuras um dos outro! Eu o levei para o
Brooklyn e finalmente pude vê-lo de novo junto com Ellen, a criança
querida que ele amava e de quem cuidara com tanto carinho enquanto
eu estava trancada naquele esconderijo miserável. William passou uma
semana em Nova Iorque. O antigo afeto por mim e por Ellen estavam
tão vivos como sempre. Não existem laços tão fortes quanto aqueles
forjados no sofrimento conjunto.

O retorno do antigo inimigo

Minha jovem senhora, a srta. Emily Flint, não mandou nenhuma resposta para a carta que enviei solicitando que ela consentisse em minha venda. Mas, depois de um tempo, recebi uma resposta que parecia ter sido escrita por seu irmão mais novo. Para compreender o conteúdo desta carta, o leitor precisa ter em mente que a família Flint acreditava que eu estava no Norte havia muitos anos. Não tinham ideia de que eu sabia das três viagens que o doutor fizera a Nova Iorque para me procurar; que eu o ouvira pedir um empréstimo de quinhentos dólares para esse fim; que eu tinha visto quando ele passou a caminho do barco a vapor. Também não sabiam que eu sabia de todos os detalhes da morte e do enterro de tia Nancy, relatados logo que ocorreram. Guardei a carta, e abaixo segue uma cópia:

Sua carta para minha irmã chegou há poucos dias. Pelo conteúdo, notei seu desejo de voltar à sua terra natal, para viver entre seus amigos e parentes. Todos ficamos muito contentes com o que você escreveu, e quero lhe assegurar que, se alguém de nossa família já nutriu qualquer ressentimento em relação a você, não é mais o caso. Todos somos solidários com o seu infortúnio e estamos dispostos a fazer tudo ao nosso alcance para que você leve uma vida feliz e satisfeita. É difícil que você volte para casa como uma pessoa livre. Se for comprada por sua avó, possivelmente não teria permissão de permanecer aqui, mesmo estando de acordo com a lei. Se um servo puder comprar a si mesmo depois de se ausentar da casa dos donos por tanto tempo e ainda voltar livre, o efeito seria prejudicial à sociedade.

Pela carta, acho que sua situação deve ser difícil e desconfortável. Volte para casa. Você pode voltar a partilhar de nossos afetos, basta querer. Seria recebida de braços abertos e com lágrimas de alegria. Não precisa apreender nenhum tratamento cruel, já que não incorremos em nenhum gasto ou incômodo para trazê-la de volta. Se tivesse sido o caso, talvez nossos sentimentos fossem diferentes. Já é de seu conhecimento que minha irmã sempre foi muito apegada a você e que você nunca foi tratada como escrava. Nunca escalada para o trabalho pesado, nem exposta ao trabalho no campo. Pelo contrário, foi levada para dentro de casa e tratada como uma de nós, levando uma vida quase tão livre quanto a nossa. E nós, pelo menos, pensávamos que você não iria querer desgraçar a própria honra com uma fuga.

É por acreditar que você poderia ser convencida a voltar para casa voluntariamente que me levou a escrever no lugar de minha irmã. A família ficará muito feliz em ver você, e sua pobre avó expressou um grande desejo de que você voltasse, depois que lemos sua carta para ela. A mulher já está em idade avançada e precisa do consolo de ter os filhos ao redor.

Você sem dúvida ouviu sobre a morte de sua tia. Ela era uma serva leal e um membro fiel da igreja episcopal. Durante a vida

*cristã, ela nos ensinou muito sobre como viver e – ah, um conheci-
mento que veio a um custo tão alto! – também sobre como morrer.
Se você tivesse nos visto junto a ela no leito de morte, ao lado de
sua avó, todos chorando uma mesma torrente de lágrimas, teria
pensado que o laço de afeto sincero entre um mestre e seu servo é
igual ao de mãe e filho. Mas este assunto é doloroso demais, não
vou me estender. Preciso encerrar a carta.*

*Se está satisfeita longe de sua velha avó, seu filho e os amigos
que tanto lhe amam, fique onde está. Não vamos, nunca, sofrer
o incômodo de ir atrás de você. Mas, se preferir voltar para casa,
faremos tudo o que estiver ao nosso alcance para que você seja feliz.
Se não quiser permanecer em nossa família, sei que poderíamos
persuadir meu pai a permitir que você seja comprada por qualquer pessoa de nossa comunidade, à sua escolha. Você, por favor,
responda o mais rápido possível, informando-nos de sua decisão.*

*Minha irmã manda lembranças e muito amor. Nesse meio-tem-
po, acredite que sou um amigo sincero que lhe desejo tudo de bom.*

A carta era assinada pelo irmão de Emily, que ainda era apenas um
menino. Eu sabia, pelo estilo de escrita, que não tinha sido elaborada
por uma pessoa da idade dele, e, embora a caligrafia estivesse disfarçada, eu já sofrera demais com aquele tipo de palavreado para não
reconhecer a caligrafia do dr. Flint. Ah, a hipocrisia dos proprietários
de escravos! Aquela raposa velha achava que eu era tonta o bastante
para cair na armadilha? O que acontecera fora que o homem confiara
demais na suposta "estupidez da raça africana". Não enviei nenhum
agradecimento à família Flint pelo convite cordial – uma negligência
que sem dúvidas me valeu acusações de vil ingratidão.

Não muito depois, recebi uma carta de um amigo do Sul informando que o dr. Flint estava prestes a viajar para o Norte. A carta estava
atrasada, e supus que o doutor já estivesse a caminho. A sra. Bruce não

sabia que eu era uma escrava fugida, então inventei um compromisso importante que me obrigava a ir a Boston, onde meu irmão morava, e pedi permissão para deixar uma amiga trabalhando de babá em meu lugar por quinze dias. Parti imediatamente e, assim que cheguei, escrevi para vovó que, se Benny viesse, deveria ser enviado para Boston. Sabia que ela estava apenas esperando por uma boa chance de mandá-lo para o Norte e, por sorte, vovó tinha poder legal para fazer isso sem ter que pedir a ninguém. Era uma mulher livre e, quando meus filhos foram comprados, o sr. Sands preferiu que a nota fiscal de venda fosse redigida em seu nome. Houve boatos de que ele antecipara o dinheiro, mas ninguém tinha certeza. No Sul, um cavalheiro podia ter um bando de filhos negros sem nenhuma consequência, mas se souberem que comprou as crianças com o objetivo de libertá-las, será considerado um exemplo perigoso para aquela "instituição peculiar" e se tornará muito malquisto.

Surgiu uma boa oportunidade de enviar Benny em um navio vindo diretamente para Nova Iorque. O menino foi colocado a bordo junto de uma carta para um amigo, requisitando que a pessoa o enviasse para Boston. Certa manhã, ouvi uma batida forte à porta, e Benjamim entrou correndo, sem fôlego.

– Ô, mãe! – gritou. – Cheguei! Vim correndo o caminho todo! E vim sozinho! Como você está?

Ah, leitores, podem imaginar minha felicidade? Não, não podem, a menos que tenham sido uma mãe escrava. Benjamim tagarelava o mais rápido que a língua permitia.

– Mãe, por que você não traz a Ellen pra cá? Passei lá no Brooklyn, para fazer uma visita, e ela ficou muito chateada quando eu disse que estava indo embora. E disse: "Ah, Ben, eu queria ir também!". Achei que ela fosse saber de tanta coisa, mas ela não sabe tanto quanto eu, porque eu sei ler, e ela, não. Ah, e, mãe, eu perdi todas as minhas roupas no caminho. Como eu faço para conseguir mais algumas? Imagino que os meninos livres aqui no Norte consigam se virar tão bem quanto os meninos brancos.

Não gostei de ter que explicar àquele rapazinho tão feliz e otimista o quanto ele estava enganado. Fomos a um alfaiate, onde comprei uma muda de roupa. O resto do dia foi gasto em perguntas e respostas mútuas, ambos sempre repetindo o desejo de que a boa e velha avó estivesse ali conosco, além dos pedidos frequentes de Benny para que eu escrevesse imediatamente para a vovó e não esquecesse de contar tudo sobre a viagem e a jornada dele até Boston.

O dr. Flint esteve em Nova Iorque e fez todo o possível para me encontrar e tentar me chamar para voltar com ele, mas, como não conseguiu descobrir onde eu estava, suas intenções tão benéficas foram frustradas, e a família afetuosa que esperava por mim "de braços abertos" ficou fadada ao desapontamento.

Assim que soube que ele estava de volta em casa, deixei Benjamim sob os cuidados de William e voltei para a sra. Bruce. Lá permaneci durante o inverno e a primavera, esforçando-me para cumprir com minhas obrigações e encontrando uma bela dose de alegria com as atrações da bebê Mary, com a bondade atenciosa de sua excelente mãe e com encontros ocasionais com minha filha querida.

Mas, quando o verão chegou, aquela antiga insegurança voltou a me assombrar. Eu precisava levar a pequena Mary todos os dias para se exercitar e respirar um pouco de ar puro, e a cidade fervilhava de sulistas, inclusive alguns que poderiam me reconhecer. O clima quente faz as cobras e os proprietários de escravos saírem da toca, e sinto o mesmo desprazer com ambas as classes de criaturas venenosas. Que consolo ser livre para afirmar isso!

Preconceito
contra os negros

Foi um alívio cuidar dos preparativos para deixar a cidade. Fomos para Albany a bordo do barco a vapor *Knickerbocker*. Quando soou o gongo do chá, a sra. Bruce comentou:

– Linda, já está tarde, é melhor você e a bebê se sentarem comigo à mesa.

– Sei que é hora de o bebê jantar – respondi –, mas, por favor, prefiro não ir com você. Tenho medo de ser insultada.

– Oh, não, não vai acontecer se você estiver comigo – respondeu ela.

Eu tinha visto várias babás brancas fazendo companhia para suas patroas e me atrevi a fazer o mesmo. Ficamos na extremidade da mesa. Mal me sentei, uma voz rude mandou:

– Pode levantar! Você sabe que não tem permissão para sentar aqui.

Ergui os olhos e, para minha surpresa e indignação, vi que quem falava era um homem negro. Se os patrões exigiam que ele cumprisse o estatuto do barco, o homem poderia ao menos ter feito isso educadamente.

– Não vou me levantar – respondi. – A não ser que o próprio capitão venha me tirar daqui.

Não me ofereceram uma xícara de chá, mas a sra. Bruce me deu a dela e pediu outra. Tentei ver se as outras babás eram tratadas da mesma forma. Porém, todas eram atendidas direito.

Na manhã seguinte, quando paramos em Troy para o café da manhã, todos se apressaram a ir para a mesa. A sra. Bruce anunciou:

– Pegue meu braço, Linda, vamos entrar juntas.

O senhorio a ouviu e perguntou:

– Senhora, vai permitir que sua babá e seu bebê tomem o desjejum com minha família?

Eu sabia que o problema dele era com a cor da minha pele, mas o homem foi bem cortês, então não me importei.

Em Saratoga, o Hotel United States estava lotado, e o sr. Bruce alugou um dos chalés. Eu imaginara, muito animada, que, na quietude do campo, encontraria poucas pessoas, mas acabei no meio de um enxame de sulistas. Olhava em volta trêmula, apavorada, temendo ver alguém que me reconhecesse. Fiquei feliz ao descobrir que a estadia seria curta.

Logo voltamos a Nova Iorque para cuidar dos preparativos e passar o resto do verão em Rockaway. Enquanto a lavadeira arrumava as roupas, aproveitei para ir ao Brooklyn ver Ellen. Encontrei a menina a caminho de uma mercearia, e as primeiras palavras dela foram:

– Ah, mãe, não vá para a casa da sra. Hobbs! O irmão dela, o sr. Thorne, acabou de chegar do Sul e pode ser que conte para todo mundo onde você está.

Acatei o aviso. Disse a ela que partiria com a sra. Bruce no dia seguinte e que tentaria vê-la quando voltasse.

Na condição de serva da raça anglo-saxã, não fui colocada num dos "carros de Jim Crow[11]" no caminho para Rockaway, nem fui convidada

---

[11] As leis de Jim Crow (em inglês, Jim Crow laws) impunham a segregação racial no sul dos Estados Unidos. (N.T.)

a percorrer as ruas em cima dos baús de um carrinho de mão, mas por toda parte encontrei as mesmas manifestações do preconceito cruel que tanto desencoraja os sentimentos e reprime as energias das pessoas negras. Chegamos a Rockaway antes de escurecer e nos hospedamos no Pavilion, um hotel enorme e lindo, à beira-mar, um grande *resort* do mundo moderno. Havia trinta ou quarenta babás, todas de uma grande variedade de nações. Algumas das senhoras tinham criadas e cocheiros negros, mas eu era a única babá tingida com o sangue da África. Quando tocou o sinal do chá da tarde, peguei a pequena Mary e segui as outras babás. O jantar foi servido em um salão comprido, e um jovem que cuidava da ordenação dos assentos deu duas ou três voltas na mesa até que enfim me indicou um assento na extremidade mais distante. Como havia apenas uma cadeira, sentei-me e peguei a criança no colo. O jovem logo veio falar comigo, dizendo, na voz mais branda possível:

– Você poderia fazer o favor de sentar a menina na cadeira e ficar atrás dela para dar de comer? Quando acabar a refeição dela, você será conduzida até a cozinha, onde receberá uma boa ceia.

Aquilo foi o cúmulo! Foi difícil manter o autocontrole quando olhei em volta e vi várias outras babás, mulheres como eu, apenas um tom de pele mais clara, me encarando com um olhar desafiador, como se minha presença trouxesse algo ruim e contagioso. No entanto, não falei nada. Muito calma, peguei a criança e fui para o quarto, então me recusei a voltar para a mesa. O sr. Bruce ordenou que minhas refeições e as da pequena Mary fossem servidas no quarto. Isso resolveu a questão por um tempo, até que os garçons do estabelecimento, que eram brancos, começaram a reclamar, dizendo que não eram pagos para servir os negros. O senhorio pediu ao sr. Bruce que me enviasse para comer nas cozinhas, porque seus criados estavam se rebelando, e os outros empregados negros começaram a demonstrar insatisfação porque não eram tratados da mesma forma.

Minha resposta foi que cada criado negro deveria estar insatisfeito consigo mesmo, por não ter respeito próprio e aceitar se submeter a tal tratamento; que não havia diferença no preço das refeições para empregados brancos e negros, então não havia justificativa para diferença de tratamento. Ainda fiquei mais um mês no hotel, e, vendo que eu estava decidida a defender meus direitos, concluíram que me tratariam bem. Todo homem e mulher negros deveriam fazer o mesmo, até que enfim deixaremos de ser pisoteados por nossos opressores.

Fuga por um fio

Depois que voltamos para Nova Iorque, aproveitei a primeira oportunidade que tive para ver Ellen. Pedi que ela fosse chamada, pensando que o irmão sulista da sra. Hobbs ainda poderia estar lá, e querendo evitá-lo, se possível. Mas a sra. Hobbs entrou na cozinha e insistiu que eu subisse as escadas.

– Meu irmão quer ver você – explicou. – E lamenta que você o esteja evitando. Ele sabe que você está morando em Nova Iorque e me pediu para avisar que ele também deve muito à boa e velha tia Martha, por seus muitos pequenos atos de bondade, e que não seria vil a ponto de trair a neta dela.

O sr. Thorne tinha empobrecido e se tornado inconsequente muito antes de deixar o Sul, e essas pessoas sempre preferem ir atrás de algum escravo fiel pedir dinheiro emprestado ou comer um bom jantar em vez de pedir ajuda a alguém que consideram um igual. Foram atos de bondade como esses que motivavam a gratidão que ele confessara ter por vovó. Eu preferiria que ele tivesse mantido distância, mas como estava na casa e sabia do meu paradeiro, concluí que não havia nada a ganhar tentando evitá-lo. Pelo contrário, poderia ser um motivo de despertar alguma má vontade. Segui a irmã dele escada acima. O homem me recebeu de forma muito amigável, me parabenizou pela fuga da escravidão e manifestou votos de que eu tivesse um bom lugar para ficar, onde me sentisse feliz.

Continuei visitando Ellen sempre que podia. A boa criança, sempre muito preocupada com os outros, nunca se esquecia da minha situação e do risco que eu corria e sempre se manteve vigilante para garantir minha segurança. Ellen nunca fez nenhuma reclamação sobre os próprios inconvenientes e problemas; mas meu olhar observador de mãe considerava evidente que ela não estava feliz. Em uma de minhas visitas, ela estava estranhamente séria. Quando perguntei o que havia, a resposta foi que não havia nada, mas insisti, querendo saber o que a deixara tão taciturna. Após um tempo, consegui entender que ela estava preocupada com a devassidão que andava acontecendo na casa. Era mandada muitas vezes à loja para comprar rum e conhaque e já estava constrangida de comprar bebida com tanta frequência. O sr. Hobbs e o sr. Thorne bebiam muito, ficavam com as mãos tremendo tanto que precisavam chamá-la para servir a bebida.

– Mesmo com tudo isso, o sr. Hobbs é muito bom comigo, não consigo evitar de gostar dele – explicou. – Tenho pena dele.

Tentando consolar minha filha, contei que já conseguira juntar cem dólares e que achava que em pouco tempo poderia pagar por uma casa para abrigar ela e Benjamim e mandá-los para a escola. Ellen sempre se esforçava para não me dar mais motivos para me preocupar, e só anos depois descobri que a intemperança do sr. Thorne não era seu único incômodo. O homem professava toda sua gratidão à avó, dizendo-se incapaz de prejudicar qualquer um de seus descendentes, mas despejava linguagem vil nos ouvidos da bisneta inocente.

Eu costumava passar as tardes de domingo no Brooklyn. Certa vez, encontrei Ellen me esperando, ansiosa, perto da casa.

– Ah, mãe, estou esperando faz tanto tempo! Sinto muito, mas o sr. Thorne escreveu para o dr. Flint contando onde você está. Entre depressa! A sra. Hobbs vai explicar tudo!

A história logo foi contada. Enquanto as crianças junto à parreira, no dia anterior, viram o sr. Thorne chegar com uma carta, rasgá-la e espalhar os pedacinhos. Na hora, Ellen estava varrendo o quintal e, com a mente cheia de suspeitas, catou os pedacinhos e os levou para as crianças, dizendo:

– Fico imaginando para quem o Sr. Thorne andou escrevendo.

– Eu que não sei, e nem me importo – respondeu a filha mais velha da família. – E não sei por que isso seria da sua conta.

– Mas é da minha conta – retrucou Ellen. – Estou com medo de ele estar escrevendo para o Sul, para falar sobre minha mãe.

As crianças riram dela e a chamaram de boba, mas, querendo ajudar, juntaram os pedacinhos da carta para poderem ler. Assim que terminaram de juntar, a mais novinha exclamou:

– Nossa, Ellen, acho que você está certa.

O conteúdo da carta do sr. Thorne, pelo que me lembro, era o seguinte: "Vi Linda, sua escrava, e conversei com ela. Seria fácil pegá-la, basta ir com cautela. Temos homens o suficiente aqui para jurar diante da lei que ela é sua propriedade. Eu sou um patriota, um amante do meu país, e estou fazendo isto como um ato de justiça às leis". Depois acrescentou informações da rua e do número onde eu morava. As crianças levaram os pedacinhos de carta para a sra. Hobbs, que foi ao quarto do irmão imediatamente, querendo uma explicação. O homem não foi encontrado. Os criados disseram que tinham visto ele saindo com uma carta na mão e imaginavam que teria ido ao correio. O mais natural de se pensar foi que tinha ido enviar uma cópia daqueles fragmentos ao dr. Flint. Quando o sr. Thorne voltou, a irmã o acusou, e ele não negou. Foi imediatamente para o quarto e, na manhã seguinte, estava desaparecido. Partira para Nova Iorque antes que qualquer um da família acordasse.

Era evidente que eu não tinha tempo a perder, então corri de volta para a cidade com o coração pesado. Mais uma vez, seria arrancada de um lar confortável, e todos os planos que fizera para o bem-estar dos meus filhos seriam frustrados por aquela escravidão demoníaca! Estava arrependida de nunca ter contado minha história à sra. Bruce. Não escondi apenas por ser uma escrava fugida, o que decerto a deixaria ansiosa, mas teria despertado simpatia em seu bom coração. A questão era que eu valorizava o quanto ela pensava bem de mim e tinha medo de que tudo mudasse caso eu contasse todos os detalhes de minha triste história. Porém, naquele momento, sentia que era necessário que ela soubesse da situação em que eu me metera. Já a deixara sozinha uma vez, bem abruptamente, sem explicar o motivo, e não seria certo fazer isso de novo. Fui para casa decidida a contar tudo a ela pela manhã. Ela notou a tristeza em meu rosto e, em resposta às suas perguntas gentis, abri meu coração logo antes da hora de dormir. Ela ouviu com verdadeira solidariedade feminina e disse que faria tudo o que pudesse para me proteger. Ah, como meu coração a abençoou!

Na manhã seguinte, o juiz Vanderpool e o advogado Hopper foram consultados. Disseram que era melhor eu sair da cidade imediatamente, pois correria grande risco se o caso fosse a julgamento. A sra. Bruce me levou de carruagem até a casa de uma amiga, onde garantiu que eu estaria segura até que meu irmão chegasse, dali a alguns dias. Enquanto isso, meus pensamentos se ocupavam com Ellen. A menina era minha por nascimento e pela lei sulista, já que vovó tinha a nota fiscal que indicava a compra. Ainda assim, não sentia que estaria segura, a não ser comigo. A sra. Hobbs, sentindo-se culpada pela traição do irmão, cedeu às minhas súplicas, com a condição de que voltasse dali a dez dias. Evitei fazer qualquer promessa. Ellen chegou vestida com roupas muito finas, já pequenas demais, e carregando uma mochila escolar com uns poucos itens. Era final de outubro, e eu sabia que a criança devia estar passando frio. Mas, sem me atrever a sair na rua para comprar nada, tirei minha saia de flanela e a converti em uma saia quente para ela. A bondosa sra. Bruce, quando veio se despedir, viu que eu tinha tirado a roupa do corpo para cobrir minha filha e ficou com os olhos cheios de lágrimas. Então pediu, antes de sair, que eu esperasse um pouco. Não demorou a voltar com um belo xale bem quente e um capuz para Ellen. É para almas como a dela que existem o reino dos céus.

Meu irmão chegou a Nova Iorque na quarta-feira. O advogado Hopper aconselhou que fôssemos para Boston pela rota de Stonington, por onde havia menos viajantes do Sul. A sra. Bruce instruiu os servos a, caso alguém perguntasse, dizer que eu de fato já morara lá, mas que saíra da cidade. Chegamos ao barco a vapor de Rhode Island em segurança. O barco empregava mãos negras, mas eu sabia que não aceitava passageiros negros nas cabines. Queria muito contar com o isolamento da cabine, e não só por causa da exposição ao ar noturno, mas também para evitar que me vissem. O advogado Hopper esperava por nós a bordo. Ele pediu à atendente, como um favor especial, que a mulher nos tratasse bem. E me disse:

– Daqui a um tempo, vá pessoalmente falar com o capitão. Leve sua filha, e ele com certeza não vai deixar vocês dormirem no convés. – Depois dessas palavras gentis e de um aperto de mão, ele partiu.

O barco zarpou logo, afastando-me depressa da casa amigável onde eu antes esperava encontrar segurança e descanso. Meu irmão se afastou para me deixar comprar as passagens, achando que para mim talvez fosse mais fácil. A atendente veio até mim, então paguei o valor pedido e recebi três ingressos com os cantos cortados. Então, sem nenhum rodeio, protestei:

– Você cometeu um erro. Eu pedi passagens de cabine. Não posso dormir no convés com minha filhinha.

A mulher me garantiu que não havia engano e explicou que havia algumas rotas em que os negros podiam dormir nas cabines, mas não naquela, que era muito frequentada pelos ricos. Pedi à atendente que me levasse à cabine do capitão, e ela disse que me levaria depois do chá. Quando chegou a hora, peguei Ellen pela mão e fui até o capitão, a quem pedi com bastante educação que trocasse as passagens, pois ficaríamos muito desconfortáveis no convés. O homem disse que aquilo ia contra os costumes, mas que providenciaria catres para nós duas no convés inferior e também tentaria conseguir assentos confortáveis nos vagões do trem – isso ele não tinha certeza de que conseguiria, mas prometeu que falaria com o condutor quando o barco chegasse ao destino. Agradeci e voltei para o setor das mulheres. O capitão apareceu logo depois, dizendo que o condutor do trem estava a bordo e prometera cuidar bem de nós. Fiquei muito surpresa com tamanha gentileza. Não sei se o rosto agradável da minha garotinha conquistou o coração dele, ou se a atendente deduziu que eu era uma fugitiva, pelos modos do advogado Hopper, e intercedeu em meu favor.

Quando o barco chegou a Stonington, o condutor cumpriu a promessa e nos acomodou no primeiro vagão, mais próximo do motor. Ele pediu que sentássemos junto à porta, mas, quando saiu, resolvemos nos mudar para a outra extremidade do vagão. Não fomos alvo de nenhuma grosseria e chegamos a Boston em segurança.

O dia seguinte à chegada foi um dos mais felizes da minha vida. Eu sentia como se estivesse fora do alcance dos cães de caça e, pela primeira vez em muitos anos, tinha meus dois filhos comigo. As crianças gostaram muito do reencontro, riram e conversaram com alegria. Fiquei assistindo a tudo com o coração transbordando. Eu me encantava com cada gesto deles.

Não me sentia segura em Nova Iorque e aceitei a oferta de uma amiga para dividirmos as despesas e cuidarmos da casa juntos. Argumentei com a sra. Hobbs que Ellen precisava de alguma instrução e que deveria permanecer comigo para estudar. A menina tinha vergonha de não saber ler ou soletrar naquela idade, então, em vez de mandá-la para a escola com Benny, eu mesma a ensinei até que ela conseguisse entrar em uma escola intermediária. O inverno foi agradável; eu me mantive ocupada com a costura, e meus filhos, com os livros.

Uma visita à Inglaterra

Na primavera, chegaram notícias tristes. A sra. Bruce falecera. Nunca mais, neste mundo, verei seu rosto gentil ou ouvirei sua voz simpática. Tinha perdido uma amiga maravilhosa, e a pequena Mary perdera uma mãe carinhosa. O sr. Bruce queria que a criança fosse visitar alguns parentes da mãe na Inglaterra e manifestou o desejo de que eu fosse junto para tomar conta dela. A pequena órfã estava acostumada comigo e era apegada a mim, e pensei que ficaria mais feliz sob meus cuidados do que junto de alguma estranha. Também poderia ganhar mais assim do que com a costura. Com isso, coloquei Benny para trabalhar e deixei Ellen em casa com minha amiga, para ir para a escola.

Partimos de Nova Iorque e chegamos a Liverpool após uma agradável viagem de doze dias. Seguimos direto para Londres, onde nos hospedamos no Hotel Adelaide. A ceia parecia menos luxuosa que as dos hotéis americanos, mas minha situação era indescritivelmente mais agradável. Pela primeira vez na vida, estava em um lugar onde era tratada de acordo com minha conduta, sem referências à cor. Era como se uma pedra enorme tivesse sido tirada de cima do meu peito.

Acomodada em um quarto bom, junto da menininha querida de quem estava encarregada, foi a primeira vez que deitei a cabeça no travesseiro com a sensação deliciosa de liberdade pura e completa.

Como estava sempre cuidando da criança, não tive muitas oportunidades de ver as maravilhas daquela grande cidade, mas observei a maré de vida que fluía pelas ruas e achei um estranho contraste com a estagnação das nossas cidades do Sul. O sr. Bruce levou a filhinha para passar uns dias com amigos em Oxford Crescent, e, claro, foi necessário que eu a acompanhasse. Eu tinha ouvido muito sobre a educação infantil inglesa, bastante sistemática, e esperava que minha querida Mary se mantivesse bem comportada em meio a tanto decoro. Observei suas amiguinhas e as babás de perto, pronta para aprender mais sobre a ciência da boa administração. As crianças tinham peles mais rosadas que as americanas, mas não vi que diferenças significativas em outros aspectos. Eram como todas as crianças: às vezes dóceis, às vezes rebeldes.

Depois disso, fomos para Steventon, em Berkshire, uma cidade pequena, considerada a mais pobre do condado. Vi homens trabalhando nos campos em troca de seis ou sete xelins por semana, e mulheres por seis ou sete pence ao dia, e com esse dinheiro eles pagavam pelo próprio sustento. Claro que viviam apenas com o mais básico e primitivo; e não teria como ser diferente, uma vez que o salário de um dia inteiro das mulheres não bastava para comprar meio quilo de carne. Pagavam aluguéis muito baixos e usavam roupas dos tecidos mais baratos, embora muito melhores do que as roupas que se comprava nos Estados Unidos pelo mesmo preço. Eu tinha ouvido muito sobre a opressão dos pobres na Europa, e as pessoas que via ao redor estavam, muitas delas, entre os mais pobres. Mas, quando visitei suas cabaninhas de telhado de sapê, senti que até a condição dos mais miseráveis e ignorantes era muito superior à condição dos escravos mais favorecidos da América. Eles trabalhavam duro, mas não recebiam ordens de trabalhar quando as estrelas já estavam no céu, forçados e açoitados por um capataz, resistindo ao calor e ao frio, trabalhando até que as estrelas sumissem e voltassem a brilhar. As casas eram muito humildes, mas protegidas por lei. Nenhuma patrulha insolente poderia aparecer na calada da noite e açoitar os moradores à vontade. O pai, quando fechava a porta de casa, sentia-se seguro com a família. Nenhum senhor ou capataz poderia aparecer para levar sua esposa ou filha. Às vezes precisavam se separar para ganhar a vida, mas os pais sabiam para onde os filhos estavam indo e a família podia se comunicar por carta. As relações de marido e esposa, pai e filho, eram sagradas demais até para o nobre mais rico passar impune, caso as violasse. Muito estava sendo feito para educar aquela gente pobre. Havia escolas para eles, e havia organizações sociais ativas nos esforços para melhorar sua condição de vida. Não havia lei proibindo as pessoas de aprender a ler e a escrever, e, caso ensinasse um igual a decifrar a Bíblia, ninguém corria o risco de receber trinta e nove chicotadas – risco que corri quando ajudei o pobre tio Fred, tão beato. Repito: o mais ignorante e miserável desses camponeses levava uma vida mil vezes melhor que o escravo americano mais mimado.

Não nego que os pobres sejam oprimidos na Europa. Não tenho intenção de ilustrar sua condição de vida em rosas tão extremos quanto os rosas que a honrada srta. Murray[12] usou para ilustrar a condição dos escravos nos Estados Unidos. Bastaria uma pequena amostra da *minha* experiência para que ela lesse as próprias palavras com olhos ungidos. Se a mulher deixasse o título de lado e, em vez de visitar famílias de requinte, fosse empregada como uma pobre governanta em alguma fazenda da Louisiana ou do Alabama, veria e ouviria coisas que a fariam contar uma história bem diferente.

Minha visita à Inglaterra foi um acontecimento memorável para

---

[12] Amelia Matilda Murray (1795-1884), dama de honra da rainha Vitória, visitou a América do Norte em 1854 e publicou um relato afirmando que os escravos viviam em condições melhores que os pobres da Europa. (N.T.)

minha vida; naquele lugar, tive fortes vivências religiosas. O desdém com que a comunhão era administrada aos negros, na minha terra natal, a permanência de pessoas como dr. Flint como membros da congregação e a compra e venda de escravos por ministros do Evangelho, tudo isso me deixara com algum preconceito contra a igreja episcopal. Todo o serviço me parecia uma farsa e uma zombaria. Mas minha casa em Steventon era com a família de um pastor, um verdadeiro discípulo de Jesus. A beleza de sua vida diária inspirou minha fé na autenticidade dos ensinamentos cristãos. A graça encheu meu coração, e eu me ajoelhei à mesa da comunhão com o que acredito que era a verdadeira humildade da alma.

Passei dez meses no exterior, muito mais do que eu esperava. Durante todo esse tempo, não vi o menor sintoma de qualquer preconceito contra minha cor. Na verdade, esqueci completamente que esse tipo de coisa acontecia, até que chegou a hora de voltarmos para a América.

Novos convites para voltar ao Sul

A passagem para o inverno foi tediosa e, a distância, memórias desagradáveis pareciam se elevar pelo litoral dos Estados Unidos. É triste ter medo da pátria. Chegamos a Nova Iorque em segurança, e corri para Boston, para cuidar de meus filhos. Ellen parecia bem e tinha melhorado na escola, mas Benny não estava lá para me receber. Eu o deixara em um bom lugar, para aprender um ofício, e tudo funcionou bem durante vários meses. Benny era querido pelo mestre e o favorito dos colegas aprendizes. Mas, um dia, descobriram sem querer um fato de que nunca tinham suspeitado: Benny era negro! Isso imediatamente o transformou em um ser diferente. Alguns dos aprendizes eram americanos, outros erram irlandeses nascidos nos Estados Unidos, e era uma ofensa à sua dignidade ter um "preto" entre eles – porém apenas *depois* de terem sido informados que Benny era "preto". Passaram a tratar meu filho com desprezo e silêncio e, como ele retribuía o tratamento, recorreram a insultos e abusos. Benny era obstinado demais para suportar aquele tratamento, então foi embora. Ainda com o desejo de garantir o próprio sustento e sem ter ninguém para aconselhá-lo, ele zarpou em um navio baleeiro. Quando recebi a notícia, derramei muitas lágrimas e me censurei amargamente por ter deixado meu filho por tanto tempo. Ainda assim, fizera o meu melhor, e só me restava pedir ao Pai celestial que o guiasse e protegesse.

Não muito depois que voltei, recebi a seguinte carta da srta. Emily Flint, agora sra. Dodge:

> *Nesta carta você reconhecerá a mão de sua amiga e senhora.*
>
> *Quando soube da sua viagem para a Europa com outra família, fiquei esperando para saber de seu retorno e poder lhe escrever. Eu deveria ter respondido sua carta de muito tempo atrás, mas, como não podia agir de forma independente de meu pai, sabia que não poderia fazer nada muito satisfatório por você. Por aqui, havia pessoas dispostas a lhe comprar e a correr o risco de ir aí capturá-la, e eu não poderia concordar com isso. Sempre fui muito apegada a você, e não gostaria de vê-la como escrava de nenhum outro mestre ou vítima de maus-tratos.*
>
> *Agora, estou casada e posso protegê-la. Meu marido pretende se mudar para a Virgínia nesta primavera, e pensamos em nos estabelecer por lá. Estou muito ansiosa para que você venha morar comigo. Se não quiser ir, pode comprar a si mesma, mas prefiro que more comigo. Se vier, pode passar um mês com sua avó e seus amigos, se for da sua vontade, depois me encontrar em Norfolk, na Virgínia. Pense no assunto e escreva o mais rápido possível para me informar de sua decisão.*
>
> *Espero que seus filhos estejam bem e permaneço sua amiga e senhora.*

Claro que não escrevi para agradecer o convite tão cordial. Eu me senti insultada por ser considerada estúpida o bastante para cair na armadilha dessas promessas.

"Suba aqui na minha sala", disse a aranha à mosca pequenininha.
"De todas que você já viu, não há mais bela salinha."

Estava claro que a família do dr. Flint tinha sido informada de meus movimentos, pois sabiam da minha viagem à Europa. Já previa mais problemas com eles, mas, tendo escapado até então, imaginava que teria o mesmo sucesso no futuro. Quanto ao dinheiro que ganhara, pretendia gastá-lo com a educação de meus filhos e para garantir que tivessem um lar. Além de difícil, parecia muito injusto ter que pagar por mim mesma. Era impossível que eu me considerasse uma mercadoria. Além disso, trabalhara muitos anos sem receber e, durante esse tempo, fora obrigada a depender de vovó para muitos confortos com comida e roupas. Meus filhos certamente me pertenciam, mas, embora o dr. Flint não tivesse incorrido em despesas para seu sustento, recebera, em troca deles, uma grande soma em dinheiro. Eu sabia que a lei determinaria que eu era mercadoria e provavelmente ainda daria o direito de meus filhos para a filha do doutor, mas eu considerava essas leis o código de conduta de ladrões, gente que não tinha direitos que eu fosse obrigada a respeitar.

A Lei do Escravo Fugitivo ainda não tinha sido aprovada. Os juízes de Massachusetts ainda não precisavam se curvar e passar sob as correntes para entrar nos tribunais de justiça[13], como são chamados. Eu sabia que meu antigo senhor tinha muitos receios quanto a Massachusetts e confiava no amor daquele estado pela liberdade e me sentia segura em seu solo. Hoje, tenho consciência de que honrei aquele estado para além de seus méritos.

---

[13] Durante o julgamento de escravos fugidos, era comum que o tribunal fosse cercado e protegido por correntes. (N.T.)

A confissão

Por dois anos, minha filha e eu sustentamos uma vida confortável em Boston. Findo esse período, meu irmão, William, se ofereceu para pagar pela estadia de Ellen em um internato. Foi um grande esforço consentir em me separar dela, pois eu tinha poucos laços próximos, e sua presença fazia a casinha de dois cômodos parecer um lar. Ainda assim, a sensatez prevaleceu sobre meus sentimentos egoístas, e cuidei dos preparativos para a partida de minha filha. Durante os dois anos que vivemos juntas, muitas vezes pensei em contar algo sobre o pai dela, mas nunca consegui reunir coragem para seguir com a ideia. Tinha um medo intenso de perder um pouco do amor da minha filhinha. Sabia que Ellen devia ter alguma curiosidade sobre o assunto, mas ela nunca fez perguntas. Sempre foi muito cuidadosa em não dizer nada que me fizesse lembrar meus problemas. Agora que estava se afastando de mim, pensei que, se morresse antes de ela voltar, a menina talvez ouvisse a história de alguém que não entendia as circunstâncias. E, se ela permanecesse completamente ignorando sobre o assunto, a revelação poderia ser um choque brutal para natureza sensível.

Quando nos recolhemos para dormir, Ellen comentou:

– Mãe, é muito difícil deixar você sozinha. Quase lamento por estar indo embora, mesmo querendo me dedicar mais aos estudos. Mas você vai me escrever sempre, não vai, mãe?

Não a envolvi num abraço. Não respondi. Com uma voz calma e solene, pois precisava de muito esforço, disse:

– Ellen, tenho algo para contar, e preciso que escute.

Contei, então, dos meus primeiros sofrimentos com a escravidão, disse a ela como aquilo tudo quase me esmagou. Comecei a contar como aquela vida me fez cometer um grande pecado, então ela me apertou em seus braços, pedindo:

– Ah, não, mãe! Por favor, não me diga mais nada!

– Minha filha, eu quero que você saiba sobre o seu pai.

– Eu sei tudo sobre ele, mãe – respondeu a menina. – Não sou nada para o meu pai, e ele não é nada para mim. Todo o meu amor é seu. Passei cinco meses com ele, em Washington, e ele nunca se importou comigo. Nunca nem falou comigo como fazia com a pequena Fanny. Eu sabia que ele era meu pai, a babá de Fanny me contou, mas ela disse que eu não podia contar a ninguém, e nunca contei. Queria que ele me pegasse nos braços e me beijasse como fazia com a Fanny, ou que às vezes simplesmente sorrisse para mim como sorria para ela. Achava que, como ele era meu pai, devia me amar. Eu era uma garotinha, não sabia das coisas. Mas agora nunca nem penso nele. Todo o meu amor é seu.

Ela me abraçou mais forte enquanto falava, e agradeci a Deus por aquela informação que eu tanto temia compartilhar não ter diminuído o amor que minha filha tinha por mim. Não tinha ideia de que ela sabia daquela parte da minha história. Se tivesse, teria falado muito antes; ansiava por derramar meus sentimentos, sempre tão reprimidos, por me confidenciar com alguém em quem pudesse confiar. Amei mais minha menina querida pela delicadeza que demonstrara com a pobre mãe.

Na manhã seguinte, ela e o tio partiram em sua jornada para um vilarejo de Nova Iorque onde ficava a escola. Parecia que o sol tinha ido embora. A casinha parecia terrivelmente solitária. Fiquei agradecida quando chegou a mensagem de uma senhora, acostumada a me empregar, pedindo que eu passasse várias semanas costurando para sua família. Quando voltei, encontrei uma carta de William. Ele estava pensando em abrir uma sala de leitura antiescravista em Rochester, um lugar que também venderia alguns livros e artigos de papelaria, e queria que eu me unisse ao negócio. Tentamos, mas não tivemos sucesso. Lá, fizemos amigos calorosos também contrários à antiescravidão, mas o sentimento não tocara gente o bastante para que a comunidade apoiasse o estabelecimento. Passei quase um ano com a família de Isaac e Amy Post[14], praticantes na doutrina cristã da fraternidade humana. Eles medem o valor de um homem pelo caráter, não pela cor. A memória daqueles amigos amados e honrados permanecerá comigo até minha última hora.

---

[14] Isaac (1798-1872) e Amy Post (1802-89) eram um casal de abolicionistas. Amy foi uma das pessoas que encorajou a autora a escrever este livro. (N.T.)

A Lei do Escravo Fugitivo

Meu irmão, desapontado com seu projeto, decidiu ir para a Califórnia, e concordamos que Benjamim iria junto. Ellen gostava da escola e era uma das alunas favoritas. Lá, ninguém sabia sua história, e ela também não contava, querendo aproveitar a solidariedade das colegas. Mas, quando descobriram que era filha de uma escrava fugitiva, fizeram de tudo para aumentar suas vantagens e diminuir as despesas.

Eu estava sozinha de novo. Precisava ganhar dinheiro e preferia trabalhar com aqueles que me conheciam. Quando voltei de Rochester, fui à casa do sr. Bruce para ver Mary, a querida bebezinha que derretera meu coração quando ainda estava congelado em uma desconfiança triste de todos os meus semelhantes. Já era uma menininha grande, mas eu a amava como sempre. O sr. Bruce tinha casado de novo e propôs que eu fosse babá de uma nova criança. Só uma coisa me fazia hesitar, e era a sensação de insegurança em Nova Iorque, muito maior depois da aprovação da Lei do Escravo Fugitivo. No entanto, resolvi tentar. Mais uma vez, tive sorte com meu empregador. A nova sra. Bruce era uma americana criada sob influências aristocráticas e ainda vivia nesse meio. Se tinha algum preconceito contra negros, nunca fiquei sabendo, e ela nutria um desgosto profundo pela escravidão. Nenhum sofisma dos sulistas poderia cegá-la para a monstruosidade daquilo; a mulher era uma pessoa de princípios e dona de um coração nobre. Desde aquele momento até agora, tem sido uma amiga sincera e solidária. Que chovam bênçãos sobre ela e os seus!

Mais ou menos na época em que voltei para a família Bruce, ocorreu um evento desastroso para os negros. Os cães de caça do Norte entregaram o escravo Hamlin, o primeiro fugitivo encontrado sob a nova lei, aos cães de caça do Sul. Foi o início de um reinado de terror para a população negra. A grandiosa cidade seguia em um turbilhão de animação, sem notar os "breves e simples anais dos pobres". Mas, enquanto a sociedade elegante se emocionava com a voz de Jenny Lind, em uma ópera no Metropolitan Hall, ignoravam a emoção das vozes dos pobres negros caçados que se elevavam em agonia e súplicas ao Senhor, na Igreja Metodista Episcopal Africana. Muitas famílias que moravam na cidade havia vinte anos começaram a fugir dali. Muitas lavadeiras pobres que, com trabalho árduo, tinham conquistado uma casa confortável, foram obrigadas a sacrificar seus móveis, despedir-se de amigos às pressas e ir buscar fortuna entre estranhos no Canadá. Muitas esposas descobriram segredos sobre os maridos, que eram fugitivos e precisavam ir embora para garantir a própria segurança. E, pior ainda, muitos maridos descobriram que a esposa fugira da escravidão anos antes e, como "os filhos seguem a condição da mãe", as crianças que tinham gerado estavam sujeitas a serem apreendidas e levadas à escravidão. Por toda parte, nas casas humildes, havia consternação e angústia. Mas por que os legisladores da "raça dominante" se importariam com o sangue que jorrava daqueles corações pisoteados?

Quando meu irmão, William, passou a última noite comigo antes de ir para a Califórnia, conversamos quase o tempo todo sobre a aflição causada ao nosso povo oprimido com a aprovação dessa lei imoral, e eu nunca o vira manifestar tamanha amargura, tamanha hostilidade contra nossos opressores. William estava livre da lei, pois não fugira de nenhum estado escravocrata, fora levado aos Estados Livres pelo próprio senhor. Mas eu estava sujeita à captura, assim como centenas de pessoas inteligentes e trabalhadoras. Era raro eu me aventurar nas ruas e, sempre que era necessário providenciar alguma coisa para a sra. Bruce ou alguém da família, fazia questão de usar atalhos e ruas secundárias. Que desgraça para uma cidade que se diz livre, que seus habitantes, inocentes de qualquer culpa, querendo cumprir suas obrigações, sejam condenados a viver com tanto medo e não tenham a quem recorrer em busca de proteção! Esse estado das coisas, é claro, deu origem a muitos comitês de vigilância improvisados. Cada pessoa negra e cada amigo da raça perseguida mantinha os olhos bem abertos. Todas as noites, eu examinava os jornais com atenção, querendo ver quais sulistas tinham se hospedado nos hotéis. Fazia isso para o meu próprio bem, pensando que minha jovem senhora e seu marido poderiam estar entre os recém-chegados, mas também queria dar informações a outras pessoas, caso necessário. Se muitos estavam desesperados, "correndo de um lado para o outro", resolvi que "era preciso multiplicar o conhecimento".

O que traz à tona uma de minhas memórias do Sul, que vou relatar brevemente. Eu conhecia um escravo chamado Luke, que pertencia a um homem rico da vizinhança. O senhor morreu, deixando um filho e uma filha herdeiros da grande fortuna. Na divisão dos escravos, Luke foi incluído na porção do filho. O jovem se tornou presa de vícios e, quando foi para o Norte, para completar sua educação, carregou os vícios consigo. Foi trazido de volta para casa já privado do uso das pernas, devido ao excesso de libertinagem. Luke foi designado para servir ao senhor acamado, que já era bastante déspota, mas essa característica fora muito ampliada pela exasperação que sentia diante da própria impotência. Ele mantinha um chicote sempre por perto, e depois de ocorrências das mais triviais, ordenava ao escravo que desnudasse as costas e se ajoelhasse ao lado do sofá enquanto o chicoteava até esgotar suas forças. Alguns dias, Luke não tinha permissão de usar mais que a camisa, de forma que estivesse pronto para o açoite. Era raro passar um só dia sem que recebesse golpes. Se oferecesse a menor resistência, chamavam o delegado para executar a punição; com isso Luke logo aprendeu a temer muito mais o braço forte do policial que o braço relativamente fraco de seu senhor. O braço do tirano foi ficando mais fraco, até finalmente ser paralisado. Então, os serviços do policial passaram a ser uma requisição constante. O homem dependia inteiramente dos cuidados de Luke, e não havia alternativa senão ser cuidado como a um bebê, mas isso, em vez de inspirar qualquer gratidão ou compaixão pelo pobre escravo, parecia apenas aumentar a raiva e a crueldade do senhor. Deitado na cama, um mero destroço degradado da masculinidade, o homem carregava na mente as aberrações mais estranhas do despotismo. E, se Luke hesitasse em se submeter às ordens, o delegado era chamado imediatamente. Algumas dessas aberrações eram de natureza suja demais para serem repetidas. Quando fugi da casa da escravidão, deixei o pobre Luke ainda acorrentado ao lado da cama deste desgraçado cruel e asqueroso.

Um dia, quando fazia um serviço para a sra. Bruce, andava apressada pelas ruas secundárias, como de costume, quando vi um jovem de rosto familiar se aproximando. Quando ele chegou, reconheci Luke. Sempre me alegrava ao ver ou ouvir falar de alguém que escapara daquele buraco negro da escravidão, e fiquei particularmente feliz em vê-lo no Norte, embora já não pudesse mais chamar o lugar de solo livre. Lembrando bem como era desolador estar sozinho entre estranhos, eu o abordei e o cumprimentei com muita cordialidade. No início, o homem não me reconheceu. Mas, quando mencionei meu nome, ele se lembrou de tudo sobre mim. Falei sobre a Lei do Escravo Fugitivo e perguntei se ele não sabia que Nova Iorque era uma cidade de sequestradores.

– O risco nem é tanto ruim pra mim quanto é pra você – explicou ele. – Porque eu fugi dum vendedor, e você fugiu do sinhô. Esses vendedores não gastam nada para vir aqui atrás dum fugido se não souberem com certeza que vão agarrar o sujeito. E vou lhe dizer que tomo muito cuidado com isso. Passei uns tempos muito difíceis, minha querida. Não vão pegar esse preto aqui.

Ele então me contou sobre o conselho que recebera e os planos que traçara. Perguntei se Luke tinha dinheiro suficiente para ir até o Canadá.

– Dependendo se der certo, tenho – respondeu ele. – Também estou cuidando disso. Eu trabalhava todos os dias para esses brancos malditos e só me pagavam com correntes e chutes. Então acho que esse preto aqui tinha o direito de receber o bastante pra vir aqui pros Estados Livres. O sinhô Henry viveu o bastante pra fazer todo mundo querer que morresse logo. E, quando ele morresse, eu sabia que iria pro inferno com o demônio, que também não ia querer que o morto carregasse o dinheiro pra cova. Peguei só algumas contas e deixei no bolso da calça velha que ele usava. E, quando o homem foi enterrado, o preto aqui pediu a calça velha, e me deram. – Com uma risadinha baixa e alegre, acrescentou: – Veja só você: eu não *roubei*, eles que *deram* o dinheiro para mim. E olha, foi muito difícil esconder tudo do vendedor, mas ele não pegou nem um centavo.

Este é um bom exemplo de como o senso moral é educado pela escravidão. Quando um homem tem seu salário roubado, ano após ano, e as leis sancionam e impõem o roubo, como esperar que tenha mais consideração pela honestidade do que o homem que o rouba? Eu já era um tanto mais esclarecida, mas confesso que concordo com o pobre coitado, que é um completo ignorante e foi muito abusado. Concordo com o pensamento dele de que tinha direito a esse dinheiro como parte de seu salário não pago. Luke foi logo para o Canadá, e desde então não tive notícias dele.

Passei todo aquele inverno tomada de ansiedade. Quando levava as crianças para tomar ar fresco, prestava atenção a todos os rostos que encontrava. Temia o verão que se aproximava, quando cobras e proprietários de escravos saíam das tocas. A verdade era que eu era uma escrava em Nova Iorque, tão sujeita às leis escravistas quanto se estivesse em um estado escravocrata. Estranha incongruência em um estado que se diz livre!

A primavera chegou, e recebi um aviso do Sul de que o dr. Flint sabia que eu voltara a trabalhar na antiga casa e estava se preparando para ir me pegar. Soube, depois, que ele também recebera a descrição de minha aparência e das crianças da sra. Bruce, tudo relatado por alguns lacaios do Norte, que os proprietários de escravos usam para seus propósitos desprezíveis, depois caçoam da ganância e da subserviência mesquinha dessa gente.

Informei imediatamente a sra. Bruce do perigo que eu corria, e ela imediatamente tomou medidas para garantir minha segurança. Não havia como substituir meu cargo de babá tão depressa, e a mulher, tão generosa e solidária, propôs que eu levasse seu bebê comigo. A criança foi um conforto para mim, pois o coração sempre reluta em ser apartado de todos que ama. Mas quantas mães teriam consentido que um de seus filhos se tornasse um fugitivo só por uma pobre babá caçada, fugindo dos cães de caça dos legisladores do país! Quando mencionou o sacrifício que ela estava fazendo, privando-se do bebê querido, ela respondeu:

– Linda, ir com o bebê vai ser melhor para você, pois, se conseguirem encontrar seus rastros, serão obrigados a trazer a criança de volta para mim. Então, se houver uma possibilidade de salvar você dessa gente, você será salva.

Essa senhora tinha um parente muito rico, um cavalheiro benevolente em muitos aspectos, mas aristocrático e pró-escravidão. Ele protestou quando soube que ela abrigava uma escrava fugida, dizendo que era uma violação às leis do país. Perguntei se ela sabia da pena que poderia sofrer.

– Estou muito bem ciente disso – respondeu ela. – É prisão e uma multa de mil dólares. Uma vergonha para meu país! Estou pronta para pagar o preço. Prefiro ser mandada para a prisão estadual a ter uma pobre vítima arrancada da *minha* casa para ser levada de volta à escravidão.

Ah, que nobre coração! Que coração valente! Lágrimas enchem meus olhos enquanto escrevo sobre ela. Que o Deus dos desamparados a recompense pela simpatia para com meu povo perseguido!

Fui enviada para a Nova Inglaterra, onde fui abrigado pela esposa de um senador, a quem sempre guardarei na memória com muita gratidão. O honorável cavalheiro não votara a favor da Lei do Escravo Fugitivo, como o senador de *A cabana do pai Tomás*. Muito pelo contrário: ele se opôs fortemente a essa medida. Ainda assim, precisava obedecer às leis, e era um risco me aceitar por tanto tempo em sua casa. Por isso, fui mandada para o interior, onde passei um mês com o bebê. Quando se supôs que os emissários do dr. Flint tinham perdido meu rastro e desistido de me perseguir, voltei para Nova Iorque.

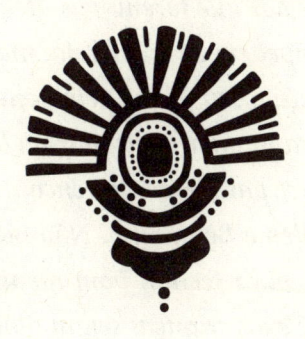

Enfim, livre

A Sra. Bruce e todos os membros da família foram extremamente gentis comigo. Eu era grata pelas bênçãos recebidas, mas nem sempre conseguia manter o semblante alegre. Eu não estava fazendo mal a ninguém, muito pelo contrário: do meu jeito, fazia todo o bem que podia. Ainda assim, nunca poderia sair para aproveitar o ar livre do Senhor sem trepidações de medo no coração. Era muito difícil, e eu não me conformava que aquilo fosse considerado correto em qualquer país civilizado.

De vez em quando, recebia notícias de minha boa e velha avó. Ela não sabia escrever, mas contratava pessoas para cuidar disso. O que se segue é um trecho de uma de suas últimas cartas:

Querida filha,

Não posso ter a esperança de encontrar você de novo nesta Terra, mas oro a Deus para que nos reúna de novo nas alturas, onde a dor não vai mais atormentar meu corpo fraco, onde não haverá mais tristeza nem a separação dos meus filhos. Deus prometeu essas coisas aos que forem fiéis até o fim. Minha idade e a saúde fraca me impedem de ir à igreja, mas Deus está comigo aqui em casa. Agradeça a seu irmão pela bondade. Mande muito amor a ele e diga para manter o Criador na lembrança, durante a juventude, e se esforce para poder me encontrar no reino do Pai. Mande amor para Ellen e Benjamim. Não negligencie o menino. Diga a ele, por mim, para ser um bom menino. Trabalhe duro, minha filha, para que suas crianças sejam filhos de Deus. Que Ele possa lhe proteger e sustentar, esta é a oração de sua velha mãe, tão amorosa.

As cartas me animavam, mas também me entristeciam. Eu sempre ficava feliz de receber notícias daquela amiga tão bondosa e fiel de minha juventude tão infeliz. Mas as mensagens de amor fizeram meu coração ansiar por vê-la antes que morresse, e era uma tristeza imensa saber que seria impossível. Alguns meses depois de voltar do tempo que me escondera na Nova Inglaterra, recebi uma carta na qual ela escrevia: "O dr. Flint morreu. Deixou para trás uma família angustiada. Pobre homem! Espero que tenha feito as pazes com Deus".

Pensei em como ele enganou vovó, sem devolver o dinheiro árduo que ela lhe emprestara, de como tentara privá-la da liberdade que a antiga senhora lhe prometera, de como perseguira os filhos dela. Então, pensei comigo mesma que vovó era uma cristã muito melhor que eu, para ser capaz de perdoá-lo inteiramente. Não posso dizer, com sinceridade, que a notícia da morte de meu antigo senhor suavizou os sentimentos que tinha por ele. Alguns erros nem a sepultura enterra. O homem foi odioso comigo durante a vida, e sua memória é odiosa até hoje.

A partida dele deste mundo não diminuiu o perigo que eu corria. O homem ameaçara vovó dizendo que seus herdeiros me manteriam como escrava mesmo depois que ele partisse deste mundo, que eu nunca seria livre enquanto um filho dele vivesse. Quanto à sra. Flint, eu já a vira passar por aflições mais profundas que a perda do marido, pois já enterrara vários filhos. No entanto, nunca notei nenhum sinal de que seu coração tivesse amolecido. O médico morrera em circunstâncias constrangedoras e tinha pouco a deixar para os herdeiros, exceto bens que não conseguia obter. Eu estava bem ciente do que esperar da família Flint, e meus temores foram confirmados quando chegou uma carta do Sul avisando para eu ficar alerta, porque a sra. Flint tinha declarado abertamente que a filha não podia abrir mão de uma escrava valiosa como eu.

Fiquei atenta aos jornais, estudando as chegadas à cidade. Em certa noite de sábado, estava ocupada demais e esqueci de examinar o *Evening Express*, como de costume. Desci para pegar o jornal na entrada, de manhã bem cedo, e o criado estava prestes a acender o fogo com as folhas. Peguei o jornal e examinei a lista de chegadas. Leitor, se você nunca foi escravo, não pode imaginar o sofrimento intenso em meu coração quando li os nomes do sr. e da sra. Dodge, hospedados em um hotel na Rua Courtland. Era um hotel de terceira categoria, e a circunstância me convenceu da verdade do que ouvira: estavam com falta de fundos e precisavam de mim pelo quanto eu valia, pois a maneira como *eles* me valorizavam era em dólares e centavos. Corri com o jornal até a sra. Bruce, que sempre mantinha a mão e o coração abertos a todos os que sofriam e sempre simpatizou com os meus. Era impossível dizer quão perto o inimigo estaria. Podia ter passado várias vezes pela casa enquanto estávamos dormindo. Podia estar esperando para me atacar naquele exato momento, caso eu me aventurasse fora da casa. Eu nunca tinha visto o marido de minha jovem senhora, portanto, não sabia distingui-lo de qualquer outro estranho. Uma carruagem foi encomendada às pressas, e fui atrás da sra. Bruce coberta por um véu, levando o bebê outra vez comigo para o exílio. Depois de várias curvas, cruzamentos e retornos, a carruagem parou na casa de uma família amiga da sra. Bruce, onde fui recebida com muita gentileza. A mulher voltou imediatamente, para instruir os criados sobre o que dizer se alguém perguntasse por mim.

Tive a sorte de impedir que o jornal vespertino fosse queimado antes de poder examinar a lista de chegadas. Logo depois que a sra. Bruce voltou para casa, várias pessoas apareceram. Uma perguntou por mim; outra, pela minha filha, Ellen; e outra disse que trazia uma carta da minha avó que precisava ser entregue pessoalmente.

A resposta era sempre a mesma:

– Ela já morou aqui, mas foi embora.

– Faz quanto tempo?

– Não sei dizer, senhor.

– E você sabe para onde ela foi?

– Não sei, não, senhor.

E fechavam a porta.

O sr. Dodge, que me reivindicou como sua propriedade, era um mascate ianque no Sul, depois se tornou comerciante e, finalmente, proprietário de escravos. Conseguira entrar no que era chamado de "nata da sociedade" e se casou com a srta. Emily Flint. Houve uma disputa entre ele e o irmão da sra. Flint, que deu uma surra no cunhado. Isso levou a uma rixa familiar, e o homem se propôs a mudar para a Virgínia. O sr. Flint não deixou nenhuma propriedade de herança, e os recursos do sr. Dodge também eram limitados, pois a esposa e os filhos dependiam dele para seu sustento. Nessas circunstâncias, era muito natural que fizesse um esforço para me colocar no bolso.

Eu tinha um amigo negro, um sujeito da minha terra natal, de muita confiança. Mandei chamá-lo e expliquei que o sr. e a sra. Dodge tinham chegado a Nova Iorque. Propus que meu amigo fosse até eles para perguntar sobre os amigos que deixara no Sul, gente que a família do dr. Flint conhecia bem. Meu amigo considerou que não haveria nada de impróprio na visita e consentiu. Então, foi ao hotel e bateu à porta do quarto do sr. Dodge. O próprio cavalheiro atendeu e perguntou, com rudeza:

– Por que veio aqui? Como soube que eu estava na cidade?

– Sua chegada foi publicada nos jornais vespertinos, senhor. Vim para perguntar à sra. Dodge sobre meus amigos que ficaram em casa. Não achei que isso fosse ofender.

– Onde está aquela negra que é da minha mulher?

– Que negra, senhor?

– Você sabe muito bem. Estou falando da Linda, que fugiu da *plantation* do dr. Flint, alguns anos atrás. Ouso dizer que você a viu e sabe onde está.

– Sim, senhor, eu a vi e sei onde está. Ela está fora de seu alcance, senhor.

– Então me diga onde ela está ou a traga para mim, e a moça terá a chance de comprar sua liberdade.

– Acho que isso não adiantaria de nada, senhor. Já ouvi Linda dizer que iria até os confins da terra, em vez de pagar a qualquer homem ou mulher pela própria liberdade, porque pensa que tem direito a ser dona de si. Além do mais, ela não poderia comprar a si mesma nem se quisesse, pois gastou todo o seu dinheiro na educação dos filhos.

Aquilo deixou o sr. Dodge muito bravo, e os dois trocaram palavras duras. Meu amigo estava com medo de vir me ver, mas mandou um bilhete. Eu já imaginava que o casal não teria vindo do Sul em pleno inverno apenas para uma viagem de lazer, e aquilo esclareceu bem os propósitos da viagem.

A sra. Bruce apareceu e me pediu para sair da cidade na manhã seguinte. Disse que sua casa estava sendo vigiada e que os inimigos talvez conseguissem alguma pista do meu paradeiro. Eu me recusei a seguir aquele conselho. Ela implorou com uma ternura sincera que deveria ter tocado meu coração, mas eu estava amarga e desanimada. Estava cansada de fugir de um canto a outro. Tinha sido perseguida durante metade da vida e parecia que essa perseguição nunca terminaria. Lá estava eu, naquela cidade enorme, inocente de qualquer crime, mas sem sequer ir à igreja para adorar a Deus. Ouvi os sinos chamando para o culto da tarde e, com desdenhosa, perguntei:

– Será que os pastores vão seguir o que prega o texto sagrado, "proclamar liberdade aos cativos, e a abertura de prisão aos presos"[15]? Ou vão pregar com base no trecho "façam aos outros o que querem que eles façam a vocês"[16]?

Os poloneses e húngaros oprimidos encontravam um refúgio seguro naquela cidade; John Mitchell estava livre para proclamar, na Prefeitura, seu desejo de *plantations* bem abastecidas de escravos". Mas lá estava eu, uma americana oprimida, sem ousar mostrar minha cara na rua. Deus perdoe os pensamentos sombrios e amargos aos quais me entreguei naquele dia de descanso! A Escritura diz: "a opressão faria endoidecer até ao sábio", e eu não era sábia.

Fiquei sabendo que o sr. Dodge disse que a esposa nunca nem assinara a cessão dos direitos sobre meus filhos e que, se ele não pudesse me pegar, pegaria as crianças. Foi isso, mais que qualquer outra coisa, que despertou a tempestade em minha alma. Benjamim estava com o tio William na Califórnia, mas minha filha inocente tinha vindo passar as férias comigo. Pensei no que sofrera com a escravidão, na idade dela, e meu coração parecia o de uma tigresa quando um caçador tenta agarrar seus filhotes.

Ah, pobre sra. Bruce! Ainda posso ver a expressão de seu rosto enquanto se virava, desanimada com meu humor obstinado. Como seus protestos foram inúteis, ela mandou Ellen para interceder. Às dez da noite, Ellen ainda não tinha voltado, e essa amiga vigilante e incansável ficou ansiosa. Foi até a casa onde eu estava de carruagem, trazendo um

---

[15] Isaías 61;1. (N.T.)
[16] Mateus 7:12. (N.T.)

baú bem cheio para a viagem, confiando que, àquela altura, eu daria ouvidos à razão. E eu me rendi, como deveria ter feito antes.

No dia seguinte, eu e o bebê partimos outra vez, durante uma forte tempestade de neve, com destino à Nova Inglaterra. Recebi cartas da Cidade da Iniquidade, endereçadas a mim sob um nome falso. Poucos dias depois, chegou uma missiva da sra. Bruce informando que meu novo mestre ainda estava procurando por mim e que ela pretendia acabar com a perseguição comprando minha liberdade. Fiquei grata pela gentileza que motivava a oferta, mas a ideia não era tão agradável como seria de esperar. Quanto mais minha mente se iluminava, mais difícil era considerar a mim mesma como uma propriedade, e pagar dinheiro àqueles que tanto me oprimiram parecia tirar a glória do triunfo, depois de tudo o que sofri. Escrevi para a sra. Bruce agradecendo, mas dizendo que ser vendida de um proprietário para outro ainda era escravidão, e que uma obrigação tão grande não seria fácil de cancelar. Com isso, avisei que preferia ir ficar com meu irmão na Califórnia.

Sem que eu soubesse, a sra. Bruce tinha contratado um cavalheiro de Nova Iorque para negociar com o sr. Dodge. O homem propôs pagar trezentos dólares à vista, caso o sr. Dodge aceitasse me vender e renunciar a todos os direitos sobre meus filhos para sempre. Aquele homem que se dizia meu senhor falou que desprezava uma oferta tão ínfima por uma escrava tão valiosa. O cavalheiro respondeu:

– O senhor pode fazer o que quiser. Se rejeitar a oferta, nunca obterá nada por ela. A mulher tem amigos que a levarão, junto dos filhos, para fora do país.

O sr. Dodge concluiu que "um pássaro na mão era melhor que dois voando" e concordou com os termos. No correio seguinte, recebi esta breve carta da sra. Bruce: "Fico muito feliz em dizer que o dinheiro por sua liberdade foi pago ao sr. Dodge. Volte para casa amanhã. Quero muito ver você e meu bebê querido".

Meu cérebro vacilou enquanto eu lia essas linhas. Um cavalheiro ali perto comentou:

– É verdade, eu vi o recibo de venda.

"O recibo de venda!" Essas palavras me atingiram como um golpe. Então eu tinha sido *vendida*! Um ser humano tinha sido *vendido* na cidade livre de Nova Iorque! O recibo está registrado, e as gerações futuras aprenderão com ele que as mulheres eram artigos de tráfico em Nova Iorque no final do século XIX da religião cristã. No futuro, pode ser um documento útil para os antiquários que buscam medir o progresso da civilização nos Estados Unidos. Sei bem o valor daquele pedaço de papel, mas, por mais que ame a liberdade, não gosto de olhar para aquilo. Sou profundamente grata à amiga generosa que obteve aquele papel, mas desprezo o homem infame que exigiu pagamento por algo que nunca pertenceu legitimamente a ele e nem aos seus.

Mesmo tendo feito objeção à compra da minha liberdade, devo confessar que, quando aconteceu, senti como se um peso enorme tivesse sido tirado de meus ombros cansados. Quando voltei para casa de trem, não tinha mais medo de mostrar meu rosto nem de olhar para as pessoas que passavam. Teria ficado feliz até mesmo se encontrasse o próprio Daniel Dodge, para que ele me visse e me conhecesse, para que pudesse lamentar as circunstâncias adversas que o obrigaram a me vender por trezentos dólares.

Quando cheguei em casa, minha benfeitora me envolveu num abraço, e nossas lágrimas se misturaram. Assim que ela conseguiu falar, disse:

– Ah, Linda, que bom que tudo acabou! Você escreveu como se pensasse que seria transferida de um proprietário para outro. Mas eu não comprei você pelos seus serviços. Eu teria feito isso mesmo se você fosse partir para a Califórnia amanhã. Pelo menos teria a satisfação de saber que você me deixou como uma mulher livre.

Meu coração transbordava. Lembrei-me de como meu pobre pai tentara comprar minha liberdade, quando eu era criança, e como ficara desapontado. Esperava que seu espírito se alegrasse ao me ver naquele momento. Lembrei-me de como minha boa e velha avó juntara dinheiro para me comprar, anos depois, e quantas vezes seus planos foram frustrados. Como aquele velho coração fiel e amoroso pularia de alegria se pudesse olhar para mim e meus filhos, agora que éramos livres! Todos os esforços de minha família tinham sido frustrados, mas Deus criara para mim uma amiga entre estranhos, uma mulher que me concedeu aquela bênção preciosa e havia muito desejada. Amiga! Uma palavra tão comum, muitas vezes usada levianamente. Como outras coisas boas e belas, pode ser maculada pelo manuseio descuidado. Mas, quando falo da sra. Bruce como amiga, a palavra é sagrada.

Vovó viveu para se alegrar com minha liberdade, mas não muito depois chegou uma carta com um selo preto. Ela tinha ido para onde "os ímpios já não se agitam, e os cansados permanecem em repouso".

O tempo foi passando, até que chegou a mim um jornal do Sul com o obituário de meu tio Phillip. Que eu soubesse, era o único caso de essa honra ser conferida a um negro. Fora escrito por um de seus amigos e dizia: "Agora que a morte o abateu, todos o chamam de homem bom e cidadão útil, mas o que são elogios ao homem negro, quando o mundo já desvaneceu de sua visão? O louvor dos homens não é necessário para que ele tenha descanso no reino de Deus". Então chamaram um homem negro de *cidadão*! Palavras estranhas para serem proferidas naquela região!

Leitor, minha história termina com liberdade. Não da maneira usual, com o casamento. Eu e meus filhos agora somos livres! Estamos tão livres do poder dos proprietários de escravos quanto os brancos do Norte. E, embora isso não signifique muito de acordo com o que penso, é uma grande melhoria para a *minha* condição. O sonho da minha vida ainda não foi realizado. Ainda não vivo com meus filhos em minha própria casa; ainda anseio por uma lareira própria, por mais humilde que seja. Desejo isso muito mais pelo bem de meus filhos do que por mim. Mas Deus ordena as circunstâncias que me mantêm com minha amiga, a sra. Bruce. Amor, dever e gratidão também me mantêm a seu lado. É um privilégio servir a essa mulher que se compadece de meu povo oprimido e que concedeu a inestimável bênção da liberdade a mim e a meus filhos.

Foi muito doloroso, de várias maneiras, relembrar os anos tristes que passei na escravidão. Eu ficaria feliz em esquecê-los, se pudesse. No entanto, a essas memórias não vêm totalmente desprovidas de inconformismo. Com essas lembranças sombrias, vêm ternas memórias de minha boa e velha avó, como nuvens leves e fofas flutuando sobre um mar escuro e agitado.

Apêndice

A declaração a seguir é de Amy Post, membro da Sociedade dos Amigos do estado de Nova Iorque, bem conhecida e altamente respeitada por amigos dos pobres e oprimidos. Como foi dito nas páginas anteriores, a autora deste volume passou algum tempo acolhida sob seu teto.

L.M.C.

A autora deste livro é uma amiga muito estimada. Se os leitores a conhecessem como a conheço, não conseguiriam evitar um interesse profundo em sua história. Ela foi uma hóspede muito amada de nossa família durante quase todo o ano de 1849. Quem nos apresentou a ela foi seu irmão, muito afetuoso e zeloso, que primeiro relatou alguns dos eventos quase inacreditáveis da vida da irmã. Eu me interessei imediatamente por Linda, que parecia muito simpática e cujo comportamento indicava notável delicadeza de sentimentos e pureza de pensamentos.

Conforme fomos nos conhecendo melhor, ela de vez em quando relatava alguns dos incidentes de suas amargas experiências como

HARRIET ANN JACOBS

escrava. Embora impulsionada por um desejo natural pela solidariedade humana, Linda passou por um batismo de sofrimento, inclusive enquanto me relatava suas provações em conversas particulares e confidenciais. O fardo dessas memórias pesava sobre seu espírito naturalmente virtuoso e refinado. Eu sempre a incentivava a concordar com a publicação de suas memórias, pois sentia que sua história levaria mais pessoas a se dedicarem com mais afinco para a libertação de milhões de seres humanos ainda naquela condição de esmagamento da alma que era tão insuportável para ela. Mas seu espírito sensível não queria publicidade. Ela sempre dizia que "Você sabe como é mais fácil para uma mulher sussurrar seus erros cruéis no ouvido de uma amiga querida do que registrá-los para que o mundo leia". Mesmo quando relatava os fatos só para mim, ela chorava tanto e parecia sofrer tamanha agonia mental, que senti que a história era sagrada demais para ser extraída dela por perguntas curiosas e a deixei livre para contar tanto, ou tão pouco, quanto quisesse. Ainda assim, sempre afirmei que era obrigação dela publicar sua experiência, que poderia trazer tanto bem ao mundo. Até que, finalmente, ela assumiu a tarefa.

Tendo sido escrava durante tanto tempo de vida, ela não teve educação formal e foi obrigada a ganhar a vida com o próprio trabalho, mas tem trabalhado incansavelmente para garantir a educação de seus filhos. Ela várias vezes foi obrigada a sair de empregos para fugir dos caçadores de homens e de mulheres dessa nossa terra. Mas persistiu, mesmo diante de todos esses obstáculos, e os superou. Depois que os trabalhos do dia acabavam, ela escrevia em segredo, cansada, à luz de uma lamparina à meia-noite, criando um registro muito fidedigno de sua vida agitada.

O estado de Nova Iorque é uma vergonha como refúgio para os oprimidos, mas aqui, em meio a ansiedade, turbulência e desespero, a liberdade de Linda e de seus filhos foi finalmente garantida

286

graças aos esforços de uma amiga generosa. Linda estava grata pela dádiva, mas a ideia de ter sido comprada sempre incomodou seu espírito, que nunca se reconheceu como mercadoria. Ela nos escreveu assim, logo após o evento: "Agradeço as felicitações tão amáveis em relação à minha liberdade, mas a liberdade que eu tinha antes do dinheiro ser pago me era mais cara. Deus me deu aquela liberdade, mas o homem colocou a imagem de Deus na balança junto da quantia insignificante de trezentos dólares. Servi pela minha liberdade com a mesma lealdade com que Jacó serviu a Raquel. No fim das contas, ele saiu com muitos bens, mas eu tive minha vitória roubada. Fui obrigada a renunciar à coroa para me livrar de um tirano."

Sua história, escrita por ela mesma, não tem como não interessar aos leitores. É uma triste ilustração da condição deste país, que se gaba de ser civilizado enquanto sanciona leis e costumes que tornam as experiências do presente mais estranhas que qualquer ficção do passado.

Amy Post
Rochester, N.Y., 30 de outubro de 1859

A declaração a seguir é de um homem que hoje é um cidadão negro de Boston muito respeitável.

L.M.C.

Esta narrativa contém incidentes tão extraordinários que, sem dúvidas, muitos que por acaso puserem os olhos nestas palavras poderão acreditar que foram alteradas em muitos aspectos para servir a algum propósito. No entanto, não importa como seja considerada pelos incrédulos, sei que está cheia de verdades. Conheço a autora muito bem, desde minha infância. As circunstâncias relatadas na história são muito familiares para mim. Eu sabia do tratamento que ela recebia de seu senhor; soube da prisão de seus filhos, depois da venda e do resgate; soube dos sete anos que ela passou escondida e de sua subsequente fuga para o Norte. Eu hoje sou um cidadão de Boston e uma testemunha viva da verdade desta narrativa tão interessante.

George W. Lowther